陪伴孩子成长的智慧

范崇嬿 著

科学普及出版社
·北京·

图书在版编目（CIP）数据

陪伴孩子成长的智慧 / 范崇嬿著 . — 北京：科学普及出版社，2019.12
ISBN 978-7-110-10003-5

Ⅰ . ①陪… Ⅱ . ①范… Ⅲ . ①幼儿教育-家庭教育 Ⅳ . ① G781

中国版本图书馆 CIP 数据核字 (2019) 第 212547 号

总 策 划	《知识就是力量》杂志社
策划编辑	郭　晶　何郑燕
责任编辑	李银慧
封面设计	林佳乐
正文设计	胡美岩
责任校对	邓雪梅
责任印制	徐　飞

出　　版	科学普及出版社
发　　行	中国科学技术出版社有限公司发行部
地　　址	北京市海淀区中关村南大街 16 号
邮　　编	100081
发行电话	010-62173865
传　　真	010-62173081
网　　址	http://www.cspbooks.com.cn

开　　本	720mm×1000mm　　1/16
字　　数	245 千字
印　　张	16.5
版　　次	2019 年 12 月第 1 版
印　　次	2019 年 12 月第 1 次印刷
印　　刷	北京顶佳世纪印刷有限公司
书　　号	ISBN 978-7-110-10003-5/G·4209
定　　价	38.00 元

序

燕子衔泥　大地芳菲

　　范崇嬿大姐是一位闻名遐迩的儿童教育大家。在 2018 年年底参加第七届中国范仲淹国际学术大会期间，她把一部《陪伴孩子成长的智慧》书稿交给我，希望我写个序言。这已是大姐这些年来撰写的第五部儿童教育专著了，年逾古稀仍笔耕不辍，令人钦佩之至……

　　翻阅着这部 20 余万字的书稿，范崇嬿的儿童教育思想、理念、经历、事迹、故事诸多画面犹如电影，一幕幕在我的脑海里浮现，让我思绪万千、感慨不已，写下一些感想，是为序。

一

　　范崇嬿是一位辛勤耕耘的幼儿特级教师。她出身于书香世家，父亲是中学教师。父亲希望她继承先祖范仲淹的大爱精神，同时也要像燕子那样：聪慧、勤奋、忠诚、执着。于是给她起名"崇嬿"，竟然与先祖名字谐音！

　　范崇嬿不负父亲的期望，果然与众不同，她不但勤奋好学，而且多才多艺，唱歌、跳舞、弹琴、作曲、绘画、编剧样样精通。1961 年 9 月从沈阳市和平区师范学校毕业后分配到沈阳市南宁幼儿园任教师，她如鱼得水、敬业爱岗，在做好幼儿教育工作的同时，开展教科研活动。她创作的儿童歌曲和编排的舞蹈，如《蜻蜓与凤仙花》《香蕉树》《向日葵向太阳》《拣豆豆》《小小拖拉机手》等，深受小朋友的喜爱，其中儿童舞蹈《我为公社放鹅忙》，成为迎宾节目，为各国元首及贵宾表演百余场；她编写各类幼儿教材，绘制各种教学挂图，书写教育日记、教学笔记、交接日记，并对幼儿进行语言发展和淘气潜能的随机取样调研，受邀赴各地开展教研讲座。

范崇嬿是位学习型和研究型的教师，早年参加沈阳广播电视大学中文函授学习，其间，用三年业余时间在辽宁省图书馆攻读中外教育专著、教科研文献，写下大量读书心得笔记。1978年在国家核心期刊《人民教育》发表论文《学前教育小议》，批评强加给孩子的形而上学的不当教育，引起轰动。此后，连续在《人民教育》《辽宁教育》《北京学前教育》《福建教育》《浙江教育》《光明日报》《中国教育报》等报刊发表幼儿教育论文100余篇，1980年参加教育部《幼儿教育大纲和教材》编写工作。

二十年教育的辛勤耕耘，她创作的幼儿电化教具分别获辽宁省科技进步二等奖和教育部电化教学优秀奖，成为省市级优秀教师和劳动模范。1979年范崇嬿晋升为特级教师（成为全国首批8位学前教育特级教师之一），她的教育论文编入《全国特级教师笔记》和《全国特级教师经验选》。同年，她参加北京师范大学教育系进修与讲学，出席全国妇联第四届代表大会，获"全国三八红旗手标兵"称号，并受邀出席国庆观礼。

二

锲而不舍热心教育事业的范崇嬿做梦也不会想到，她会从挚爱的幼儿教学岗位，转而成为全国主管儿童教育的官员。俗话说"只要是金子总会发光的"，范崇嬿这块埋在基层的"金子"，以其特有的光芒被组织发现了。1981年她被调任沈阳市妇女联合会副主任，1982年当选第九届沈阳市人民政府副市长，1983年10月当选中华全国妇女联合会（简称全国妇联）第五届常委、书记处书记，1991年调任中华人民共和国文化部少年儿童文化司司长，并任全国少年儿童文化艺术委员会副主任兼秘书长、中华儿童文化艺术促进会会长。其间，用三年时间在中国社会科学院研究生院学习，获得美学硕士学位。无论职位怎样变迁，她都不忘初心，锲而不舍，大爱无疆，始终把儿童教育事业放在第一位，她向全社会发出了"一切为了孩子，为了一切孩子，为了孩子一切"的倡导。

在沈阳市妇联，她分管儿童工作，提出幼儿园"五化"建设目标（科学化、教育化、绿化、美化、净化），开展幼儿园达标活动。

在沈阳市政府，她分管教、科、文、体、卫工作，充分运用政府资源加强对全市各级各类学校、幼儿园硬件与软件的建设力度，使沈阳市的基础教育、学前教育有了质的提升，走在全国前列。

在全国妇联，她主管全国少年儿童工作，分管全国妇联儿童部、中国儿童少年活动中心、中国儿童发展中心、中国儿童少年基金会，兼任全国儿童少年工作协调委员会秘书长、全国托幼工作领导小组副组长。

其间，范崇嬿组织考察部分老少边穷地区儿童生存与发展状况，提出多种形式解决入托难问题，并以中国儿童少年基金会的名义与河北省政府、河北省妇女联合会及当地驻军，在革命老区平山县叶河边创办"平山儿童优化教育园"。

她牵头与联合国儿童基金会合作共建"中国儿童发展中心科研大楼"，组建中国儿童发展中心专家委员会（由多学科、跨学科的知名专家组成）。

她主持召开两届"国际儿童生存与发展"科学论坛，支持专家实地考察并将新的研究成果报国家，为政策制定提供科学依据。其中就全国儿童生存与发展的负面情况进行协调，如协调全国儿童生活用品、儿童文化艺术品缺乏的现状，落实改进方案；鼓励创作儿童歌曲、戏剧、电影等。

她倡导并支持电影艺术家于蓝成立"中国儿童电影制片厂"，支持创办鼓励儿童电影事业发展的最高奖"中国电影童牛奖"；鼓励并支持儿童心理学家茅以燕创办的中国智障儿童康复机构

"北京新运弱智儿童养育院"。

她还多次去特殊教育学校和儿童医院考察，关注盲童、聋哑儿和白血病儿童的学习生活与医治状况，送去爱心与温暖；考察调研北京、天津、河北少年犯管教所和工读学校，呼吁全社会关注这一特殊群体，为他们重返社会提供关怀和帮助。

在文化部少年儿童文化司，范崇嬿考虑全国的 3.7 亿儿童，就有 2.8 亿儿童生活在农村，以及儿童文化生活短缺、亟须大力发展儿童文化艺术事业的现状，起草并协调教育部、国家广播电视总局、农业部等部委共同推出"蒲公英计划"，全称为《九十年代中国儿童文化艺术事业发展规划纲要》。纲要对儿童艺术教育、儿童戏剧、电影、电视、图书报刊都有明确的量化规定。中央电视台开辟"蒲公英剧场"电视专栏。

在"蒲公英计划"的推动下，全国几乎所有市、县都开办了"蒲公英农村儿童文化园"，其中国家文化部授牌的"中国蒲公英农村儿童文化园"有 50 所。这项儿童文化工程受到党和国家领导人的高度重视，时任国家副主席的胡锦涛同志到全国第一所蒲公英农村文化园——"山东龙口遇家村农村儿童文化园"视察并给予鼓励。

1995 年从全国各地蒲公英文化园选拔的一台儿童文艺节目《农村娃庆六一》进京在中南海怀仁堂演出，孩子们生动活泼且带有浓郁乡土风格的表演受到中央首长的热烈欢迎。胡锦涛、王光英、布赫、彭珮云等党和国家领导人亲切接见参加演出的孩子并合影留念，《人民日报》头版头条予以报道。

至此，"蒲公英计划"列为国家文化部三大文化工程之一，"蒲公英奖"列为国家文化部政府大奖之一。

为了更加广泛地推动和实施"蒲公英计划"，从1992年起至今，"蒲公英全国青少年艺术新人选拔活动"已开展18届。全国数以百万的少年儿童参加了艺术新人的选拔活动，一批批艺术新人脱颖而出，少年儿童学习文化艺术蔚然成风。

为了对儿童进行和平发展教育，2004年至2019年连续组织举办9届"和平的旗帜"世界儿童呼唤和平系列活动。来自世界60多个国家的儿童和中国儿童一起参加了"绘制和平旗帜""和平音乐会""和平行走""敲响和平钟""和平演讲大会"等活动。该活动受到联合国驻华使馆系统、联合国教科文组织和各国人民的高度评价与赞誉。

三

范崇嬿是新中国培养成长起来的一代儿童教育家，她不仅学贯中西，而且始终站在儿童教育、培养、组织、研究的第一线，具有丰富的理论素养与实践经验。范崇嬿所代表的中国20世纪儿童教育的理论特征与方向是：以马克思主义的历史唯物主义和辩证唯物主义为指导，以儿童心理学、生物学、生理学、卫生学、教育学、哲学、美学、艺术学、社会学、伦理学等学科的基本理论与研究成果为基础，阐明对教育与儿童发展之间关系的看法，揭示指导儿童教育实践的基本原则，主要有5个基本观点：

1. 发展的整体观。发展是指儿童成长过程中，身体和心理方面有规律的量变和质变过程。儿童身心发展是相互联系、不可分割的。

2. 发展的多因素相互作用观。影响儿童身心发展的内部因素：遗传、自我意识。影响儿童身心发展的外部因素：环境与教育。关注特殊儿童多方面的成因。

3. 学习与发展的儿童主体观。儿童是学习与发展的主体，儿童的发展，要以儿童的主动学习、活动为转化的中介。教师要视儿童为主动学习、发展的个体，善于引导与激发。

4. 教育促进和参与发展的教育作用观。儿童是学习和发展的主体，并不意味着教育无能为力。相反，教育可以影响儿童的学习与发展。教育的基本任务就是引导和帮助儿童学习与掌握人类社会的历史文化经验，促进和参与儿童的学习与发展。当然，这要以尊重儿童的主体，尊重儿童的学习与发展规律为基础。儿童身心发展的特殊性决定了教育作用的可能性与必要性。

5. 活动是教与学的共同基础的教育途径观。活动是儿童学习与发展的基础与源泉。游戏是儿童的基本活动，"活动之外无发展"。儿童的活动是教育者向儿童施加教育影响的途径，是沟通教与学的桥梁：身体的活动、心理的活动，同人和物的互动；儿童自由观察、自由选择操作材料，体验发现的乐趣，获得直接经验；与教师和同伴交流，形成基本的科学概念、体验和操作技能等。

范崇嬿强调，在儿童的发展教育中要特别注重：

① 个性化、差别化教育。② 培养儿童的创造性思维。③ 以兴趣为入门向导。④ 潜在能力的发掘。⑤ 品行、人格的培养。⑥ 德、智、体、美、劳全面发展。

她特别呼吁：要热爱孩子，尊重孩子！

燕子衔泥，大地芳菲。

范崇嬿大姐从事儿童教育研究已经 59 年了，她用满腔的热情把她从事儿童教育的实践、心得与研究，编写成《陪伴孩子成长的智慧》一书，这是一部活化了的代表当代儿童教育高水平的生动教材，以期给大家带来帮助。

大姐常说，要像蒲公英那样，不计条件，落地无声，落地生根。

教育是清苦的，教育也是快乐的，当漫山遍野祖国的花朵茁壮成长、百花齐放的时候，作为燕子和园丁的她，也在丛中笑……

向崇嬿大姐致以崇高的敬意！

范国强 *

2019 年 2 月 9 日于北京西钓鱼台

* 范国强，北京大学教育学博士、教授，中国范仲淹研究会会长。

目 录

第 3 章　儿童发展中的特殊现象　　　103

在婴幼儿期，早期的过失，淘气的潜
能，询问的渴望以及模仿的异态最为突出。
到了小学时期，儿童除了继续有幼儿时期
的特殊现象，还表现出新的特殊现象。到
了青春发育期，躁动的青春、闭锁的心扉、
逆反的心态、出走的倾向，也都表现出来。

第 4 章　儿童发展中的障碍是什么　　　148

任何事物的发展都不是一帆风顺的，儿童
的发展也一样。在儿童发展过程中，常会遇到
意想不到的障碍，致使儿童发展停滞或者出现
畸形。

第 5 章　儿童发展差异   159

  儿童在发展过程中总是有差异的, 而形成这些差异的原因是多方面的。儿童在发展中遇到先天的或后天的发展障碍, 会导致儿童与儿童之间在发展进度和质量上的明显差异。

第 6 章　儿童发展的最佳模式 167

  从儿童群体发展的共同规律中, 我们也可以根据共性发展的节奏、特点和不同年龄阶段共有的表现方式, 探索一个适合儿童普遍发展的科学模式。

第 7 章　信息智能时代陪伴孩子成长的思考　

21世纪世界发生巨大变化，人类社会从信息化向信息智能化发展已成为不可逆转的潮流。比尔·盖茨曾经预言："未来家家都有机器人。"面对日新月异的变化，我们怎么适应信息智能时代来陪伴孩子成长呢？

第 8 章　电视艺术的儿童视角　

孩子喜欢看电视，但不是所有的电视节目都能吸引住他们。只有那些让孩子能安静地注视着，或者与节目中的角色互动的欢笑蹦跳着的节目，应该说才是成功的。

第 9 章　重视对儿童艺术教育中的知觉促动　　227

儿童艺术教育越来越引起人们广泛的关注。对于成长中的儿童来说，艺术教育是他们发展的催化剂，没有艺术教育的参与，儿童发展是有缺陷的，是不完全的。

第 10 章　手是脑的门户是艺术起源的本质　　232

无论是家长还是教师，在陪伴孩子成长的过程中，都会积极地鼓励孩子动手动脑，让孩子在实际的操作中，在对事物的观察和体验中，发现美、欣赏美、表现美。

第 11 章　让孩子获得幸福感的教育　　238

幸福感不是与生俱来的，幸福感也需要成人的提醒、指导和练习，只有构成了对孩子幸福感的教育，才会使孩子真正拥有幸福感。

后记　　　　244

第 1 章
儿童是怎样发展的

无论你是母亲，还是老师；无论你是儿童戏剧艺术家，还是儿童电视节目编导；无论你是儿童书刊编辑，还是社区儿童辅导员……当你面对孩子蹲下来的那一刻，你都会回归到童年。你的声音变得甜蜜，笑容变得天真，动作变得可亲，思想变得纯粹，那是因为你懂孩子。

不是所有的人都懂孩子，真正懂孩子的人才能成为孩子成长的陪伴者，才能在陪伴孩子成长的过程中不断提升自己，用智慧引导孩子成为独特的、有个性的、有品位的、有创造力的、有适应能力的、能够一生幸福的人。

怎样才能真正懂孩子呢？这是一门科学。我们不妨从对儿童发展科学的探索开始。

儿童发展科学涉及生物学、生理学、卫生学、心理学、教育学、哲学、社会学、文化学、艺术学、美学和伦理学等诸多学科。儿童从胚胎到少年的整个发展过程中，哺育、保护、启蒙、教育各个环节都具有重要的研究价值。

儿童发展科学是当今世界非常有吸引力，也需要付出艰辛劳动和心血去探索的科学，是每位从事儿童发展事业的工作者、儿童的父母乃至祖辈都要学习和实践尝试的一门应用科学知识。

让我先讲个真实的故事。

李大娘正与邻居在说笑，看到女儿阿珍哭着走来，大家都愣住了。

"咋啦？阿珍！"李大娘急切地问。

"妈，我怀孕了！"

"这是好事呀！喜事呀！你哭啥？"

"可是我怕，我好怕，万一我生个有缺陷的小孩儿可咋办？"

"不会的，你们夫妇都做了婚前检查，没有遗传病，怎么会生出有缺陷的小孩儿？"李大娘劝慰阿珍。邻居也都帮忙安抚。

刘奶奶说："阿珍！我这辈子生了6个孩子，都不缺胳膊不缺腿的，个个都结实着呢，你别自己吓唬自己，没事儿。"

"可是，我都36岁了，属于大龄孕妇，最容易生傻孩子了，那可咋办？看刘婶家的阿宝，傻乎乎的，让他妈整天愁眉苦脸，我可不想那样。"说着她跺跺脚，"我要把这孩子拿掉！"

汪阿姨拍拍阿珍："别！千万别干傻事。明天去妇产医院查一查，现在科学发展了，可以对胎儿做B超检查，查一查不就放心了吗？"

阿珍点点头："孩子健康可真好，可是生下来我又不懂咋养、咋教，真麻烦！"

李大娘笑了："阿珍！我也不懂咋养咋教孩子，你不也长大了吗？现在科学育儿，你学一学就懂了，不必这么早操心。"

阿珍抿着嘴，似乎听进去了。

其实，像阿珍这样的准妈妈都会有不同程度的烦躁、担忧和不知所措。如果能耐心读一读儿童是怎样发展的，学习有效地对待不断发展变化的孩子，一定会帮助准妈妈排忧解惑，也一定会对妈妈养育、教育孩子有帮助。

世界上任何事物和一切现象都遵循着一定的规律在运动、变化和发展，儿童也是这样。从小小的受精卵发展成胎儿，从呱呱落地的新生儿发展成婴幼儿，从充满好奇心的婴幼儿发展成少年，直至发展成为一个完整成人（**即从生物个体发展成为有个性的社会化的人**）。在这样一个漫长的过程中，每一阶段的发展无不令人惊异。

发展不是常数，而是变量；

发展不是平面，而是立体；

发展不是单一，而是整体。

当我们把儿童发展的表现编织成网，再顺着每一条线去探索，就会体会到儿童的发展是一个由量变到质变的过程，是一个循序渐进、不可逆转的过程。这个过程充满了矛盾，即儿童不断产生新的需要和已有的心理水平的矛盾，这是儿童发展的原动力。

❧ 孩子是在不停地变化中发展的 ❧

在胎儿期，怀孕的母亲感受得最深。孩子的每一处微小变化，都会直接使怀孕的母亲有不同程度的妊娠反应。这种妊娠反应在胎儿两个月生肢芽时更厉害，常常折腾得母亲一阵阵想吐，难以抑制。

胎儿一天天长大，母亲的肚子也一天天隆起；胎儿一天天活泼，母亲也感受到胎儿的各种动作。胎儿会踢腿、转身、翻筋斗、握拳、张合眼睛、吮吸手指头，甚至会听、会哭，你说神奇不神奇？

我从怀二女儿5个月开始，每天晚上都会轻轻地抚摸隆起的肚子，哼着："睡吧，我的小宝贝，妈妈爱你，妈妈喜欢你。一束百合、一束玫瑰，等你醒来妈妈都给你。"她似乎听见了，不再出拳蹬腿，渐渐安静了下来。在她出生后两天，只要一哭，我就会哼歌，而她也会停止哭泣。

俗话说："有苗不愁长""孩子见风长"。孩子在"人之初"的变化大得令人不可思议。随着他生存的需求得到满足后，他也会带给父亲、母亲和其他养育人极大的喜悦和信心。

人们清楚地看到孩子在变化、在发展，每时每刻都在矛盾和解决矛盾中不断进步。几乎所有健康的新生儿一降生都会大哭大叫，似乎在宣告：我已来到了人间。

他从原来那个母亲体内的羊水小世界，来到了充满空气的大世界，从温暖的子宫来到陌生的空间。在母亲肚子里，他可以通过脐带毫不费劲地获得各种营养，而现在，他要用自己的小嘴用力地吮吸才能满足自己的食物需求。

这些变化可以通过孩子的本能行为逐步适应。再大一点儿，小毛衫显得太小了，需要换大一些的衣服，乳汁已满足不了他的生长需要了，添加辅食是他们生长的催化剂。悬挂的八音盒已经满足不了他们运用视听觉的欲望，他们要抓握、要啃咬、要摇动、要扔投，相应的玩具随之而来。只有"自言自语"的咿呀声还不够，他们需要"交谈"。

再大一些，他们需要的就更多了。**当他们开始"站立"时，发展是一次飞跃。**他们可以环视周围，这比仰视天花板要进步得多。行走，更具有特殊意义，在行走中，他们的所有感官都参与了对周围世界的认识，接着又会有新的需要随之而来。

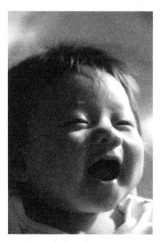

◎ 3 个月的宝宝在欢乐地感知这个世界

中国民间有一种说法，叫作"三盘、六坐、七爬、十站、周走"。这种说法，最直观地描述了儿童发展的外在变化。孩子到了 3 个月可以用被子围扶而坐；到 6 个月可以独立稳坐；到 7 个月可以爬，起初是笨拙地翻身，随后是爬，再到灵活运用四肢爬到一个目标；到 10 个月，可以扶杆站立；到 12 个月，可以蹒跚学步。

儿童的这些变化是在需要和可能中，从不适应到适应，从不平衡到平衡的循环往复的矛盾中进行的。不停地顺应和调节，使之从不适应中找到适应，从不平衡中找到平衡，接着又是从新的不适应到新的适应，从新的不平衡到新的平衡。**这就是儿童发展的内在规律，也是儿童发展的变量法则。**

儿童的发展在不断的变量积累中成长起来，在有节律的运动中形成。就像庄稼要"拔节"一样，儿童的发展也有它特殊的变量最佳期，特别是婴幼儿期的发展速度更快，因此不误时机，抓住变量的"快点"和节拍，对儿童进行科学的哺育和教育非常重要。

❧ 孩子的发展不是无序的而是有顺序的 ❧

任何事物的发展都遵循着从小到大、从简到繁、从低级到高级、从一般到特殊的规律。儿童发展也是这样，从胎儿开始直至成长为一个健全儿童的发展过程也是如此。孩子身体发育的顺序是：

从头延伸到身体的上半部分，

而后，是身体的下半部分。

这就是通常我们说的**从上到下或从头到脚的发展过程。**

在胎儿期，头长和身长各占一半，新生儿的身长是头长的 3 ~ 4 倍。到幼儿期，站立的时候身长是头长的 4 ~ 5 倍，坐着的时候身长是头长的 3 倍。

头部脑的发育、五官的发育，都比躯干和心脏快。这种"头重脚轻"的"大头人"现象，随着儿童年龄的增长逐渐消失。当我们面对胎儿标本仔细观察就会发现，胎儿发展的各个阶段，无论是"蝌蚪"状，还是"睡蚕"状，直至分娩前成熟的胎儿，头都是特别显眼的，相对而言，四肢就显得弱小多了。

儿童躯干的发展是从内向外或者说是由近及远的：躯干内部脏器的发展要快于四肢的发展，而四肢发展中，胳臂和手的发展又快于腿和脚的发展。

婴儿支配头的能力和支配头部五官的能力，也如头部发育快于其他部位一样较早实现。婴儿支配手的能力如抓握能力，显然又快于脚的站立和行走能力。就儿童自身发展来看，速度是很快的，但比起其他哺乳动物而言就慢多了。人类从诞生到蹒跚学步需要 10 ~ 12 个月，会跑需要 18 ~ 20 个月。而新生的小马驹仅 2 小时，就可以站立起来了。当然这种站立也是很艰难的，它不断站起又摔倒，几经周折。新生的小牛犊比小马驹还要快一些，新生的小羊羔更快，它仅用 1 小时就能够站立起来并缓缓迈步，"咩咩"叫着吮吸母乳。

从动作发展来看，儿童也是从低级的反射动作，逐步发展到高级的反应动作；

◎ 我能自己坐稳啦，瞧我多棒呀

从简单机械的大动作，发展到复杂精细的小动作。

儿童起初从支配头的转动，逐步发展到支配双臂的挥动，再发展到比较灵活地支配手的抓握和手指的动作；从支配腿的动作到支配脚的动作，进而发展到支配脚趾的动作。

这些支配能力既有顺序又相互作用，当儿童能综合地支配全身各部位的动作并能协调运用时，他们便会坐、爬、走、跑、跳了。

从感情的发展来看，也是循序渐进的过程。哭和笑，对于成年人来说是一种感情的发泄，或者悲愤或者愉快。但对于婴儿来说，就不完全是这样。

婴儿的哭或笑，往往是一种反射、一种运动、一种"语言"、一种信号，是无意识或者下意识地表示他们的某种需要，是一种混沌、朦胧的态度。随着时间的延伸，儿童逐渐长大，感情的发展也从朦胧中逐渐分化得比较清楚了。大一些的婴儿会用微笑示意，表示他们喜欢这个人或这种食品、玩具，也会用大笑来表示他们的欢乐。他们一般用哭叫来表示自己的不满或恐惧。除此以外，儿童的语言、思维、行为的发展，也都遵循着这样有序的过程进行。

儿童的语言发展经历了以下的顺序：

咿呀冒话　模仿发音
自言自语　语言交流

　　成人的语言表述里有明确的交流沟通目的，即使是一个人待在屋里自言自语，也有明显的社会化色彩。但儿童的语言表述和成人不一样，起初咿呀学语，成人分辨不出孩子在说什么，听到的发音也是含混的，或是"呀呀"，或是"吗吗"，或是"卟卟"，这是孩子在尝试说话。这时候，成人的语言示范和引导，就成了孩子模仿重复的对象。

　　孩子会不厌其烦地对一个音或一个词感兴趣，但他的发音没有影响成人注意的倾向，多半为自我陶醉。之后，他开始进入一个神秘的自言自语的境界中，一个人嘟嘟囔囔、唠唠叨叨，令成人仍然感到迷惑。直到孩子能够从单音节、单词构成一句话时，这种"自我陶醉"式的自言自语，才找到一个目标，那就是一件玩具或一张图画。

　　这是儿童语言交流的社会化倾向的雏形，也标志着**儿童的思维进入了一个新的阶段**。当他们掌握了一定的词汇时，就会学习笨拙地驾驭这些词，常常出现用词不当现象。他们就在这种似懂非懂中逐步学会用较准确的语言来表达自己的要求和想法，交流经验，也学会用带有情感的语言描述外界的事物和自己内心活动。至此，儿童的语言发展才真正地成为交流的工具、思维的外壳。

　　随着儿童语言的逐步发展，思维也紧紧相随。当孩子咿呀学语时，他的思维是混沌的；当孩子自言自语时，他的思维是朦胧的；当孩子能自如地运用词和句子时，他的思维才逐步完整。特别是动作的参与，使得儿童的创造性思维迅速发展。

　　儿童行为的发展也经历了从量变到质变的过程：起初是儿童的本能行为，然后是儿童的被动行为，之后逐步由被动行为进入主动的"自我中心"行为。在"自我中心"行为中，儿童找到了交流的目标——人、玩具或其他物体，这时候，儿童的社会化行为逐步形成。

　　随着儿童的日渐成熟，社会化的行为也逐步发展。此时正是养成良好行为习惯的好时机。让儿童从小接受正确的行为规范训练，养成懂规矩、守纪律、有礼貌、懂感恩、有责任心的好习惯，对于他们以后人格的形成非常重要。

总之，儿童的发展不是紊乱、随意的过程，也不是依靠人为安排得以发展的，它是按照循序渐进的规律有顺序地进行的。这个有顺序的过程为我们提供了在不同的发展阶段，有的放矢地进行科学哺育、训练和理智教育的重要依据。

❧ 环境的影响不可忽视 ❧

儿童自身发展的依赖性、相关性以及儿童发展的外在环境如家庭、学校和社会，对儿童的发展起到影响和催化作用，使儿童发生量和质的变化。可以说，它们是儿童发展的酵母。

人离不开环境，人的生存和发展也同样离不开具体的环境（自然环境和社会环境）。人的素质（包括思想道德素质、科学文化素质、身体素质），也在人与环境之间受到影响。因此，立体地认识儿童的发展、优化生存和发展的环境，是非常重要的。

1. 胎儿在子宫中最怕什么

人最初的生长环境是母亲的子宫，在这个小小的微环境里，胎儿通过脐带和母亲紧紧相连，获得了生长发育所必需的营养。此时作为人所具有的一切基本的生理条件已逐渐成熟。众所周知，孕妇的营养不良、酗酒、吸烟和药物、辐射等都会影响胎儿的正常发育。中国古代具有朴素唯物论的"外象内感胎教说"里提道：

欲子美好，宜佩白玉；欲子贤能，宜看诗书，是谓外象而内感者也。

这一说法认为，外界的一切对于胎儿都有影响和刺激作用。

"胎教"曾被认为是邪说、迷信，是荒诞的。但当人们冷静下来，用辩证唯物主义的观点去思考古人的记载时，才会明白轻率地否定是很愚蠢的。我们的祖先大约从西周开始，就有了胎教说。当时生产力水平低，科学技术落后，人们对于胎教还处于感性的认识。随着科学的进步，外国人把胎教奉为"宝贝"，又赋予胎教现代的科学的内涵，这时我们才领悟到"外象内感胎教说"着实是聪明的祖先对人类的贡献。

中国古代《博物志》卷十写道：

> 妇人妊娠，不欲令见丑恶物、异类鸟兽，食当避其异常味，不欲令见熊罴（pí）虎豹……

怀孕妇女不吃异味食品，不听淫声怪叫，不看恐怖和丑恶的事物，平时保持心情愉快，行为要端庄，立、走、坐、卧姿势要端正，注意多听音乐，吟诵美好的诗句，这样生出的孩子必然是五官端正、健康、智慧，行为良好的人。

古人说："男女同姓，其生不蕃。""同姓不婚，惧不殖也。"可见慎始和正本是古人对生育的态度，万物起于始、正于本，才能有条理和如愿以偿。娶妻生子的确要慎重呀！应该说古人在生育方面的认识在重天命的时代，有着进步意义。慎始、正本、外象、内感之胎教说就是古人的"优生"思想。

到了清末，康有为创办了以"正本"为目的的人本院，让孕妇集体生活在恬静优美的环境中，这的确是很大胆的尝试。

但是，古人的"外象内感胎教说"必定受历史和生产力发展水平的影响，有迷信色彩和局限性。现代人把胎教学和优生学、胚胎学、遗传学、营养学、心理学、社会学结合起来，将胎教理解为外在事物通过孕妇的视觉、听觉、味觉、嗅觉、触觉，引起母体内部发生血液、内分泌等生理变化，这些变化又传导给胎儿，并影响胎儿的发育。

据研究表明，孕妇紧张，肾上腺皮质将会分泌出氢化可的松激素，而这种超过常量的激素可以阻碍胎儿上颌骨的正常闭合。吸烟孕妇的流产率和死胎率比不吸烟孕妇高出一倍，这是因为尼古丁使血管收缩，减少胎盘的血流量所致。子宫中的胎儿肝脏无解毒功能，没有破坏和对抗有毒物质的能力，致使胎儿的机体成为有毒物质的存储器。即使用保胎方式保住了胎儿，也会造成将来婴儿生理和心理发育迟缓。

而药物、二氧化碳、氯化钠、水和尿素等，一样能透过胎盘。如果是怀孕未满4个月的妇女接触到毒物或被病毒感染，对未出世的孩子会有非常严重的影响。在这一阶段患风疹的孕妇，她的婴儿有先天缺陷的可能性达到1/3，生下的孩子很可能患有视力、听力缺陷，也可能智力发展迟缓、中枢神经系统损坏、心脏缺陷等。

此外，如果孕妇受到外力的打击，遭遇车祸、殴打、意外摔伤等，都会影响胎儿发育，严重时还会导致新生儿发育不良或缺损。而放射线如X光射线，在骨盆照射检查时，也会诱发基因突变，破坏染色体而导致胎儿畸形。

现代科学对胎教有了深入的认识，为人类认识自身发展提供了科学依据，也推动社会为孕妇创造一个受保护的良好的外部环境。以下这些方面，都是可行和必要的：

● 幸福的家庭氛围
● 教会孕妇自我监测的方法
● 让孕妇拥有生育健康孩子的信心
● 从自我调节中平衡情绪
● 合理营养
● 锻炼身体
● 做好当母亲的心理准备和必需的物质准备
● 促进子宫微环境的"优化"
● 对胎儿做有益的"刺激"

丈夫参与妻子孕期的体验也很重要。丈夫用自制的听筒放在妻子隆起的腹上，可以听到胎儿的心跳和羊水声音。就是用这种简单的监测法，可以避免一个小生命的窒息。

　　朋友老胡的女婿，每天为怀孕的妻子做"自我监测"。一天，他突然听不到胎音了，急得打电话求我帮忙查一查原因，我赶紧找到著名的儿科专家顾幼芬教授。她说要紧急送医院，结果发现是胎儿脐带绕颈，马上实行剖宫产，孩子安全降生。因为发现及时，使孩子没有因供氧不足损伤脑细胞。现在孩子发育得很好，非常聪明。

2. 为孩子营造美好安全的家庭环境

　　孩子从"子宫"来到家庭这个小环境，早期刺激和早期教育从母亲的乳房、温暖的襁褓、家庭成员的期望中开始了：清洁的婴儿床，色彩艳丽的八音盒、消毒用的小蒸锅、柔软的尿布、播放音乐的小音箱，还有少不了的小浴盆。

　　妈妈小心地抱起宝宝洗澡，用手腕试水温，用手指将水滴弹在宝宝身上，

◎ 幸福的家庭氛围，有助于孩子健康成长

看他的反应，边哼着歌或播放音乐，边撸一撸宝宝的小胳膊小腿。在充满爱的家庭环境中，人生的第一所学校开学了。母亲就是孩子的第一位老师。不同的家庭形态、不同的教养态度、不同的对子女的期望，特别是不同的家长素质，对于形成孩子最初的人格、体格和智慧非常重要。

在家庭教育中，父母和祖辈的教育都很重要，但相比之下，母亲的作用更大。正如法国教育家福罗倍尔所说："国民的命运，与其说是操控在掌权者手中，不如说是掌握在母亲手中，因此，我们必须努力启发母亲——人类的教育者。"历史上许多伟人、名人，他们的成功都离不开母亲的教诲，"孟母三迁""岳母刺字"都是经久不衰、脍炙人口的佳话。在缺少母亲的不完全家庭中，不仅孩子的身体健康受到影响，孩子的心理发育也有可能不完全、不健康。

美国生物学家研究发现，人工孵出的小鸡成活率低于自然状态下母鸡孵出的小鸡成活率。其中一个重要原因就是，未出壳的小鸡在破壳两天前与母鸡不断进行"对话"。母鸡有4种不同叫声，而人工孵化的小鸡就没有这种刺激。

非常影响孩子身心健康的家庭环境是家长离异。每个离异家庭都会向社会抛出一个可怜的孩子。他们在父母不幸的婚姻中挣扎，丧失了他们所应有的一切爱，在吵闹、谩骂、漠视、棍棒中身心受到严重损害。家庭生活混乱不堪，家庭成员懒散成性，欺骗、赌博、违法乱纪等都会潜移默化地影响孩子，致使不良行为在孩子身上再现。

另外，独生子女在家庭中的过分受宠，致使孩子成为家庭中的"小皇帝"，任性放纵，没有形成健全独立的人格，成为像鲁迅先生描述的那种"既不会跳跃，也不会飞鸣的小禽"。

家庭教育是"人之初"教育，将会终身影响人的成长。为孩子的成长创造美好、安全的家庭环境，提高家长素质，十分重要。

在这里我要强调一下树立安全意识的必要性。人的生命只有一次，不能重来，孩子的生命尤其脆弱，必需精心保护，避免由于看护人的无知、疏忽造成孩子意外伤害甚至死亡。特别对婴幼儿更要加倍小心呵护，为孩子创造安全成长的环境。特别提醒宝宝的看护人，注意以下事项：

（1）不抱宝宝进厨房做饭，以免烫伤或煤气熏伤。

（2）不用筷子头蘸食物喂宝宝，以免伤到脸、眼、腭。

（3）不喂宝宝大块水果、果冻，以免卡入气管。

（4）不给宝宝玩小东西、小玩具，以免宝宝啃咬吞咽。

（5）不给宝宝玩带把柄、尖锐、易燃、易碎物品，以免受伤。

（6）防止宝宝爬到电源插座边，以免触电。

（7）热水瓶放到宝宝够不到的地方，以免烫伤。

（8）将药瓶和洗涤用品放置在安全区，防止宝宝误食。

（9）宝宝玩耍时，成人一定不能离开，以免走失。

（10）不给宝宝玩塑料袋，以免套头窒息。

（11）不领宝宝到人多的购物场所、马路、工地，以免意外受伤。

（12）即使宝宝熟睡，也要防止宝宝醒后爬出摔倒。

（13）逗宝宝玩时，不可将宝宝举高扔下、骑大脖等，防止失手。

（14）抱宝宝到阳台、楼窗、楼梯时，需尤其小心防止意外摔伤。

（15）不要领宝宝去探访病人，特别是有传染的病人。

（16）家中环境安全检查，凡有棱角的家具都应当用软材料包好，防止宝宝跌伤、划伤。

当孩子长大一些后，成人不仅需要保护孩子的安全，还要**教育孩子学会自我保护**：学会识别隐患，防止受伤；学会识别善恶，防止受骗；学会险境逃生等知识。这一切安全教育都始于家庭，父母或祖父母一定要不断学习安全知识并传授给孩子安全技能，帮助孩子形成安全意识，这是人生中不可忽视的重要内容。

3. 学校是联系家庭和社会的重要通道

良好的学校环境和校风会潜移默化地感染每一位学生，又通过学生感染他的家庭和他所在的社区，形成良性的互动。

当然，在学校里除了教师的主导作用，学生并非是消极被动地接受教育的。小伙伴互相影响，在学校里形成一个小的社会环境，在彼此的游戏、学习和竞争中获得收益。一种爱好，可以自然形成一个松散的小群体，孩子可以在爱好的相互交流中找到共同语言，切磋技艺，提高能力。例如，一个足球踢得好的孩子，在他身边会围着一群小球迷，他们讨论球技、球德、球风，评说世界著名的足球明星，从而形成一个团结的小集体。

一种追求，也可以凝聚一群孩子。例如，一位在科技小发明上获得成功的孩子，准有一群追随者，他们畅谈理想，对神秘的科学进行幼稚而大胆的探索，从中互相支持，在失败和成功中共同分担忧愁，共享快乐。

一种遭遇，也会使孩子聚堆。他们在一起交流感想，明辨是非，想出对策。如果一个孩子受了欺负，他们会团结起来，打抱不平，与不良现象斗争，以伸张正义。

以上种种因素都可能使孩子自然而然地形成一个个小的群体。这些小群体的风气、活动方式等，也构成了学校环境的重要部分。

当然，不是所有的孩子都能正确地择友，正确地投入有益的群体中，他们也会出现走偏路的时候。例如，行为顽劣的孩子，也有可能会聚集在一起，以大欺小，恃强凌弱。如果追究一下他们的家庭或家庭所处的社区环境，你就会发现，这些孩子的父亲可能有反社会倾向和攻击行为，或者母亲是邻居私下里说的"母老虎"。孩子耳濡目染，也就成了小霸王。校园中出现的小学生出钱雇大同学为自己当打手，防止有人袭击或拦路抢钱；还有一些出口成"脏"、闭口冒"谎"的孩子，这也是从父母那里效仿来的。还有些孩子传看色情小说，聚在一起偷看色情影像，这大多也是从家庭或是从社会的不洁文化场所获得的。

学校本应是一片育人的净土，但是，学校不是在真空中。来自家庭和社会的不良影响，会不同程度地污染学校的环境。因此，要优化学校环境，就要紧紧抓住学校教书育人的宗旨，采取适合学生需要的喜闻乐见的活动，丰富校园文化生活，为学生营造良好的文化氛围。使学生通过文化、艺术、科技、体育活动陶冶情操，锻炼意志、增长才干。

学校不仅要有良好的环境和校风，还要把学生带出校园走向社会，走向大自然，让他们在广阔的天地中去分辨真、善、美、假、恶、丑，让学生通过学校这座桥梁步入社会的大环境中。

4. 净化社会环境已势在必行

改革开放的深入发展和成功，为儿童的发展提供了良好的社会大环境。社会安定、经济发展、文化生活丰富、社会风气好转，都有益于儿童健康成长。特别是当我们勇敢地打开国门，让世界新的信息、新的知识、新的经验进来时，人们的视野开阔了，人们的信息灵通了，人们的观念变化了。社会主义精神文明建设和价值观深入人心，坚持正义，无私奉献，创业敬业，拼搏进取，涌现出一批英雄模范人物。体现社会教育民众功能的广播、电视、报刊，开足马力宣扬正能量，弘扬正义，使社会环境得到优化。

当然，打开国门的同时，一些污浊的空气也会乘隙而入，影响我们的社会环境。当文化事业也尝试进入市场经济轨道时，文化本身发生了裂变，出现了滑坡，波及社会。

社会风气奢靡化，盲目崇洋媚外、拜金主义、无度消费、色情泛滥等在同步出现，迷信活动沉渣泛起，屡禁不止。在这些精神的毒品中，凶杀、色情、吸毒对未成年人危害很大。孩子的眼睛还没有过滤能力，脑子还没有足够的辨别真伪、美丑的能力。他们会从机械的模仿到逐步形成坏习惯，不仅损害了自己、家庭，也危害了社会。

少年犯罪的问题，都与这些因素有关。所以我们要下大力气充分发挥社会的教育功能，调动全社会的所有机构为培育儿童而创造优化的社会环境。在各级各类的儿童社会教育机构，如青年宫、少年宫、少年儿童科技站、少儿图书馆、儿童活动中心中，都争相开展各种有益的活动。在面向成人的博物馆、展览馆、美术馆、体育馆、天文馆、烈士陵园等地，也都对少年儿童进行爱国主义教育，如：

- 红领巾献爱心
- 希望工程
- 蒲公英计划
- "手拉手"活动
- 春蕾计划
- 送温暖工程
- 为农村儿童送戏送书下乡
- 爱国主义百部影片展播

这些活动都为"优化"社会环境增添了丰富的内容。让孩子参加军事夏令营、少年军校、小通信兵训练营等活动，也给社会教育带来了活力。

总之，全社会的参与，必将使社会大环境出现清新的空气，也必然为儿童发展提供帮助。

❧ 培养孩子的目标是什么 ❧

我们的国家为儿童发展确定的目标是：使儿童在德、智、体、美、劳等诸方面都得到发展，成为**有理想、有道德、有文化、有纪律的社会主义公民**。具体地说，他们应该是具有优良的品德、发达的智力、强壮的体魄并能感受美、创造美，拥有丰富的精神财富又有竞争意识和奉献精神的人。

有家长说："国家的培养目标离我们太远，也太虚了，我的孩子，将来要有好的工作，有殷实的家产，有豪车别墅、锦衣玉食。"也有家长说："我的孩子将来要有钱有权，光宗耀祖。"最普遍的家长想法："养孩子就指望我们老了有个照应，不图升官发财，只图不愁吃喝。"

这些家长的想法也有一定道理，但是如果离开国家儿童发展的大目标，只陷入家长矮视的、自私的目标中，就会使孩子在成长的过程中失去优势，在未来多变的世界中失去理想，失去竞争能力和合作精神，最终的成功会大打折扣。

作为社会细胞的家庭，是儿童发展的第一个空间环境，是人发展的终身基地，也是构成整个社会教育环境的基础。所以家长要放弃"养儿防老""光宗耀祖""望子成龙"的自私意识，逐步在孩子发展的目标上与国家目标形成共识，形成为国教子的"公民意识"。

学校担负着教育儿童成长为德、智、体、美、劳诸方面全面发展人才的艰巨任务。这个任务必然要求改革现有的教育体制、教育思想以及教育教学方法，改变不适宜的教育环境和设施，使学校真正成为实现儿童发展目标的重要基地。传统注入式的教育，已逐步被现代化的教育手段和启迪儿童创造思维的实践活动所代替。学生不再是嗷嗷待哺的雏鸟，他们通过主动地参与获得更多的信息，掌握更新的知识，学会更多的能力。特别是活跃的校园文化生活，以及走出校门到广阔天地中去的各种认识社会的有益活动，都使得学校不再只是传出琅琅的读书声，还传扬出孩子的欢声笑语。

社会在呼唤，给孩子一片干净的天地，送给孩子一片爱心。孩子作为社会的财富，得到各方面的关心和重视。良好的社会环境使孩子在主动学习、积极锻炼、全面参与中不断进步。

为实现儿童发展的目标，家庭、学校和社会所投入的热情和精力都是空前的。无论孩子未来成为工人、农民、军人，还是政治家、科学家、企业家、艺术家、教育家，他们都应是国家的优秀公民，中华民族优秀的代表。

❧ 儿童发展"三要素"：家庭、学校和社会 ❧

家庭教育、学校教育、社会教育构成儿童发展的"三要素"。遗传是儿童发展的自然前提，它为儿童发展提供了生理方面的可能。而这种可能是不平衡的，是有差异的。我们的注意力不是放在揭示差异上，而是放在通过有目的地教育过程，即在家庭教育、学校教育、社会教育中发展儿童的才能，提高儿童的全面素质。这三方面是相互作用、不可分割的。

家庭赋予儿童生命。儿童在襁褓中、摇篮里，在蹒跚学步和牙牙学语中受到"人之初"的启蒙教育，即"摇篮教育"。而后，这种来自家庭的教育，在孩子成长中发挥了特有的作用，是孩提时代的主要教育方式。即使在人的一生中，家庭教育仍然发挥长效作用并终身相随。

当孩子长大了，开始入幼儿园、上小学，他们的视野更宽了，接触的人更多了，感知的事物更广了。孩子在幼儿园或学校这些集体教育场所里，接受着与家庭教育完全不同的正规教育，但家庭所给予儿童的潜移默化的影响和教育，使儿童形成的个性品质又在集体教育中得到进一步的发展。幼儿园、学校为儿

◎ 儿童成长中，需要参与各种有益的活动

童发展提供了更系统、更规范、更有目的的教育，儿童的各种技能、技巧得到练习和提高，儿童的乐群精神得到培养，他们在群体活动中表现出的服从集体、遵守纪律、爱护集体荣誉的品质得到肯定。他们个人的优良品质和才能又融入集体之中，形成群体的良好行为。

与课堂教育相匹配的是**生动活泼有意义的课外、校外活动**。这些活动内容十分丰富，组织儿童参加的各种兴趣小组，有野游、探险、夏令营、冬令营，还有义务劳动和红领巾助残活动。这些进入儿童视野的美好事物，这些儿童参与的有益的社会活动，将给儿童留下终生难忘的印象。社会教育外延广泛，内涵丰富，形式活泼。尽管它是非正规教育，然而，在社会这个汪洋大海之中，它的作用无所不在。它以鲜明的目的和灵活的形式，表现社会教育在培养人才中的特殊作用。全社会都要树立"爱护儿童，教育儿童，为儿童做表率，为儿童办实事的公民意识"，唤起了各界对儿童的热情关心和对儿童发展事业的高度重视。

国家推出的"蒲公英计划"为儿童提供优秀的儿童影视、儿童报刊、儿童读物、儿童戏剧及农村儿童文化园建设等。社会良好风气为儿童提供学习的楷模，全社会关心儿童健康成长的氛围，为儿童全面和谐的发展提供了沃土。儿童无论是在家庭里还是在校园中，无论是街头步行还是在公园玩耍，无论是参观博物馆还是参加有益的社会活动，都会通过他们的感官去感受和体验社会给予他们的教育。特别是有意识地组织儿童参加有益社会发展的植树造林、拥军优属、爱心助残、五讲四美、电脑竞技、科技发明等活动，更会使儿童在道德行为、智力开发、技能提高、审美情感等方面得到收获。

家庭教育、学校教育、社会教育是互动的整体。儿童发展离不开这"三要素"。家庭和学校都是社会大系统中的子系统。大系统影响子系统，子系统也影响大系统。这种紧密的关系和互动的作用，决定了三种教育结合的必然性。

第 2 章
儿童教育意味着呕心沥血的创造

儿童是千差万别的，每个孩子都是独一无二的，世上没有完全一样的儿童。因为，儿童的遗传基因不同，生长环境不同。有的出生在喧闹的城市，有的出生在偏远的山区；有的降生在安静的核心家庭，有的降生在几代同堂的主干家庭；有的降生后被狠心的母亲遗弃，有的有幸被儿童福利院收养……这千差万别的遗传和环境，必将产生不同的影响，使孩子生来就千差万别。所以，教育儿童的方式也要千差万别。没有硬套在任何儿童身上都有效的教育模式，教育意味着呕心沥血的创造。

儿童的发展离不开理智、科学、有的放矢、循序渐进的有效教育，特别是有创造性的教育。

尽管儿童的发展有其自身的规律，但光靠自然发展而不给予教育，这种发展是不够完全的。正如中国谚语："树杈不砍要长歪，子女不教难成才。"小树不修剪任其自然生长，就成不了有用之才。小孩子不管不教任其自然，带着"树大自直、孩大天生"的偏见，任孩子成为愚昧人、懒汉、强盗而全然不顾，岂不是对家庭、对社会的极不负责。

孩子的心是一块奇怪的大地。

播下思想的种子，就会得到行为的收获；

播下行为的种子，就会得到习惯的收获；

播下习惯的种子，就会得到品德的收获；

播下品德的种子，就会得到命运的收获。

因此，在儿童发展的全过程中，对他们进行全方位的教育，不管是实施"早期刺激"还是以后的家庭教育、正规的学校集体教育和非正规的社会教育，随着儿童逐渐长大，教育的积极主动和潜移默化的积累，将越来越在儿童的身体发育、行为品德的形成、智慧的扩散、审美能力、语言表达以及社会化程度的进步等方面显现出来。

❧ 早期刺激有用吗 ❧

阿珍在产床上呻吟，丈夫阿强不知所措地踱着焦急的步子。医生轻轻地揉着阿珍的肚子开玩笑地说："哎！这个小宝宝真是个慢性子。"经过一番与医生的合作，宝宝终于降生了。医生让阿强剪断脐带，阿强的手不停地抖动，他下不了这一剪刀。还是医生帮助剪断了这与母亲相连了 9 个月的生命线。

"哇！"那一声啼哭真响亮，让阿珍激动得泪流满面。医生举着宝宝说："看！是千金，恭喜了！"阿珍轻轻地说："谢谢医生！"丈夫阿强拥抱阿珍："谢谢，老婆辛苦了！"又转过身向医生深深地鞠躬："谢谢大夫！"宝宝也许在挣扎降生的那一刻累了，她甜甜地睡着了。当阿珍抱着她掀开衣襟，宝宝醒了过来，竟一头扎进妈妈怀里，准确地叼起乳头使劲地吮吸着。

医生说："一定要坚持母乳喂养，对宝宝健康有益，可以增强孩子对疾病的免疫力。"

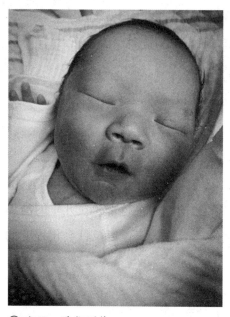

◎ 宝贝，我们爱你

阿强又喜又忧地问："医生，孩子降生就给予早期刺激，书上说是一种教育，对吗？"

医生说："早期刺激还真是一种对新生儿的特殊教育，你们不妨多阅读有关的书，对宝宝成长有益。"

在这里我要告诉新生儿的父母，早期刺激真的很有用，什么是早期刺激呢？就是对新生儿进行的适度的各种感官的刺激。这种刺激对于小婴儿来说就是一种"教育"，一种"学习"。

传统的看法认为，新生儿是一个软绵绵的、一点儿能力也没有的小生命。他们目中无物，世界对于他们是混沌的；他们的耳朵听不到声音，因为有残留的羊水；他们的皮肤感觉迟钝，没有疼痛感；他们的嗅觉和味觉也缺少分辨能力。因此，他们首先需要的是保护。对他们施加教育似乎是神话传说。其实，现代科学对儿童的研究证明：**新生儿已经是一个有能力的人了。**

新生儿一降生大多是睁着眼睛，他们的视觉活动已有了选择能力。光线强时，他会眯起眼睛，并尽力扭头避开。再大一点儿，他喜欢看人的脸，特别是妈妈的脸和色彩艳丽清晰的画面。

新生儿的听觉活动也有了简单辨别能力，他能辨别声源而扭动头，听到柔和的乐曲就安静。新生儿的皮肤感觉也有较好的反应，对冷、热、温、疼都能做出不同的反应。

新生儿的嗅觉、味觉反应常常以皱鼻子、停止吮吸来表示不接受。

既然我们已经了解到新生儿是一个有能力的人，就要学习科学育儿的方法，并且根据孩子的差别寻找适合孩子的早期刺激方法。让孩子的听觉、视觉、味觉、嗅觉、触觉都得到刺激。

中国是个多民族的国家，养育儿童也有很多不同之处，而且充满了智慧。在城市和比较富裕的农村，大多数家长会为婴儿购买"尿不湿"，而在少数民族地区，许多母亲在养育孩子方面很有创造性。

比如，在新疆地区的一些少数民族中，巧手妈妈自己手绘色彩艳丽、安全舒适的摇篮，妈妈哼唱着自编的小曲，轻轻地摇着宝宝入睡。孩子不用"尿不湿"，妈妈将一种羊骨头壳套在男孩的阴茎上，尿液会顺着羊骨头流入一个小洞，这样来避免孩子患尿布疹。

母婴同室是一种科学的、有人情味的育儿方式。目前我国的爱婴医院都采取母婴同室的方式。这不仅是因为母乳喂养好，特别是初乳对提高孩子的免疫力、身体健康有益，更重要的是母亲与婴儿的接触可以给孩子更多的刺激。母亲有更多的时间抱抱孩子、逗逗孩子，与孩子自言自语地"交谈"，悬挂一些色彩艳丽的小气球、八音盒、小灯笼让孩子"看"，放一段优美的乐曲或哼唱一段甜美的摇篮曲给孩子"听"，拿来不同味道的水给孩子"尝"，经常给孩子洗澡，挠挠孩子的手心、脚心，揪揪孩子的耳朵，

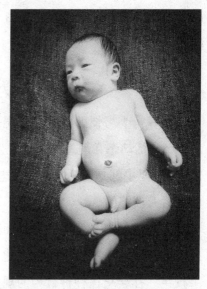

◎ 我爱这个世界

拉起孩子的双手双脚、轻摇孩子的头做被动操，**这些接触和刺激会带给孩子更多的体验。**

尽管起初两个月，孩子的学习能力比较弱，主要是条件反射。但慢慢刺激

多了也积累了经验，形成了适应性行为。孩子在两个月以前的笑，应该说还不是真正的笑，到了三个月之后，孩子的笑才具有与成人交流的意义。哭也是一样，到了三个月以后，哭才与饥饿或有些需要联系起来。两个月以后，孩子的"学习"才显得有意义。

孩子降生，真是历经艰辛，挣扎出世。他先是通过皮肤感觉到温差，外面的世界太冷；接着是感到头和手脚被生硬地拉出来，然后挨几巴掌；再以后就是接触水洗涤；好不容易被包进温暖的小被子，肚子又饿了。也不知孩子从什么时候学来的本事和力量，一碰到母亲的乳头，就会一口叼住乳头用力吮吸。孩子就这样通过皮肤来体验触、温、凉、热、疼。随着孩子逐渐长大，皮肤对硬、软、粗、滑、燥、黏等也有了比较细致的感觉。

婴儿与环境的早期接触和刺激，决定他们今后的生理、认知、社会性发展，以及身体能力和适应环境的能力。这是个动态过程，需要不断地对婴儿潜能刺激才能实现。

✤ 行为训练越早越好 ✤

良好行为习惯的养成是从襁褓中的训练开始的。作为人所表现出来的各种动作，包括动态和静态的都是行为。对于婴幼儿来说，他们吃奶、排泄、睡眠、观察、玩耍也都是行为。良好稳定的行为就是良好的习惯。**习惯不是生来具有的，而是后天训练的。**

人类根据自身发展的需要而产生有节律的、科学的、适应于社会化的种种行为。这些行为融入人类的文化之中。起、居、饮、食、行、走、坐、卧、举手投足、社会交往种种行为的规范过程，也是人从自然人的行为向社会人的良好行为转化的过程。而新生儿、婴幼儿时期则是训练良好行为的最佳期，是奠定完善人格的起点。

训练孩子的过程，也是训练自己的过程。家长要克服许多心理的和行为习惯上的障碍，如过分疼爱孩子，因为怕挫伤孩子而不愿训练等。有的由于自己惰性和无知对训练缺乏信心，因此半途而废。合理的刺激使孩子的动作和脑得到发展而健康聪明。对小婴儿的行为也要有节律的训练。

当然任何事物都有个度，过度就会出现事倍功半或徒劳无益的结果。就拿拥抱孩子来说，过度的拥抱、亲吻，整日抱在怀里，孩子一哭就摇摇、亲亲，马上喂奶，这样会使孩子在朦朦胧胧中得到"启发"，失去生活应有的规律。这似乎是微乎其微的小事，然而，溺爱的信息就从这里得到暗示，任性的形成也在这里悄悄开始。

有些孩子的不良行为是在生病中形成的。孩子生病了，大人过分迁就，满足孩子各种要求，包括不合理的要求。一切顺着孩子，以体现大人对孩子的爱心。孩子在病中获得的经验是，平时大人不爱我，生病了才爱我，才满足我的要求。心理上产生了生病好的想法，一点儿小病就哼哼个不停，甚至装病。这种行为发展下去，到了上学阶段就更明显了。如怕上学辛苦、怕考试、怕做错事、怕当值日生，而装成体弱多病，以逃避成人的惩罚，求得成人的怜爱。久而久之，不给予及时的干预就会导致孩子人格变态，变成一个缺乏自信心、行为退缩、萎靡无力的弱者。这就是心理学家所说的"病获益"心理。

有一位小学生画了一幅漫画叫《哭比笑好》，画面上出现两个小朋友对话，一个说笑比哭好，另一个说哭比笑好，因为哭了，妈妈就会给10元钱来哄他不哭。

孩子平时正常的行为成人往往不注意、不肯定。当孩子做错了事时，成人就会大声斥责，甚至拳打脚踢，使孩子对自己的行为不知所措，产生胆怯心理。这种刺激多了，孩子就养成了看成人脸色行事的习惯，发展下去孩子将会失去独立性。

训练婴儿适应洗澡。成人按时给孩子洗澡，就会使孩子逐步养成适应行为，到时候，见到浴盆，他自己就会爬过去表示出洗澡的欲望。

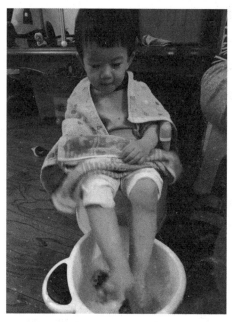
◎ 我自己洗脚

睡眠也如此，让孩子养成安静入睡的良好习惯。首先成人要注意不能在孩子睡觉前大声交谈，播放电视、录音机。成人要在孩子入睡前创造一个为孩子入睡的安静、舒适的环境，渐渐地，孩子良好的睡眠习惯就养成了。

大小便行为是在孩子稍大一些训练。因为大小便的控制主要依赖于成熟程度。最初，婴儿的膀胱或大肠胀满时，括约肌就会自动张开，使大小便排出。孩子太小还没有控制能力，但是合理的训练是可以进行的，如按时让孩子撒尿、大便。成人催尿口哨声就是一种信号，孩子听到了会产生与排泄的联系，做出反应。

好的排泄习惯不仅可以给大人的照顾带来方便，也使孩子终身受到"新陈代谢"和"吐故纳新"的益处。刚开始训练时，小婴儿会"打挺"，如果成人这时放弃，习惯就难以养成。在集体养育孩子的托儿所，有些保育人员为了自己方便，长时间地让孩子坐在小便椅上，使孩子失去合理的排泄刺激，大小便随时都可以进行，这是十分不合适的。有地毯的家庭的孩子随地大小便，是令人烦恼的。因为孩子小还控制不住，又加上自己没有训练。如果成人给孩子建立一个信号——尿盆，引导孩子到尿盆去大小便，孩子见到尿盆也会走去尝试，家长给予爱的鼓励，渐渐地孩子就学会了。

诸如此类的各种行为习惯，都是在成人观察下进行的。孩子饥饿求食的行为、大小便排泄的规律，以及交流、玩耍的需要，都要有意识地、顺应孩子生理自然规律地给予适度的训练。这样会使孩子的自然行为形成稳定的有规律的良好行为习惯，这是聪明的家长都想尝试并力求做到的。

据观察，儿童的行为千姿百态，有的生来逗人喜爱，容易保育；有的生来体弱多病，不好护理；有的生来反应迟缓，不易接受"学习"。我们根据大多数孩子的行为特点，归纳出以下几点。

（1）行为的内在规律。如饥饿求食、排泄、睡觉等都与此有关。

（2）行为的动静差异。有的孩子好动，有的孩子好静。有的孩子看到一个玩具会急着伸手去取，有的只是在旁观看。

（3）行为的趋向与躲避。在同一情境中，看到同一物体，有的孩子有趋向性的行为，有的孩子则有躲避行为。

（4）行为的迟钝与敏捷。对出现的新鲜物体和事件，有的孩子反应迟钝，有的孩子反应敏捷。

◎ 孩子喜欢模仿大人的行为

（5）注意力集中与分散。有的孩子能较长时间注视一件物体、一个场景或一个人物，而有的孩子对观察的目标注意力短暂，经常东张西望，转移得太快。

家长可以根据孩子的情况对照一下，看看自己的孩子属于哪一类，就可以有的放矢地依据自己孩子的情况和自然发展的规律，循序渐进、顺其自然地进行训练。

孩子良好行为习惯的养成与父母行为习惯的节制和规范有重要联系。所以在训练孩子良好行为习惯时，**父母要以身作则，有意识地给孩子示范**。鼓励孩子模仿自己的良好行为习惯。

❧ 开智练习循序渐进不可急于求成 ❧

智慧是穿不破的衣裳，知识是取不尽的宝藏。如果你给孩子以智慧和知识，就是给他无价的财富。而"开智"就是人类获得智慧和知识的第一个程序。

"开智"这一词的含义可以理解为成人有意识地开启孩子的智慧。虽然智慧有先天差异，但智慧绝不是自然形成和发展的，智慧需要开启。

何时开启智慧，怎样开启智慧，这是家长、教育心理学家和早期教育工作者急于探索和了解的问题。与生俱来的脑，是开启智慧的物质基础。新生儿的脑重约有 390 克，到 7 岁左右脑重达到 1280 克，接近成人的脑重。所以说早期开发儿童的智慧是可行的、必要的。

目前人类对自身脑的认识和开启远远不足。而开启脑的工作，不能等脑全部成熟再进行。前面讲到胎教的"外象内感"，胎儿在子宫中就有了刺激，使孩子积累了一些"经验"并输入大脑。分娩过程中，孩子所感受到的"刺激"和所经历的艰辛输入大脑，降生后的吮吸、运动、排泄等都一点一滴地输入大脑，经历得越多，输入大脑的信息量越大。

最好的开智时机应从婴幼儿开始，因为他的脑正处在迅速发育时期，有许多空间需要输入新信息，有许多细胞需要填入新鲜的活力，就好像一块松软的塑泥，我们可以随心所欲地去塑造，就如同一张洁白的纸，我们可以随心所欲地去绘画。当然把婴幼儿说成是洁白的纸只是一种比喻，其实，婴幼儿的这张"纸"已经记录了不少从胎儿开始经历的种种信号。孩子的眼睛是摄像机，孩子的耳朵是录音机，孩子的大脑是电子计算机，开启儿童智慧就要从让孩子的所有感官去参与对自我和对世界的认识开始。

对自我的认识是开启儿童智慧最简便、最生动的方式。

孩子刚咿呀学语，让孩子认识自我。普遍的家庭中，常由成人扶着孩子的小手指指头说："这是头。"然后放开孩子小手问：

"头呢？"孩子用小手指指头。

"眼睛呢？"孩子又用小手指指眼睛。

开始孩子的小手还不能准确地落到要指的部位。有时还眨眨眼思索，渐渐地，他在大人的启发下，就会准确地分辨出各个部位。

在亲子中心或托儿所中，常设有整容镜，孩子爬到镜子前，指自己的头，指指自己的鼻子，开心地笑着。

再大一点儿的孩子，就从认识自己到逐步认识周围世界。并通过自己与世界间的联系来提高对自我能力的认识。例如，一个婴儿还不知深浅和空间，从床上迈下而跌倒，他从这一失败中认识了空间。一个婴儿拿起一件东西，他不知这件东西是什么材料制的，举起又扔下，结果东西破碎了，响声引起婴儿的"快感"，他还继续尝试扔东西，因为还没有建立"做错了事"的意识。这种失败并不是坏事，他们在成人的赞许和斥责中，在自己的体验中积累着对世界的最初认识。

婴儿从卧式到坐式、爬式、立式直到行走的过程，每一阶段都会使儿童的感觉发生大变化。特别是行走，对于婴儿来说是认识世界的一个重要阶段。他走出自己的小床，走出自己的家，走到外面的草坪、马路，走向一个浩大无边的世界。周围是那么大、那么新奇，步履蹒跚就要跑，跌倒了又爬起来，这是儿童认识世界良好的开端。在摔跤中，儿童慢慢学会走路。川流不息的热闹马路，幽静美丽的花园，神奇的动物园，琳琅满目的商场，这些都是孩子认识世界的直接生动的百科全书。

记住，当孩子对这一切不知道，又向你提出"为什么"的时候，正是孩子求知的最佳状态。你要抓住这个时机，热情而正确地告诉他这是什么，还要引导他运用自己的各种感官去感受，自己回答这是什么。这是开智的最好方法。

开智不是"灌注"，开智是教育，是一种呕心沥血的劳动。这种劳动是建立在儿童生物性规律的承受能力基础之上的"度"。超越了这个"度"，无度地强化、刺激、注入、企盼，都会使孩子的智力开发进入一个"怪圈"。这个"怪圈"使一些人在孩子虚假的"成功"中得到满足，孩子在朦胧的功利中受到伤害。比如一些报上宣传的"神童""小天才"，其实神童并不神，只是他们的智慧发展比较早、比较快。家长让孩子去做单一的练习，如画图画、习书法，在孩子的书法中，我看到的是模仿大人只写一个字（如"龙"或"虎"）或一句话，孩子的模仿能力很强，如果不是稚气的签名露了马脚，你还以为真是神童之作呢。

在一所少年宫，我看到一个六七岁孩子的，他正在临摹齐白石老人的作品虾，画得还挺不错，但是，当我让他画一条鱼时，他摇摇头，说不会画。

可见，这种假象只能满足家长望子成龙的虚荣心。特别是各种比赛，许多成人也参与作假——为了获得功利，但这对儿童的发展十分有害。

正确的开智应遵循以下几个原则：

（1）循序渐进的原则。要根据孩子每个发展阶段所承受的能力而行，不可拔苗助长，不能逼子成才。强刺激、高压力，这些超"度"的做法都会使孩子厌学，伤害他们的求知欲。

（2）启发诱导的原则。要根据孩子好发问的特点，耐心地启发诱导，引发孩子的学习兴趣，激发孩子的学习热情，切忌死记硬背。

（3）运用感官去体验的原则。让孩子的听觉、视觉、嗅觉、味觉、触觉以及运动感都参与对事物的认识，使孩子自己体验各种不同的感觉，引导他们主动学习。

（4）在游戏中学习的原则。游戏是孩子的特殊学习方式，在游戏中孩子可以不知不觉地记住许多事物并产生联想，在游戏中所获得的体验也是最易牢记的。

（5）全面发展的原则。要将启发儿童学习的智力因素和非智力因素有机结合起来，不是机械地让他们获得知识，而是灵活地让他们自己开动大脑寻找知识，使他们不仅有学习的兴趣，还有良好的学习和思维习惯。对于那些顽强的意志品质等非智力因素也要重视，因为这种因素构成了儿童智力发展的重要基础。

如果我们能自觉地遵循这些原则去开启孩子的智慧，孩子就会自然有序地得到发展。那样的发展才是孩子真实智力的展露，才是真正遵循了儿童智力发展的规律。

夏天，天气很热，孩子跑到电风扇下就有一股股风吹来，身体很舒服。老师问这是为什么？孩子开始探究。是直接告诉他们，这是空气流动产生了风，还是引导孩子自己去观察体验呢？

老师不如提问："为什么天热一扇扇子就凉快了？为什么红旗能飘起来？"孩子争先恐后地告诉我："因为有风了，因为风大了。"又问："那么风在哪里？"孩子答不出来了。

这时，老师拿起一个透明塑料袋在空中一甩，又赶紧抓住袋口，袋子就鼓了起来，让孩子拍拍："这袋子里鼓鼓的是什么？"孩子说："是气。"

"是什么气？"

"是空气。"

◎ 好奇心引发思考

放开塑料袋口，一股空气流出，吹到孩子脸上。这时才告诉孩子风就在我们身边，当空气一流动风就来了。

在孩子学习欲望正强时，老师可以继续引导孩子："你什么时候感到风就在你身边呢？"

孩子可以根据自己的体验说出许多有风的现象。如有的孩子说："天气热了一扇扇子就有风，盖被子时有风，关门时有风。跑时有风，跑得快风大。"

老师再深入引导孩子："风能吹动什么？"

孩子说："风能把树叶吹掉。风能把风筝吹高，风能把红旗吹动，风能把烟吹斜，风能把鸟窝吹掉，风能把湿衣服吹干，风能把风车吹转……"

这时，老师还可以告诉孩子风是个宝也是个害。如果把风利用好了可以为人类干许多好事，并出示风车发电及风带来危害的图片：大风可以吹倒大树、房子，吹起大海浪掀翻大轮船，吹倒庄稼；人们为了战胜风灾要种植许多大树，而树林可以挡住大风。

一位妈妈推着3岁的小女儿下班回家时已是满天星斗。她引导女儿观察天空的星星和月亮，并问她："星星像什么？"

女儿说："像小灯泡。"

又问："你再看看像什么？"

女儿说："像眼睛一眨一眨。"

"月牙像什么？"

"像小船。"这是她从学过的儿歌中引用的词。

妈妈说："你能不能说一个儿歌里没有的词呢？"

她想了想，突然说："月牙像剥了皮的香蕉扔上天。"

妈妈又惊又喜，赶快抱起她称赞说："你真是个聪明的孩子。"

从此，孩子更加仔细地观察周围的事物，并在使用语言描述上更大胆。

一天早晨，大雾弥漫。幼儿园的孩子跑出房间大喊："冒烟了！冒烟了！"

老师引导孩子用鼻子闻闻有没有烟味，孩子站在雾中，用力闻着说："没有烟味，还湿漉漉的。这是什么呀？"

这时老师才告诉他们："这是雾。"

孩子涌上来着急地问："雾是什么东西呀？""雾从哪里来的呀？""什么时候雾才没有啊？……"

老师运用通俗的语言讲了雾，然后跟孩子看太阳出来后雾消失的情况。孩子在愉快的感受中获得了启迪，得到了初步的知识。

晚上，老师让孩子观察城市的灯光，然后问："你看到了什么灯？"孩子的视觉常常比成人敏感，他们会讲出几十种灯：汽车灯、电车灯、自行车尾灯、电柱灯、交通信号灯、商店橱窗的彩灯、霓虹灯。甚至孩子还会联想到公园里的灯展：有花灯、兔子灯、龙灯、走马灯；又联想到海上的航标灯、医院的灭菌灯、家里的台灯和落地灯、北方冬天雕塑的各种冰灯。

所以说，与其给孩子知识，不如引导孩子自己去发现知识。教育的作用不是灌注而是启发和引导。要调动孩子的求知欲，激起他们询问的热情，小心翼翼地呵护他们的好奇心，调动他们动脑动手的能力和运用语言的能力，这是促进儿童智力发展的重要方法。

道德启蒙要生动有趣

"道德"是人类社会不同民族、不同信仰、不同文化形成的一种具有抑制和规范自己和群体行为的观念。不同的民族、不同的信仰和不同的文化，又有不同的道德观。

中国是一个具有悠久历史的文化古国。世界称中国是文明古国、礼仪之邦。但是，中国也有许多封建道德观念的残余。社会主义新中国成立，涤荡了一些陈腐的封建礼教和道德观念，弘扬了中华民族"先天下之忧而忧，后天下之乐而乐"的道德思想和"人人为我，我为人人"的道德关系。用崭新的无产阶级的道德观，全心全意为人民服务，为社会主义祖国服务，用全人类彻底解放的思想来教育自己的公民。

自私自利、背叛祖国，一向被国人所唾弃。然而，人类自私的弱点、贪心的欲望，使一些意志薄弱者背叛自己、背叛人民、背叛祖国。我们培养的下一代应该是有理想、有道德、有文化、有纪律的崭新的一代人。

◎ 道德启蒙越早越好

然而，这些道德观念，对于一个道德意识还没有形成的孩子，特别是婴幼儿来说，实在是太生硬、太深奥、太难以接受了。但是，我们又决不能放弃对天真无邪的孩子一点一滴的道德启蒙教育。把大道理变成小道理，把硬道理变成软道理，丝丝入扣，循循善诱，让孩子心中装着他人，而不仅是自己，**这是最简单又最复杂的工作**。

在独生子女家庭中，家长普遍不自觉地过分溺爱孩子，养成了孩子"自我中心"意识。认为世界上我就是第一，最重要的是我。我要什么就给我什么，否则我就大闹。人们称这些孩子为"小太阳""小霸王""小祖宗"。玩具独自占有，他们自己搂着抱着这些玩具，不让别人碰一碰。美味的食品也独享，别人尝一尝就大哭大闹。看电视节目也以自我为中心，固执地让别人服从自己，否则就满地打滚。

这些情况任其下去，久而久之就滋生了坏毛病。别人的需要、别人的痛苦全然不顾。这样积累多了，由量变到质变，变成自私自利、贪欲无度甚至凶狠残忍。家长一定不放过一点一滴的小事，防微杜渐，及早纠正，以防"自我中心"膨胀。

要善于运用"赞扬"这支"魔棍"，去肯定孩子做得对、做得好的方面。

孩子在成人的肯定中，会把心爱的玩具送给同伴或与同伴一起玩耍；会把最喜爱吃的食品送给家人共享；当自己喜欢看的电视节目时间到了，能与成人商量经同意再改变频道。孩子在这种良好的道德气氛中，会逐步形成"心中有他人"的意识。

在道德启蒙中，父母的美德是孩子最宝贵的财富，父母的言行像潺潺的无形的小溪，潜移默化地影响着孩子。 如果父母忘记了自己的地位和作用，让孩子失去了信赖，那是很不幸的。孩子心中最可信赖的人首先是父母，一旦孩子不信赖父母，会产生"心理障碍"，也会不信任别人。

有位朋友对我说："一个人连生养自己、给予自己生命的父母都不爱，这个人爱别人全是假的。"这话听起来似乎很绝对，但回味起来很有道理。在现实中，对老人不孝的子女并不少见。特别是"生前不厚养，死后搞厚葬"在农村有普遍性。实际上，这是一种掩人耳目、虚伪自私的表现。这种歪风对正在成长中的孩子来说影响很坏，使孩子难以树立对待父母的正确行为。孩子从父母对待祖父母的态度中学习。父母孝敬老人，孩子也孝敬父母，一代传一代形成良好的家风。父母虐待老人，孩子也会虐待父母，这一辈传一辈似乎是报应。

在孩子的眼里，孝敬父母可有可无，而父母对孩子捧出无私的爱倒是天经地义的。特别是独生子女，他们获得的宠爱太多，父母缺乏理智和目光短浅的爱使孩子失去了独立性，也失去了回报爱的意识和行为。所以，对孩子进行爱父母的教育，树立孝敬父母的意识是非常重要的。

当前，城乡学校里开展了爱父母的各种形式的活动。在这些活动中，教师引导孩子去发现父母的辛劳、发现父母的奉献、发现父母的真诚而细腻的爱，让孩子用实际行动去回报这种爱。孩子是最可塑造的，他们在正确的引导下，运用各种特有的方式表示对父母的爱意，如写给爸爸妈妈的信、自制一件小礼物祝贺父母生日快乐、帮助父母排忧解难等。当然，这一切不是靠孩子自发的表现，而是靠教师精心的启发诱导。

在家庭中，要引导孩子爱父母的小事很多，如父母生病了，要引导孩子体贴父母，提醒孩子端水送药，为父母捶打腰背。孩子在这些行为中感受父母的病痛，增进父母与孩子之间感情的交流。当父母烦恼时，引导孩子不要激怒父母，不顶撞父母；当父母做家务时，要训练孩子眼中有"活儿"，帮助父母做力所能及的家务；吃饭时。启发孩子把好菜夹到父母的碗里……

这些行为日积月累，就慢慢使孩子心中有了父母、爱父母。这是一个人高尚和爱的出发点。由此引导他们爱其他人、帮助他人、尊重他人，逐渐冲淡"自我中心"，形成良好的乐群意识。让孩子在亲密的交往和真诚的友谊中来体会别人和集体给予他的爱，体会国家和社会给予他的爱。进而，将这种爱升华为一种爱祖国、爱人民的高尚而又稳定的情感。让这小小的爱心，在爱父母、爱他人、爱集体之中得到延伸、扩大和升华。

在公共汽车上，一位年轻的母亲为自己5岁的小宝宝抢到一个座位。她把穿着沾满泥巴鞋子的孩子放在座位上，孩子站在那里踏来踩去，十分得意。当有人提醒说："踩脏了座位，别人怎么坐！还是让孩子坐在座位上吧。"这位母亲对小宝宝的那种"慈爱"突然荡然无存了，狰狞凶狠地说："管什么闲事！"而孩子茫然，东张西望观察周围人的脸色。此时，他不知是母亲做得对，还是别人说得对。这个"问号"可能会使孩子在道德的起步路上徘徊许久。

同样在公共汽车上，一位妈妈怀抱着3岁的孩子，当她看到一位老奶奶上车时，妈妈低声地对孩子说："老奶奶年纪大了，站不稳，你愿意把座位让给老奶奶吗？"孩子高兴地说："愿意。"并拉老奶奶坐下。妈妈一个拥吻，孩子脸上绽开得意的微笑。这也将对孩子后来的成长印下正确做人的印迹。

一位3岁的小姑娘到邻居家玩，她很喜欢人家用红绿药瓶盖子做的棋子，就悄悄拿回家一个。当妈妈发现时问她："这是谁的？"孩子回答：

"小哥哥家的。"妈妈说："人家的东西不能拿回自己家，赶快送回去。"这位母亲明白"千丈之堤，以蝼蚁之穴溃，百尺之室，以突隙之烟焚"的道理，她与邻居商量好一起来教育这个小小的孩子。

当天真的小姑娘把"棋子"送回时，妈妈和阿姨一齐夸奖："真是诚实的好孩子，不是自己的东西不能拿。你已经明白了吗？"孩子说："明白了。"虽然她还不知道"诚实"这个概念的深刻含义，但她已知道了最简单的道理。

一位小朋友从幼儿园悄悄拿回家一本绘本，妈妈看到后非常气愤，拉着孩子到老师面前，硬让孩子承认自己偷了东西，是个坏孩子。孩子委屈得大哭，不肯认错。因为孩子还没有把"拿"看成是"偷"。对于"偷窃"这个道德范畴的词，还完全不懂。

聪明的老师说："囡囡是个好孩子，她最喜欢看绘本，看完了又把书还给幼儿园，让更多的小朋友看，这很好啊！只是今后自己喜欢的东西又不是自己的，一定要告诉老师，我要借回家看，这样才对。不告诉老师就拿走了不好！"孩子一听，委屈的哭变为可爱的笑。妈妈在一旁恍然大悟。人类本性深处有对理解的渴望。一**旦被理解，特别是孩子被成人理解，他会感到一种被肯定的踏实。**

一位 3 岁的男孩把刚刚含在嘴里的巧克力吐在妈妈手心里，妈妈把黏糊糊的糖送到自己嘴里。孩子又张开嘴，让妈妈再剥一块巧克力放在嘴里，接连两次这样做。

◎ 能被人理解很幸福

邻座奶奶提醒说："不要让孩子养成这种习惯，应该让孩子知道，一粥一饭，当思来之不易，半丝半缕，应念物力维艰，不能由着孩子的性子来，要引导孩子爱惜东西，不要把自己不喜欢的，损坏了的东西给别人。如果经常这样做，孩子心中就没有别人，只有自己了，连妈妈也不放在眼里，岂不是太可怕？"

妈妈听后觉得很有道理，赶快抱起孩子说："奶奶说，吃巧克力要吃干净，不要吐出来，更不要吐出来给妈妈吃，这不是好孩子。好孩子要听话。"孩子似乎明白地点点头。

像这类事在生活中比比皆是。有些家长习以为常，认为这是应该的。岂不知青柴难烧、娇子难教啊！

孩子到了进幼儿园大班或入小学的年龄，道德意识逐步形成。在小学生的漫画中可见一斑，令成人深思。

漫画一题目"妈妈爱吃苹果皮"。画面上，爸爸拿着小刀把削好的苹果送给儿子，儿子手提苹果皮送给扎着围裙的妈妈。

漫画二题目"春游去"。画面上，一位小朋友背着小水壶在前边跑，追赶小朋友参加春游。后边是爸爸，满头大汗推着小车跑，车上装满了香蕉、苹果、梨和面包；妈妈也端着盘子跑在后面，盘子里是一只烧鸡。

漫画三题目"味道好极了"。画面上，一个小男孩把咬了一口的大苹果扔进动物形状的果皮箱，果皮箱马上闭上口说："味道好极了！"

这些具有道德意识的幽默漫画，反映了孩子已对不道德的行为有一定的认识，对是非有了辨别力。并通过画漫画的方式表示自己的态度，这是很好的。

对儿童道德启蒙，成人切记要从小事抓起，防微杜渐。不要过分保护和娇惯孩子。孟子说："饱食暖衣，逸居而无教，则近于禽兽。"所以，光给孩子吃好、穿好，无限满足孩子的物质要求不是爱而是害。应该在孩子道德行为最可塑的婴幼儿期就注入人类的美德意识，使之逐渐从行为到意识奠定他未来正确做人的道德基础。

❧ 小孩也要学习社会交往 ❧

人从自然人到社会人的发展过程中，社会交往必不可少。如果没有社会交往，人就永远不会成为社会的人。

有朋友的人像草原一样广阔，没有朋友的人像手掌一样狭窄。从自然人到社会人的演变过程，是从对婴幼儿的早期训练开始的。

婴儿最初认识的是母亲、父亲。而后，发展到认识保育自己和爱护自己的其他人。到了托儿所，认识了阿姨和邻床的小伙伴，幼小的孩子就有急于进行交往的欲望。他还不会翻身，靠扭动头来与邻床小伙伴伸手、蹬腿以示他的交往。当成人靠近，他就伸开小手示意抱抱，这就是早期的"社会交往"。

◎ 我们是好朋友

到了幼儿期，孩子的社会交往更多，也是必不可少的。家长有意识地让孩子与邻居的孩子交往，一起玩耍、绘画、唱歌。到了幼儿园，孩子间的社会交往更多，要参加各种群体活动，要互相帮助解决自己的生活难题。特别是幼儿群体的节日庆祝活动、艺术表演活动、野游活动，以及参与成人的参观访问活动等，都对儿童的交往十分有益。

在家庭中，父母利用放假的日子，领孩子到儿童乐园去玩，到动物园参观，到儿童大世界去咨询，还可以让孩子参加一些运动会、画长卷比赛等。孩子在群体中的互相交往，能促进他们之间伙伴式关系的发展。

孩子除与同伴的交往外，家长也可以有意识地让孩子参与成人的一些健康有益的聚会活动，以促进孩子与成人世界的联系。如给长辈祝寿的聚会、探望好朋友的活动或邀请家长的亲朋好友在家中快乐的聚会等，都可以让孩子参加。但切忌，大人只顾自己大吃大喝、大侃特侃而冷落了孩子，那样会让孩子看到大人的不好的行为侧面。更忌在客人面前拿孩子的缺点开心，或贬低孩子的行为，或不负责地过分夸奖。

每当家中来客人，孩子特别高兴，"人来疯"是他们高兴的表现。孩子一"疯"，大人就束手无策，烦躁不安。家长常觉得孩子"疯"让他丢了面子，便以压服或"赶跑"来简单处理。这样做，孩子并没有弄明白为什么客人来了不能"疯"。

在社会交往活动前，家长应做些必要的准备：
如先了解对方有什么优良的品德值得孩子学习，
有什么良好的习惯值得孩子模仿。
同时还要嘱咐孩子到别人家做客要有礼貌，
要认真倾听大人的谈话，
不要随便插话或打断别人谈话，
问自己问题时要大胆回答，
给大人表演节目时要大大方方。

在接待客人时，也应让孩子参与。客人进房要问好，要给客人送上自己喜爱吃的糖果，大一点儿的孩子可以给客人端茶、挂衣帽。客人送来的礼物不要随便拿，送给自己的礼物经家长同意后再收下，并要对客人有礼貌地说"谢谢"。当客人告别时，应该说"再见""欢迎您再来"。

如果孩子太小，自制力差，应在成人交往时，妥善安排他们做一些有持久兴趣的安静活动，如画画、摆积木、玩机器人等，使他们的注意力转移到玩具上，不要妨碍成人的交谈。当成人谈得兴致勃勃时，也不要忘记视野中的孩子，当他们画得好、玩得有意思时，要适当给予称赞。孩子在和谐的人际关系中成长，对于以后人格的形成、参与社会的能力、乐群和协作精神的发展都十分重要。

当今的家庭，特别是在城市，独生子女的教育普遍让人忧虑。特别是新的城市建筑方式。方盒子式的结构，一家一户的隔离，这与四合院、大杂院的邻里交往相比少多了。在方盒子式的家中，忙忙碌碌的家长把孩子托给老奶奶，甚至锁在屋里，孩子交往的人太少了。由于过度保护，对孩子的限制也相应增加，这也不行，那也不能。如何让孩子"独而不孤""少而不僻"，就要注意给他们创造走出"方盒子"与社会交往的环境，并培养他们正确与人交往的行为。目前，在城市社区中，已有一些为孩子参与社会交往活动开辟的活动空间，如街心公园、儿童小乐园等。

孩子太小，眼睛还没有过滤能力，脑子还没有判断是非的能力。所以成人不加选择地领孩子参加"儿童不宜"的社交活动，如去舞厅、卡拉OK厅、茶座、酒吧，甚至拉孩子玩麻将赌博，这些都是非常有害的。

对于一些体弱多病、不爱活动、性格内向的孩子，也要给他们创造交往的机会，让他们逐步树立自信心，摆脱"自疑""自卑"感的折磨。让孩子学会主动、自然、从容地与人交往。这样孩子长大以后才能成为融入社会大群体的人，而不是与社会格格不入的孤僻者。

宁宁小朋友性格孤僻，不合群，常常一个人坐一边不参与小朋友的任何活动。老师通过家访了解到，他的爸爸妈妈都是性格开朗的人，一个爱唱歌，一个爱吹笛子。为什么这样的夫妻会生出一个孤僻性格的孩子呢？后来才了解到，宁宁刚出生不久，就因母亲工作太忙寄养到一位老婆婆家中，每周接回家一次。这位老婆婆是个腿脚不利落的人，她整天把腿往炕沿一横，拦着孩子不爬到地上，既没有玩具，也没有其他人来逗孩子玩，有的只是隔着玻璃窗看外面院子里走来走去的行人。

宁宁5岁入幼儿园时，语言发音很差，整日不说几句话。怎样使他与其他孩子正常交往呢？老师起初引导孩子拉他参加游戏，帮助他穿衣服。慢慢地，他也在试探式地与小朋友交往了。

一次有意义的过生日活动，激起了宁宁交往的热情。老师告诉小朋友，下周是宁宁过生日，你们都要为他准备一件小礼物。小朋友把这件事当成大事，告诉了自己的家长，有的孩子拿来了自己心爱的小玩具、小人书、糖果，有的小朋友画一张画，还有的折叠小鸟串成项圈。

宁宁生日那天，老师说："今天宁宁过生日，让我们唱一支生日歌来祝他生日快乐。"孩子拍手唱着，厨房的老奶奶送来了一块生日蛋糕，老师送给他一个花皮球。然后，老师问："你们都有什么好东西送给宁宁呀？"孩子热情地伸出一双双小手，拿出巧克力、绘本、玩具、图画，还把那串折叠的小鸟挂在宁宁的脖子上。宁宁的脸涨得通红，低下头偷偷地、羞怯地、甜甜地笑着。在歌声中，孩子围着宁宁又跳又蹦，宁宁也加入孩子之中，"疯"起来了。

赵阿姨丈夫去世了，她生活十分困难，冬天已下大雪，儿子还穿着单布鞋。妈妈出差买来了棉鞋，妈妈领着6岁的女儿蕾蕾去赵阿姨家，并引导蕾蕾把鞋送给小哥哥。蕾蕾抱着棉鞋跑到小哥哥身边说："天太冷了，穿上新棉鞋就暖和了。"

孩子在成人的影响下，把关心别人这个人与人之间交往的真谛，慢慢地领会并融入自己成长的过程中。

由中国青少年发展基金会发起的"希望工程"活动，深入人心。手拉手活动，把城乡小学生联系在一起。城市的孩子看到自己生活在福窝窝里，而农村的孩子却生活得很穷苦，滋生出一种纯朴的同情心，激发了孩子想奉献、要助人的热情。他们主动把自己的图书、文具捐给素不相识的遥远的少数民族学校的小朋友，把自己的"压岁钱""零花钱"捐给"希望工程"。他们愿意帮助更多的小伙伴学习。

🎗 动作操作从大动作到精细动作训练 🎗

儿童发展的快慢与动作的参与有直接关系。"动作是智力大厦的砖瓦""手是脑的门户。心灵手巧，手巧心灵。"说的都是动作和脑的合作与儿童发展的关系。从儿童自身发展来看，有自然的规律，成人有意识地对儿童进行合理的动作训练，对儿童动作的协调发展十分有益。

在家庭中，母亲可以根据婴儿的体质情况，编些简单的被动操，让婴儿在成人的扶持下练习。还可以为大一点儿的婴幼儿编些有主动动作参与的主动操，如模仿成人伸臂、弯腰、踢腿、蹦跳等。目前许多家庭兴起母子健美操、父子保健操，电视节目中也大力推广。这些体操简便易学，能帮助儿童增强健康。

在幼儿园的各种活动性游戏中和室内外体育活动中，比较普遍的是**徒手操和轻器械操**，让幼儿手持轻便的哑铃、花环、木棍做操。大一些的孩子可以借助椅子做各种动作、做发展平衡能力的"椅子操"。有些教材还编了适合幼儿成长发育特点的以中国传统武术为基本动作的幼儿拳、幼儿剑术、刀术等。各种各样的民间体育游戏，如踏竹筒、摸高、扔口袋、捉迷藏、老鹰捉小鸡等，都是训练婴幼儿动作的好方式。在有条件的幼儿园所，还为儿童准备了戏水池、游泳池、小球场、组合式的运动器械，让孩子在与水的接触中、在奔跑追逐中发展他们走、跑、爬、攀、跳各种动作。

◎ 我爱运动

体是知识之载，道德之舍。也就是说，身体好比容纳知识的车子、存放道德的房子。没有良好的身体这个重要的物质基础，智慧和道德的形成也会受到不同程度的影响。

身体健康和动作灵活敏捷有紧密的联系。我们在观察中发现，凡是身体健康的孩子参与的动作特别多，遇事应变能力快，不断合理的动作训练又更能促进他们身体的和谐发展。体弱儿童多数动作发展迟缓，反应懒散，参与行为消极。除了体质原因，还有心理原因。对待这一类孩子，成人要注意鼓励他们每个动作的成功，并帮助他们树立坚持做下去的信心。

当然在训练儿童动作时，首先要清楚，对象是一些骨质软、肌肉弹力小、皮肤嫩的小生命，要坚持科学的、循序渐进的、以安全为第一的原则。不能强迫孩子做高、难、尖的动作。特别在幼儿园训练孩子练习文艺节目时，切不可在粗硬的石地上、水泥地上或水磨石地面上练习翻筋斗、急下叉和下腰。在体育运动器械的选择上一定从儿童的身高、体重、身体动力规律去选择安全合适的运动器械。在体育课训练中也不要长时间让幼儿练习踢足球、打乒乓球，这样会因运动过度而伤害儿童。

当然训练孩子动作时，不能只从动作本身的技能技巧上下功夫。还要特别注意将兴趣引入动作之中。儿童在感兴趣的活动中，动作质量将迅速提高。

我曾看到北京北海幼儿园一位教师，领着大班的孩子在冬季搞室外体育活动。每个孩子手里拿着一尺长的小棍在滚动大皮球。皮球被小棍弹开，孩子快乐地追逐着，嘴里还"噜噜"地叫着。

原来，他们在玩游戏"赶小猪"。组织游戏的教师没有提出任何要求。也没有任何口令，只是和孩子一样追逐着"小猪"，用高低不同的"噜噜"声和眼光照顾到孩子。在游戏中，孩子走跑交替，四散跑、变速跑、改变方向跑，没有丝毫不耐烦，在不知不觉中达到了训练协调动作的目的。

另外，我也看到过一次这样的体育活动，教师示范教孩子学习拳术中的"马步双臂拳"。教师将这个动作分解开，逐一地教给孩子，还让孩子摆好姿势等待纠正，持续3分钟。孩子的腿在发抖，结果还是没有

掌握动作的要领。老师急出了汗，再次
一、二、三地重复"马步双臂拳"的动作，
孩子已懒洋洋地不愿意再做了。

　　同样的体育活动，却有不同的效果。
其原因在于：前者，教师根据幼儿的兴趣，
利用皮球滚动弹跳的特点，将皮球比拟成
"小猪"让孩子去赶，激发了孩子学习动
作的兴趣，引发了他们的积极学习的动机，
也满足了孩子内心的需要。后者，教师没
有激发孩子的兴趣，而是机械单调地教怎
么动作，单纯追求动作本身的技能质量，

◎ 我爱爬爬爬

使孩子感到单调乏味，加上过久地保持一个姿态不变，使孩子感到疲劳和厌烦，
产生消极的心理。如果再继续强迫孩子去做他们内心不愿做的动作，就会使孩
子与教师之间产生冲突的不合作行为。

　　幼儿要达到走、跑、跳跃、平衡、投掷、钻爬和攀登的协调，需要不断地
对各种动作加以练习，而**早期的练习更有价值**。

　　婴儿七个月就有了爬的经验，八九个月时爬的动作已经基本协调灵活。到
了幼儿期，爬的动作要求就要有新的内容。3 岁幼儿要两手两膝着地爬，5 岁幼
儿要求手脚着地屈膝爬，6 岁幼儿要协调、灵活地爬过障碍物。这些要求的提
出要符合儿童生长发育规律。但是，假如我们只注重动作技能技巧的训练，而
忽视了激发幼儿学习动机，把爬的动作分解开，机械地训练他们一伸手、二屈肘、
三蹬腿，其结果，孩子不但学不会，甚至婴儿期掌握的爬的技能也退化了。

　　如果领孩子模仿动物爬，在家庭或幼儿园都可以进行。比如成人扮
成海豹妈妈，孩子扮成小海豹，比赛看谁爬得快，就会引发孩子的极大

兴趣，使他们进入海豹的角色，爬的动作自然、协调、灵活，无疲劳感。

这是因为兴趣、动机、动作质量是互相关联的。兴趣浓，动机积极，动作质量就高。

操作，是人使用工具的能力。人在操作各种工具中，不断地完善人类对自然界的适应和改造的能力。操作是人类劳动的开始，劳动是人类的美德，是一切知识的源泉。

对于婴幼儿来说，**动作的发展为操作能力奠定了一定的基础**。儿童从使用小勺子、小叉子、小抹布、小扫帚、小铲子开始，起初很笨拙，逐步能熟练地使用。这是人类与其他动物的重要区别。

幼儿早期的操作为他们后来劳动技能、劳动意识、劳动习惯的形成奠定基础。让幼儿学会自己为自己服务的自我劳动，如自己吃饭、自己穿衣、自己洗脸、自己刷牙、自己上厕所、自己铺床、自己洗手绢等。这些通过幼儿的小手对工具的操作过程，可以逐步提高幼儿掌握工具的能力，并让他们从运用工具中得到乐趣。

除了让幼儿自我劳动，还要训练他们为别人干力所能及的劳动。在幼儿园里小朋友之间互相帮助穿衣服、系鞋带、打漱口水、洗手绢、做值日生、扫地、擦桌子、浇花、摆放玩具和图书、分发餐具、水果等；也可以让孩子做社会性的劳动，如帮助厨房的阿姨择菜、帮助园丁叔叔松土、给工地叔叔送水、给解放军叔叔送毛巾等。

在家庭中，让孩子在成人的帮助下学习使用针线缝扣子，使用刷子洗刷餐具，使用拖布擦地，学习操作简单安全的家庭劳动工具。

入学前的儿童，一般具备了基本操作工具的能力和劳动的技巧。学校的操作机会比幼儿园更多，他们需要学会擦玻璃、扫院子、洗走廊、平整操场、植树等。凡是他们能够操作的工具，就让他们去操作，在运用过程中逐渐认识工具的性能和熟练掌握工具。

　　组织儿童观察成人劳动中如何操作又是如何协作的，也是非常有意义的。这样，不仅可以使儿童了解操作工具的方法，更主要的是了解到劳动的意义和智慧。

　　在训练儿童操作工具时，家长需要提供保护，如使用指甲刀、水果刀、打火机、开启燃气、安插家用电器开关等，都要在成人的视野中进行。可以教会大的儿童处理意外的方法。但是过分保护，什么都怕孩子做不好，甚至由成人取而代之是最有害的。一个人具有良好的操作技能和劳动习惯将终身受益无穷，而早期的依赖心理和对操作的消极和笨拙以至形成怠惰，同样会对一个人终生产生不良的影响甚至是悲剧。

　　一个 6 岁的孩子在拖地板，他的热情可以从脸上的微笑和额上渗出的汗水中看出。但他拖地板的水平实在太差，越拖越脏，因为他还不知道如何洗涮拖布，又不懂拖地板应是有顺序地进行。只见他东甩一下，西擦一下，边拖边在地板上留下一排排鞋印。

　　老师看到后没有责备他，而是称赞他说："你很爱劳动，不怕脏和累，是个好孩子。但是，拖地板要像老师这样拖，地板就会越拖越亮。"说着老师将洗涮干净的拖布拧干，一片一片有次序地拖起来。老师做示范，孩子学了几遍，在愉快的交流中学会了操作拖布来拖地板。

　　妈妈在洗衣服，5 岁的小女儿也着急要参与，她把半袋洗衣粉倒入洗衣机中。妈妈看到溶入水中的洗衣粉，伸手就在孩子头上打了一巴掌，孩子委屈地大哭起来，妈妈更加生气，又在孩子屁股上打了几巴掌。还是奶奶出面解了围。

　　奶奶说："宝宝爱劳动，妈妈应该高兴，妈妈打你是因为你把洗衣粉倒得太多，太浪费了，以后再倒洗衣粉只用两小勺就够了。"妈妈这时也觉得自己伤害了孩子，马上说："下次妈妈不打你了。以后宝宝和妈妈一起洗衣服，妈妈会很高兴的，妈妈喜欢爱劳动的孩子。"孩子在成人的引导下，知道了洗衣粉的用量和操作的方法。

❧ 鼓励孩子有不同的想法 ❧

思维是人脑对客观事物的概括反映。正确的思维方法对儿童发展有重要意义，而鼓励孩子有不同的想法就是求异思维的启迪。

求异思维是相对求同思维而言的。中国人传统的思维方式多是求同不求异，要求人们去"皓首穷经"，大大扼杀了创新精神。而今，在教导儿童方面，我们还习惯于延用这种求同思维的方法，让儿童遵循一定的智力活动步骤和方法，掌握一般规律，取得固定的"标准答案"。

而求异思维的特点是思维敏捷、立体、独特，有弹性。它能在较短的时间内，机敏迅速地思考并当机立断，能从多方面、多角度、多层次把握事物的本质和发展方向，能突破原有成见，有所创新，随时调整自己的思维方向。

美国密歇根大学心理学博士刘永和教授在中国讲学时曾举过这样一个例子：美国学生的思维是"暴风雨式的"，而中国留学生在学习上极刻苦努力，在思维上就比较求同、呆板。当教授讲完了课问："同学们还有什么不同想法？"中国留学生大部分都露出致谢的笑容说："没有。"而美国学生会说："教授先生，你的观点不够全面。"或者说："你的观点有错误。"这时教授并无不满地说："我喜欢你们的求异思维，我们还可以继续讨论。"

那么，求异思维是不是生下来就有的呢？不是的。这需要成人从婴幼儿期就进行训练和教育，才能逐步使孩子形成良好的思维品质。

一般说良好的思维品质应有严密、敏捷、抽象、专一、质疑、创造的特点。家长和教师要注意让孩子从小就**多动手、多动脑、多动口、多提问**。因为，手是脑的门户，在动手的实践中会促进脑的思维，会由此产生许许多多的问号，正如法国著名作家巴尔扎克所说："打开一切科学的钥匙，毫无疑义是问号。"在动手、动脑、动口提问中促进求异思维的语言物质外壳的形成。儿童正确使用语言提出问题，又正确运用语言将思维的过程较完整地表述出来，对于成人了解儿童的思维，鼓励儿童运用正确的思维方法是很有必要的。

发现，是最积极的学习方法。成人引导孩子去发现、去独立思考，大胆地提出与成人或小伙伴不同的想法，这是求异思维形成的开端，是让儿童创造的智慧像泉水一样涌出闸门。

切忌让孩子陷入成人已经设计好的固定模式中，特别是一些呆板机械的、死背硬记的训练，最能阻塞孩子对新事物的积极探究精神和创造性，影响求异思维的发展。

当今，科学技术迅速发展，每隔五六年世界技术就有大的更新。光靠传授知识是远远不够的。我们要从儿童开始，特别是从婴幼儿开始，科学地训练他们，使他们长大以后不仅拥有广泛的知识，还要博闻强识、思路开阔、妙思泉涌，成为有"弹性"头脑的创造型的尖端人才。

6 岁的小伟看老师在弹钢琴，小朋友在跳舞。他突然激动地大喊："老师，我长大了要发明一架大钢琴，有舞台那么大，小朋友在钢琴上跳舞，不用老师伴奏，自己跳自己就伴奏了。"孩子的设想令老师大为惊喜。她抱起小伟夸奖说："你想得太好了，等你长大了一定能造一座舞台那么大的钢琴，老师要看你在钢琴上跳舞。"教师的鼓励无疑是儿童求异思维的催化剂。

小朋友坐在一起各自用积木搭砌自己喜欢的物体。小闯却在一边搭了又倒，倒了又搭，反复地进行着。当老师问："你在盖大楼？"他说："我要盖一座能摇动的房子。"说话时头也不抬，非常专心，经过几次失败后，小闯把作为基础的倒三角形用两块方积木挤紧，在上边搭了几层积木块，他用手轻轻碰已"建好"的房子兴奋地说："我的房子能摇动，你们的房子不能摇动。"小朋友都围上来看，小闯在老师的肯定中显得特别自信。

苟冰小朋友画了一幅画，画面上是一座高高的山，他说这是珠穆朗玛峰。在山峰上面有一架直升机，飞行员探出身子正向站在山顶的登山运动员扔苹果。老师说："珠穆朗玛峰太高了，直升机飞不上去，也不可能投苹果给登山运动员。"孩子却很固执地说："能，一定能。"老师说："现在还不能，将来一定能，你想得真好！"孩子听了继续画第二架直升机，这次扔的不是苹果而是香蕉了。

看起来孩子的思维有些荒唐，但他们敢于质疑、敢于否定、敢于思考的精神，教师和家长应给予保护。

❧ 数的训练也要从形象到抽象 ❧

儿童的发展过程，始终与数关系密切。他们从认识一个到许多个，从认识数的序列到数的组合和分解，从认识形状到形体，从认识空间到时间，从认识货币到衡器，以及在数的世界中逐步学会初等数学、高等数学，进入神秘的数的大海。

这个过程虽然漫长，但从婴幼儿期进行早期数的训练是可能的。一些研究证明，6个月的婴儿已有区别分和合的能力，也有认识物体的大小、形状、颜色的能力，有识别物体出现和消失的能力。

近年来的科学研究更给人以信心，数学的才能始于襁褓。英国牛津大学研究表明，5个月婴儿已会做加减法。

实验人员用一只手拿一件物体放在桌子上，然后用屏障挡住桌子。此时，再让婴儿看到实验人员用另一只手拿来一件物体放在屏障后。然后实验人员拿走一件物体，撤掉屏障，婴儿会注视现有的物体，并且寻找另一物体。

我也做过类似的试验，5 个月的婴儿看到我在摇动一只货郎棒。我将它藏在身后，又用另一只手摇动另一只货郎棒，让他注视。然后，我从背后拿出一只货郎棒，他伸手去抓，又拉我另一只手寻找另一只货郎棒。可见，婴儿实际上已有加减的朦胧认识。这无疑为儿童早期数的训练提供了新的线索和大胆尝试的可能。

数的训练是由形象到抽象的思维训练。如何对婴幼儿进行数的训练呢？最好的教具莫过于认识自己。让婴幼儿认识："我有一个头、一个鼻子、一张嘴、一个肚子。""我有两只眼睛、两只耳朵、两只手、两只脚。""我有十个手指头、十个脚趾头。""我有许多头发，许多牙齿。"还可以让孩子认识周围熟悉的物体，如一只碗、一把勺子、一个杯子、一把椅子、一张床、一个苹果、一个玩具、许多碗、许多杯子、许多椅子、许多花儿……

在这个基础上让孩子学会数的序列 1、2、3、4、5、6、7、8、9、10，学习数与数之间相邻关系，学习数的组合和分解，逐步进入学习数的简单加法和减法的运算。

在学习中根据婴幼儿形象思维强于抽象思维的特点，从具体形象导入，将实物和数同时或交替出现。来帮助孩子建立数的概念。

各种数的训练游戏，如听击鼓声练习数数、摸"奇妙的口袋"中的物和数卡来认识数字和形状等，以及在许多家庭和幼儿园中，成人为孩子自制的各种计算器、计算扑克、计算棋也都十分适合孩子认识数的概念。

生活中充满了数，这是对儿童进行数概念形成和运算练习极好的、形象生动的活教材。只要您留心，处处可见到。

当我们领着孩子散步时，看到对面一座大楼时，可以引导孩子观察并数数有几层，每一层有几个窗户，整个大楼有多少窗户。大一些的孩子在成人的引导下不仅能一个个地数，还能用运算的方式算出整个大楼有多少窗户。

当孩子看到停车场时，不仅可以认识各种车辆，还可以将车辆分类，数数有多少辆车，其中多少轿车、多少卡车、多少轻型小汽车。

当我们领孩子站在马路边时，看到奔驰而过的各种运输工具，也可以引导孩子练习快速数数。

来到动物园，可以引导孩子数那些跳来蹦去的顽皮小猴子有多少只？那些飞来飞去的虎皮鹦鹉有多少只？

认识钟表上的 12 个数字、指针，知道白天黑夜一共有 24 小时，每小时有 60 分钟，每分钟有 60 秒，这是五六岁的幼儿可以掌握的。

认识人民币，知道最小的单位是 1 分、最大的单位是 100 元，并了解 10 个 1 分是 1 角，10 个 1 角是 1 元，依次运算。认识衡器，如手提秤、电子秤和量尺等。这些认识可以在家庭生活中随时练习，也可以在幼儿园的教学、游戏和活动中进行。细心的家长和教师是绝不放过任何机会让孩子认识数的。

经过训练的幼儿能从形象运算阶段逐步过渡到较抽象的心算和口算运算阶段，继而理解抽象的数的概念。离开具体的形象，让幼儿认识枯燥的数字，只会是事倍功半，如孩子看到 5，并不理解 5 的含义，只是记住了一个符号。而合理地使用教具将形象和抽象的数训练有机结合，孩子会自然而轻松地获得对数越来越高的兴趣，同时，也能加深领会。当然在实施数的训练时，一定要根据婴幼儿心理发展的共性和个性，因材施教。

2 岁的小红在家病了，当妈妈问她："你的病好一点儿了吗？"孩子大声地反驳说："不！我的病好两点儿了。"这个例子说明，两岁的孩子对于 1 和 2 有很好的比较能力，她知道 2 比 1 要多。而多 1 个，在婴幼儿心中是好的意思。

4 岁的女孩小菲，能歌善舞，活泼好动，语言发展很好。但当老师问她 1+1 等于几时，她胸有成竹地说："等于 11。"小朋友们都笑了。老师启发地拿起一根筷子，又拿起一根筷子问："你再看看 1+1 到底等于几？"小菲仍然说："等于11。"说着还在黑板上写出"11"。这时老师才明白，小菲对 1+1=2 这个抽象的公式没有理解，只知道两个 1 并列是"11"。

幼儿在认识数时，光从机械的公式出发不行，还是要从形象的数训练开始，逐步认识抽象的数概念。

入学前的儿童可以利用数字卡片和幻灯片这种较抽象的方式训练他们的心算、口算能力，可以提高他们大脑速算技能。一些抢答、急答、数字接龙等计算游戏，也很受孩子的喜爱。

入学前做些笔算练习也是必要的，但成人一定要求孩子正确执笔、规范书写和列式，为入学打下基础，使孩子在相对比较抽象的小学算术学习中有个适应和熟悉的过程，为进入较难的数的练习提供前期准备。

❧ 驾驭语言的能力要从小开始培养 ❧

语言就好像变幻无穷的魔方。它通过词这个最基础的语言建筑材料之间有机的联系，来表述人的思想和交流情感。

对于儿童来说，从学习简单的词到掌握许多的词，再到连贯的、富有表现力的、合乎语法的正确语言，也就是巧妙运用语言魔方是一个长期的学习、积累和运用的过程。

儿童对语言的认识和掌握是在倾听成人的交谈中，在咿咿呀呀的模仿中，在许多词汇的积累中，在学习语言的迁移中，得到不断发挥和发展的。

不要以为婴儿只会哭叫，其实那是语言欲望的先兆表现。

不要以为婴儿不会说话，只能倾听，其实许多时候倾听得到的记忆常常让成人出乎意料。不知什么时候孩子就会像神奇的小天使一样，冒出令人吃惊的词汇。**孩子学习语言最好的方式就是模仿**。起初，大约在

◎你好，我在这儿呢

10个月，孩子就能像小鹦鹉学舌，从一个个单字开始，如妈、爸、拿、大、看、要、香。再发展成复词，如妈妈、爸爸、我要、看看、拿拿、走走。还会重复成人问的问题的一个字，如："妈妈好吗？""好。""糖甜吗？""甜。""车跑得快吗？""快。"

随着孩子年龄增长，他不仅仅靠模仿了，在他小小的心中也匆匆地进行一些联系，由具体的形象联系到语言，掌握了一定的词和短句。在掌握的词类中，也是从名词、动词开始。到了2岁左右，形容词开始出现了，三四岁以后孩子还会开始应用数量词、介词和连词。幼小的孩子特别喜欢运用形容词，有些用法让人啼笑皆非，如3岁的蕾蕾说："我放了一个美丽的屁。"这时候，大人不要嘲笑而要给予纠正。

如果说乳儿期是语言的发生期，1岁以后就是语言发展期。特别到了两三岁，是儿童语言发展的最佳期。这时的儿童对语言感应特别敏捷，对新的词汇学得特别快，对于交谈兴趣极浓。尽管他们没有足够的词汇帮助他们完整地表述自己的意图，但是，他们会自然地借助手势语言。

四五岁的儿童应该说是基本掌握了本民族实用的语言。孩子可以运用词汇和短句表述自己的想法、看到事物的感受以及想象中的事情。尽管这么小的孩子还完全不懂什么是逻辑，但他们已经基本能较完整地、准确地表述了。

入学前的儿童，能运用各种词汇、短句来描述人物、事物和表达自己完整的要求。我曾对500名幼儿做过语言发展词汇量的随机调查，发现入学前的孩子如果在早期有良好的训练，词汇量可达4000左右。一般的在中班有过训练的孩子，词汇量可达到 3500 左右，普通幼儿也能掌握 2800 ~ 3000 个词汇。

除了口头语言发展，还可以对 5 岁以后的孩子进行书面语言的练习。一些孩子可以早些进行，对提高他们独立阅读能力十分有益。

当然进入这一步要根据不同孩子的情况。起初可以采用中国传统的看图识字卡片，这是形象和抽象文字符号的统一，以后可以只出现抽象文字。有的教师和家长还编了一些识字操，如叉开双腿、伸平双臂是"大"字，并齐双脚、斜放双手是"小"字，双手扶头顶、身体直立是"平"字等。

幼儿在形象和抽象的交替练习中逐步对文字符号加深了印象，先会识字，但不必急于让孩子执笔写字。幼儿掌握了一定数量的文字，可以让孩子较持久地阅读《婴儿画报》《幼儿画报》 等短小、图文并茂的刊物，对以后阅读能力的提高很有益。

入学前，可以在成人的指导下学习正确执笔和书写。但一定要量力而行，切不可过量，以免引起孩子书写的疲劳和厌烦。

前面已谈到儿童语言发展的一般规律。成人可以掌握这些规律并根据具体儿童语言发展的条件，如脑的发育、发声器官的发音、语言发动的时间等，有意识、有针对性地进行不同方式的训练。

倾听　婴儿主要是倾听，对于他来说倾听就是学习。妈妈给不会说话的孩子讲故事、朗诵诗歌、与他交谈，其实并不徒劳。语言的信号，在婴儿的脑中已打上印迹。一位母亲在对婴儿朗诵普希金的诗《渔夫和金鱼的故事》，这个婴儿竟静静地"倾听"。一位奶奶在伸展婴儿的小腿，一边撸一边说"长啊长、长啊长，长得快、长得高"，那婴儿也在"倾听"。

倾听就是儿童学习语言的第一课。

模仿　婴儿一冒话，首先发出"妈"的声音，除了因为这个音孩子的发声器官表达比较容易，也与成人有意识地教导有关。孩子有惊人的模仿力，因此成人的语言一定要规范。一些方言、半截语、病句、婴儿腔都会影响孩子正确的模仿和理解。

积累 积累是儿童在不断地倾听、模仿中进行的。许多积累是默默地。当一个恰当的时机，孩子会突然冒出"新词"，其实这是积累的自然流溢。

1岁的小童刚冒话，姑姑给他看老虎的图片并对他说："虎。"小童也模仿说："虎"，并用小手指指点点。这张虎的图片和"虎"这个词的反复出现，在孩子小小的头脑中积累起来。

迁移 将两个事物之间产生联系的能力就是迁移，小小的孩子也有了一定的迁移能力。

还是1岁的小童，一次父亲领他到动物园看动物。当父子俩走到老虎笼子旁边时，刚会冒话的儿子竟大叫"虎"并做鬼脸，用小手指指点点，连续叫"虎，虎"。父亲大惊，心想：我是第一次领儿子逛动物园。这个孩子怎么能认识"虎"呢？儿子真是天才。岂不知，这是孩子姑姑早给孩子输入了"虎"的信号，在他小小的脑中存储，此时是一种情不自禁地流露。

发挥 儿童语言发展从倾听到模仿，从模仿到积累，从积累到迁移，直到发挥，说明语言发展的创造性有无穷的潜力。鹦鹉学舌不是目的，作为人类特有的机能活动，语言的发展在于运用，这样才能发挥语言特有的功能。

到了学龄前期，儿童运用语言的能力惊人。许多儿童不仅能完整地表述自己的感情和需要，评判一些事情，还能运用词汇造句，编故事，看图讲述，看情境谈话，描述人物肖像，编儿歌和小诗等。

6岁群体儿童的语言活动，"我的妈妈"肖像描述。孩子最熟悉妈妈，他们用童真的视觉和稚气的语句描述自己的妈妈令人感动。

一位女孩说："我的妈妈是一位人民教师，她有一张非常美丽的脸。有一双大大的眼睛、一个高高的鼻子和一张不大也不小的嘴。她笑起来，眼睛像弯弯的香蕉。"

一位男孩说："我的妈妈是个裁缝，她手特别巧，能缝各种衣服。还会绣花。她有一双细细的眉毛和弯弯的眼睛，鼻子很小，嘴爱紧闭，也爱皱眉毛。但是她看到我的时候总是眉开眼笑。"

一位男孩说："我的妈妈是医生，眉毛很浓、黑黑的，眼睛很大、亮亮的，但是太可惜，她总爱戴大眼镜，把亮亮的眼睛盖住了。她对患者很热情，总是微笑。有时她也生气，我最怕她生气，因为，她生气时眼睛更大，我不敢看她。"

6 岁群体儿童听音乐语言描述练习。教师打开录音机，《战斗进行曲》响起，孩子在教师引导下仔细倾听，一边听一边情不自禁地做出各式各样的动作。当音乐结束时，教师问："这个曲子描述的是什么？"孩子一个个举起小手，这个说，"这是打仗的曲子"，那个说，"这是骑兵的曲子"，还有的说这是一场战斗。

一个男孩说："在乐曲里，我听到了炮声、机关枪声和解放军叔叔的冲锋号声。"另一个孩子说："我还听到一支马队在前进，大白马发出叫声，让所有的战马冲进敌群。"又一个孩子说："我听到日本鬼子的号叫声，以及八路军叔叔和鬼子拼刺刀的声音，我听到胜利的欢呼声和红旗呼呼的声音。"儿童把乐曲旋律本身的声音、想象的激情及语言的表述结合起来，使他们在快乐的谈话中发展了语言。

孩子在进行创造性游戏或者"娃娃家"的角色游戏时，将综合运用语言。儿童在游戏中扮演着各种角色，"医生"要问诊，"病人"要描述病情，"教师"

要教学,"售货员"要卖货,"顾客"要选购,"司机"要开车,"乘客"要乘车,"民警"要指挥交通,孩子在角色游戏中不仅模仿真正的社会角色的语言,还会运用语言处理许多矛盾,那种自然,那种活泼,那种交流,对儿童语言的发展十分有利。

❧ 艺术熏陶从兴趣入门开始 ❧

假设一个人不会唱歌,不会跳舞,不会绘画和手工艺制作,一定很不幸。至少他不是一个完全的人。作为一个发展正常完全的人,构成他智慧的要素不仅仅是语言、数理和分析判断能力,还要有运用听觉和发声器官来欣赏音乐和演唱的能力,有运用运动觉和肢体有节律地律动和舞蹈的能力,有运用视觉和双手绘画和手工制作的能力。这些能力综合为艺术能力。

艺术能力是在成人有意识的刺激、得法的训练和潜移默化的熏陶中积累起来的。同时这些能力对已经形成和正在形成的其他能力也有促进作用。这些构成了一个人整体的能力,也是儿童发展的重要方面。

成人有意识地对儿童进行的各种艺术门类如音乐、舞蹈、美术造型等早期的、渐进的教育,就是艺术教育。

1. 音乐欣赏与演唱

孩子是不能没有音乐的,前面已经讲到怀孕的母亲让胎儿"欣赏"音乐的例子,胎儿能做出不同的反应。首先要肯定的是音乐的影响,有意识地施加是可能的。当然随着儿童年龄的增长,他们对音乐的需求也更加迫切。

起初是对节拍的快感,然后发展到对节奏和旋律的快感,这种快感又在音乐欣赏和演唱中得到表现。

刚刚出生的小婴儿,如果他在母胎中曾经"欣赏"过某一段乐曲,现在再把这段乐曲放给他听,他似乎有所记忆,在"熟悉"的节拍中,安静、甜美地入睡了。

《摇篮曲》《催眠曲》无论从什么民族、什么地域的母亲口中唱出,都是温柔甜蜜的,具有的作用也都是神奇的。孩子听后会露出一种婴儿特有的舒展和"满足"。

1 岁的孩子听到乐曲声会高兴得"手舞足蹈"。

2 岁的孩子听到乐曲声会尝试随着节拍摇头、拍手或走蹦，但常常是失败地跌倒，但他仍然爬起来继续"追随"节拍做可能成功的动作。这时孩子的音域为 C 调的 1～5 度，可以唱 4～8 小节短的重复的幼儿歌曲。

3 岁的孩子能随着乐曲的节拍和旋律有节奏地拍手、走步或双脚跳，但双脚交替跳还不够协调。这时的孩子音域扩大到 C 调的 1 度至 6 或 7 度，可以唱 8～12 小节的幼儿歌曲。

4～5 岁的孩子对节拍、旋律的感受能力有了更大的进步。他们可以准确地在乐器伴奏下，演唱音域为 8 度（即 C 调的 1 至 i̇）的幼儿歌曲，能较准确地接前奏和间奏。

6 岁以后的孩子音乐欣赏能力和演唱能力有了显著的提高。他们可以从一个乐曲中辨别各种乐器演奏出来的乐句。辨别乐句的性质是抒情的，还是快板跳跃的。演唱的歌曲音域扩大到 C 调的 1 到 i̇ 或 ż。根据儿童嗓音的差别可以唱到 8 度或 9 度。

重唱，这个需要抑制声音与其他不同的和谐音产生和声的方式，难度比较大。但在实践训练中，幼儿可以掌握比较短的、乐句重复的、和声比较单纯的幼儿歌曲，效果也很好。这说明幼儿对辨别音色和控制发声的潜能很大，科学的训练、循序渐进的练习很重要。应该让孩子运用自然的声音演唱，切忌让孩子"赛嗓子""喊唱"或让他们唱成人歌曲。过宽的音域和过大的音量会损伤孩子稚嫩的声带。

从 3 岁起就可以训练他们演奏打击乐　◎我们是小小演奏家

器。5 岁以后的孩子可以掌握许多打击乐器，如小铃、沙锤、木鱼、三角铁、手鼓等。6 岁的孩子能集体听从指挥，随着乐曲演奏打击乐器。

对音乐感受敏锐的天才儿童，在 3 ~ 4 岁就可以接受键盘乐器或其他弦乐器的训练。在各地的儿童器乐比赛中，学龄前儿童的成功也是屡见不鲜的。但特别要注意的是科学的训练方法，需要高水平的、严格而又有耐性的专业人员或受过专业训练的业余人员来做启蒙教师，如果随随便便地乱教，则会给孩子留下终身难改的坏习惯。

2. 律动和舞蹈

喜欢舞蹈是幼儿的天性。他们还在婴儿期就能随着音乐的旋律摇动手臂。当他们学会走路并能两脚交替跳跃时，会表现出异样的兴奋。2 ~ 7 岁的幼儿常常有规律地模仿成人的劳动，如割草、洗衣、摘苹果；模仿机械的运转，如开火车、驾飞机；模仿动物的动态，如大象走路、小鸟飞翔、小兔子跳；模仿自然现象的变幻，如下雨、刮风、流水等。这些在音乐伴奏下有节律的模拟动作，就是"律动"，是幼儿舞蹈的雏形。

舞蹈是人体随着音乐旋律有节奏、有规律的优美运动。幼儿在学习舞蹈动作过程中，不仅锻炼了肌肉，训练了韵律感，而且促进了大脑神经中枢的发展。幼儿在具体形象的舞蹈动作和舞蹈情节中，引起了对丰富多彩的现实生活的体验，获得了美的旋律的熏陶。

幼儿骨骼较软，胶质较多，易变形，肌肉纤维细、弹力小、收缩力差、易疲劳。兴奋过程强于抑制过程。因此，幼儿的平衡能力、保持能力、节奏能力都比较差。如让幼儿做单腿站立，三五秒钟就会失去平衡。让幼儿长时间控制自己保持一个不变的动作就会难以胜任，让三四岁的幼儿随音乐节奏整齐地拍手或踏步是很难的。然而，幼儿的弹跳能力却比较好，他们往往不知疲倦地奔跑和跳跃。一旦疲劳，又能在较短的时间里迅速恢复常态。幼儿身体比例，如以头为准是站五、坐三、盘二半，与成人比较就显得头大、臂短、腿短。所以在为幼儿设计"舞汇"（舞蹈语汇）时，一定要从幼儿生理发展的实际出发，力求舒展开放，使幼儿显得活泼丰满。如果"舞汇"设计拘谨、小气，幼儿就显得呆滞干瘪。

幼儿喜欢具体形象，喜欢寻根究底，喜欢幻想。在舞蹈创作中要充分注意幼儿的心理特点，激发他们的兴趣和满足求知欲，发展他们的思维。例如，幼儿常常问："天上有神仙吗？""星星是许多眼睛吗？""爬上高楼能摘下星星？""云彩能变成马吗？"这些问题正是他们对天文知识的渴求。

我为孩子编了一个小歌舞《金翅膀》。描写几个孩子在群星闪烁的夜晚，借助"金翅膀"飞上了天空，采来了美丽的白云，摘来了亮晶晶的星星，抚摸了可亲的月亮，抽来了太阳的金丝，并且和地球、月亮、太阳、人造卫星、宇宙飞船交了朋友。孩子对这一连串的幻想以及拟

◎ 幼儿舞蹈欢乐多

人化的音乐和舞步，感到亲切、可信，易学、易记、易表演，他们在艺术活动中受到了天文知识的启蒙教育。

幼儿舞蹈的"舞汇"源于幼儿奇妙有趣、绚丽多彩的生活。要认真观察研究幼儿的生活、游戏、学习，这样才能在了解幼儿的过程中熟悉幼儿，才能用幼儿的"舞汇"创作出幼儿的舞蹈形象来。民间舞、民族舞、古典舞、外国舞的某些基本"舞汇"也可以借鉴，但必须根据幼儿特点进行选择。

我在《孩子的心愿》这个蒙古族小舞蹈中设计了一个"马上转步"，幼儿怎么也学不会，原因是他们不能很好地操纵小足趾的肌肉。后来改为"平晃步"和"摇篮步"，幼儿很快学会了。

幼儿受年龄所限，掌握不了高难度的动作技巧，因此要借助于歌和话来弥补不足。而这种既有歌又有话的小歌舞，富有幼儿的稚气，是幼儿舞蹈的一个重要特点，是孩子喜闻乐见的形式。当然歌、舞、话要互为依托，相辅相成，融为一体，不能随意歌、随意舞、随意说，不伦不类，杂乱无章。

幼儿舞蹈的造型目的在于形成生动画面，起到画龙点睛的作用。造型，特别是整体造型，不单单出现在舞蹈的结尾，有时需要出现在舞蹈的开头或进行中。

幼儿舞蹈的节奏安排要快慢搭配，有动有静，有起有伏，有收有放，这样才能别开生面。

队形变换也要有密有疏，穿插合理，活而不乱。幼儿在登台表演时要防止出现拥挤和偏台的问题。队形变换设计不好，或者训练不得法，就会出现这种问题。

道具要用得恰到好处。能用动作表达明白的，就不要用道具，能用一种道具表达明白的，就不用两种道具，否则会削弱表演效果。

幼儿舞蹈的服装设计要有幼儿特点，要协调合体，又肥又大的服装会使幼儿显得臃肿。

幼儿平时演出可以不化妆。在灯光强的舞台上演出要化妆，但要讲究色彩协调，底色要调成幼儿肤色，腮红分散得合理，唇缘要清晰，眉眼要符合幼儿脸谱特色。

要根据不同幼儿的年龄特点，有针对性地训练幼儿的舞蹈技巧。3岁左右的幼儿节奏感差，多用律动曲来练习拍手、踏步和打击小乐器。4岁以上的幼儿可以训练他们的控制能力，让他们将一个动作卡在一个音乐节奏上，并能随着音乐旋律的变化，自然地改变自己的节奏。幼儿控制能力差，动作的起式和收式会松松垮垮，在训练中必须强调动作要起得准、收得稳。

感情是舞蹈的灵魂，感情训练是很重要的。在排练之前，可将所排的舞蹈内容编成故事。有声有色地讲给幼儿听，使幼儿理解故事的情节，激发他们的感情。眼睛是"心灵之窗"，要训练幼儿运用眼神表达感情。如小鹅看见一条小鱼从这边游到那边，除用手势外，主要用眼神来表达。在扑蝶中，"蝴蝶"落在一朵花儿上，训练幼儿集中精力去扑假设的蝴蝶。当"蝴蝶"被惊飞了，幼儿的眼睛又能在空中寻找假设的蝴蝶。光凭手舞足蹈，没有灵活的眼神，这样的舞蹈就假。训练眼神可从训练眼球转动入手，要让幼儿的眼珠能随自己手的移动而转动，能随成人所指方向的变化而转动，能在一个空间里，随着假设的活动目标而转动。

3. 绘画与手工制作

绘画的欲望在孩子刚刚会拙笨地握笔时就开始表现出来。他开心地胡乱涂抹，当你问他画的是什么？他会说："这是下雨了！"或者说："这是大树！""这是太阳！"甚至形容一团看不出什么形状的乱线："这是妈妈。"这就是儿童的涂鸦阶段，绘画的兴趣和能力就从这里开始培养。

首先是对绘画工具的认识和使用。一支彩色笔、一盒颜料、一张纸，孩子可以在纸上随意地画自己认为有趣的事和物。

绘画工具不仅有笔，孩子更愿意用手或各种物品来做"印章"，如把树叶涂上颜色印在纸上，用小积木涂上颜色印在纸上。孩子将自己的小手放在纸上，描一下手的轮廓，或者在手上涂上颜色，在纸上印出一个个小手印。但是最常用的还是粗的、有些弹性的彩色笔，如尼龙笔、油画棒、蜡笔等。五六岁的幼儿可以学习运用毛笔、墨和宣纸来练习画中国画或写字。

当然绘画训练最主要的不是绘画工具，而是培养儿童观察周围人、物及事件的能力，并**用自己的方式大胆地表现出来**，而且是创造性地表现出来。

最初的临摹是必要的，但临摹的目的是训练孩子观察分析原画和表现绘画的技能。

让孩子写生，画他周围熟悉的物品、人物以及环境。尽管他不可能画得逼真，但他独特的表现手法会把他认为重要的全都表现出来。也可以让孩子画命题画，将他们的绘画思维限制在一个情景或一个激动人心的事件中。

孩子的绘画能力发展是循序渐进的。线条是绘画最原始、最简单的表现手法，孩子在婴幼儿期已经产生了对线条极大的兴趣。起初孩子画竖线条，他画出许多排列不齐的斜竖线，会兴奋地边画边喊："下雨了。"或者说："大面条，大虫子……"以后又开始画横线条，他从左向右，或者从右向左，也有时左一条右一条，然后他会告诉你："这是筷子，这是大地，这是大马路……"

到了3岁，孩子不仅能画竖线、横线或竖横交织的线条组合，还开始画圆圈，在他笔下的圆似乎很少有规则的圆，然而他很自信地告诉别人："这是大气球、大苹果、大太阳。"到了四五岁，他可以运用各种线条表现自己的愿望，这就**是具有创造思维绘画的早期训练——意愿画**。在画意愿画时，儿童充分发挥他们的观察能力、想象能力。五六岁以后的孩子不仅画现实生活中存在的人和事物，更能画许多幻想出来的神奇画面，他们在绘画中表现出来的"专注""投入"令大人吃惊，一个淘气好动的孩子一旦进入绘画的意境，会安静得1小时也不走动。

当然，孩子在绘画的表现中视觉的观察是与成人截然不同的，绘画语言也很独特。大人观察太阳光芒四射，表现手法也是将太阳光围绕太阳均匀地放射开。孩子却不同，他们会把太阳画成长满毛刺的刺猬。一座山上长满了树木，树垂直地向上生长，而孩子的观察和表现是将树沿着弯曲的山峰放射式地生长，有的树在山的下坡，竟然横着生长。

孩子画肖像也十分有趣，他们不仅注重人的眼睛，常常夸大眼睛，对于看不到或不完全看到的耳朵也要画出来。

一位5岁男孩，把梳着发髻的女教师画成一个留着男式分头的人，当女教师问他："我的发髻在哪里？"孩子天真地把纸翻过来说："在这里，在后边。"原来纸的背面画了乌黑的一团线，这就是孩子表现的方式，大人绝对想不出来。

一位6岁的女孩生病了，医生开玩笑说："要是你给我画张像，我就给你看病。"孩子高兴地拿起医生的笔和一张处方纸，开始画医生的头，特别画了个大眼镜，镜片中的眼睛画得极仔细，接着画上身。突然女孩停了笔钻到桌子底下，医生和老师不解其意，然后她从桌子底下爬出，又接着在被桌子遮掩的部分画了两只大脚。这时大家才明白，孩子钻在桌子底下去观察医生的脚了。

　　这就是儿童绘画的特点。他们最不愿意遮掩，要把所有的对象都表现出来，包括他们本来看不到，但心中想到的都以"透明"的方式表现出来。

　　许多成人画家想返璞归真，返老还童，用童心和稚笔来表现美好的世界，但是，无论如何他们也达不到那纯美天真的境地。因为，成人的规则、观念、习惯使他们无法做到这一点。而孩子却不同，与其说他们在绘画，不如更确切地说他们在玩。他们通过视觉的观察、听觉的刺激、触觉的感受、运动觉的体验和活泼的思维活动的糅合，产生绘画的冲动。

　　孩子比成人更大胆地在洁白的纸上尽情地、无所顾忌地表现自己的愿望。他们的手臂似乎有规律、有节奏的移动，许多色彩涂在一起，尽管他们还不懂色彩学中的暖色调、冷色调、补色调。但令人吃惊、不可思议的是，成人认为绝对不合理的组合，在孩子看来是很合理的。成人认为不可能，孩子看来是最可能的。成人和孩子在绘画方面的差异就在于：儿童对周围世界的好奇心和积

◎我爱画画

极探索、创造的欲望，实在是成人所不及的。成人往往对周围世界的观察司空见惯了，概念化了，理性化了。这一点成人也应该向孩子学习，保持一种纯洁的"童真"。正如大画家毕加索说的："我曾经像拉斐尔那样作画，但我却花费了终生时间去学习像孩子那样画画。"

许多专家研究认为，幼童绘画艺术和成熟艺术家的艺术之间有相似之处，在于绘画是非写实的、随意的、协调的和色彩美丽的，但孩子并不知道自己已经突破了"常规"。

根据这些特点，家长或教师在辅导孩子绘画时，要努力使自己回到童年，尽管这是不可能的，但还是要尽量从儿童的视角去观察生活，用"童心"去体验生活，用"爱心"去辅导儿童，使自己和儿童成为知心朋友。遵循儿童年龄特点，从涂鸦阶段到表现阶段和再现阶段，逐步进入写真阶段和创造阶段。不要强迫儿童去画成人的喜恶，不要强迫儿童机械呆板地临摹大画家的名作。更不能望子成龙心切，有的家长为了孩子成才，整天为孩子背画板、递画笔、铺画纸、涮色盘，这一切本来是儿童自己能够做的，也是应该做的事，就要训练他们自己去做，大人切不可取而代之。更不要为了得过什么"国际大奖"而把孩子当成神童，盼望他成为毕加索或齐白石，违背孩子身心发展规律。绘画和其他科学门类一样，需要严格的科学训练。

手工制作是发展绘画能力的另一种方式，是锻炼幼儿手指和大脑灵活协调能力的过程。

折纸　最常接触的手工是折纸。儿童用小小的、方正的彩色纸片，可以边对边、角对角地折叠各种形状的物体，如小桌子、小钢琴、小车子。从简到繁，从易到难，还可以学会折坦克车、小鸟、花篮等。

剪纸　儿童运用小剪刀可以剪出自己喜欢的形状和图案、花边。

撕纸　儿童可以按自己心中的物体将纸撕成皮球、房子、苹果、图案。

染纸　儿童可以将吸水性强的纸折起来，在不同的色彩盘中染上几个角，打开后会出现美丽的图案。

泥工　可以用各种材料为孩子专门和制面泥、彩泥、白泥、黄泥以及其他专用橡皮泥。让孩子在运用手指和掌心的动作中，捏出自己喜欢的各类日用品、小动物、人物、房子、车子或者一组有情境的小组合。

贴画　大一点的孩子可以用各种图形的彩纸、布块、树叶、毛线等做贴画。

刺绣　训练孩子（无论男孩或女孩）学会穿针引线，他们在练习中会表现出对彩色丝线在布上刺出的线条和图案的兴趣。刺绣练习可以从用大的粗针、粗毛线在薄纸板上进行，过渡到用较细的线和丝彩线在绒布、厚布上进行。在薄的布料上可以用绣花圈。练习中可以让孩子按成人画好的线条行针走线，也可以让他们随心所欲，随意刺出自己喜爱的物体或花边。

绘画和手工制作最能使那些好动的孩子安静下来。他们在一笔一笔的绘画中，在仔细运用小手的手工制作中锻炼了手和脑的协调，"发泄"了他们的欲望，引发了他们的创造力和表现力。

当然还有其他方式，如训练孩子摄影，让孩子在热闹的场面中"抓拍"。起初孩子拿着"傻瓜机"，按快门如同开机关枪，完全是偶然地随意地捕捉。随着得法的训练，孩子的摄影选择能力增强，反应灵活机敏。在全国儿童摄影作品中，幼儿捕捉到的画面是令人兴奋的。一个 6 岁的儿童捕捉到的画面，是一个孩子在吃东西，大白鹅走来抢食的场面，很是动人。

4. 表演能力训练

表演能力是一种综合的艺术能力。这里最重要的仍不是技巧，而是大胆的参与，**让孩子勇敢地在众人面前表演是一种自信心的训练。**

有些孩子唱得很好，有些孩子朗诵得很好，有些孩子舞蹈跳得很好，有些孩子演奏乐器很好，有些孩子操纵木偶并表演得很好。但是，一在众人面前就胆怯起来，唱不出，诵不好，舞不起，奏不响，木偶也操作不灵，甚至吓哭了。所以训练孩子大胆地表演也要从小开始。从在爸爸妈妈面前表演，到在客人面前表演，然后在小伙伴面前表演，甚至大胆地走到舞台上表演。在这个过程中要运用鼓励，常常给孩子赞赏是非常灵验的。

北京的空军蓝天幼儿艺术团的小朋友，还有南京小红花艺术团的小朋友表演的节目娴熟动人。一看到他们辛勤的教练就完全明白了，他们重视技能技巧训练，更重视"自信心"的训练。所有的孩子第一课就是训练大胆地在众人面前表演，出了差错不慌张。观看他们表演的成人拍手叫绝：简直是一群小精灵，一群长不大的"老演员"。

表演的技能和技巧与信心是一致的，而信心的主导作用可以增强孩子的主动性，从而促进表演技能和技巧的提高。要善于慷慨地运用"赞扬"，一句肯定的赞美语言可以激起孩子的自信心和内在的学习驱动力；一句嘲笑、斥责可能毁了一个孩子表演的才能。所以多多鼓励孩子，微小的成功是最好的自信心训练。

一位6岁的男孩子在扮演现代京剧《沙家浜》选段中的郭建光时，表演中竟尿湿了裤子。他跑到后台呜呜大哭。老师见了耐心地说："郭建光叔叔是个英雄，怎能掉泪呢？尿了裤子不要紧，以后在登场前不要贪玩，及时上厕所就不会出现这种情况了。"多么轻松又亲切的教诲，孩子破涕为笑，又重新登场。

一群5岁的男孩子挥动小鞭子弯腰跳起跑马步登场，一位领舞的孩子挥动的小鞭子与后面一位孩子的小鞭子绞在一起，他俩慌了，用力拉，越拉越拉不开。此时，老师走出场说："别急，我们再从头开始。"孩子走回后台，拉开小鞭子，又充满信心地跑上舞台，做了精彩的表演，引起台下一阵阵热烈的掌声。

卡拉OK之所以受到人们的喜爱，是因为，这种方式可以唤起一个人沉睡的"表演欲望"和"独立表演"的胆量，给人以成功的信心。对于年幼的孩子来说，也是一种使他们获得演唱知识、发挥表演能力的好形式。

一个胖胖的小女孩登上台，主持人向她提问："你几岁了？""我5岁。""你害怕吗？""我不怕。"她很自信。当歌曲前奏一响，她非常投入并准确地接上前奏，演唱时表情自然、节奏清晰、声音甜美，全场报以热烈掌声。接着一个又一个不同年龄阶段的男女小选手各展风采。

当中央电视台向全国观众播出了这场表演时，引起了社会热烈反响，许多家长打电话、写信咨询，他们希望多为孩子举办这样生动有益的活动，创造这样让孩子施展才华的机会。

❧ 玩具和游戏是孩子的独有天地 ❧

玩具是儿童的天使，游戏是儿童的"工作"。儿童是在游戏中成长，在游戏中学习，在游戏中成熟起来的。玩具伴随着游戏，游戏离不开玩具。而玩具随着儿童游戏的可变性，它的功能也在不停地变化。小的幼儿会把枕头当成娃娃抱起，还可以当成小猪崽、小花狗等小动物。一块光滑的石头，孩子可以把它当成面包、糖果，假装地吃着。当然各种商品玩具发展很快的时候，正确为孩子选择玩具也是很重要的。

孩子最喜欢可变的玩具，而不喜欢固定不变的观赏玩具。

积木、插板或插塑玩具，是非常受孩子喜爱的。在孩子的小手中，可以把它变来变去，孩子在玩的过程中充分发挥了他们的想象力和动手能力。5岁的男孩能用十几块插板插出二十几种汽车、卡车、机枪、大炮、轮船。当然，女孩更愿意插房子、有规律的图形。小小的积木块，在孩子的小手中就是一块块"砖瓦"，可以建造城堡、桥梁、大厦。

当然现代的电动玩具、电子玩具、声控玩具、遥控玩具也能引起孩子的兴奋。但兴奋波不持久，远不如对积木、积塑、插板和新兴起的变形金刚类折叠玩具兴奋得持久。

电子游戏机的产生也吸引了大大小小的孩子，6岁以后的孩子常常入迷到不能自拔。许多社会舆论呼吁，禁止让儿童玩电子游戏机，这样会毁了孩子的眼睛，影响孩子的学习。我与电子游戏机专家、社会学家、心理学家、教

◎ 看我的大楼和塔吊

育学家、医学专家及人文学家进行过探讨，大家一致认为：玩具的发展是伴随生产力发展而发展的，石器时代孩子玩的是石头；到了铁器时代，孩子玩的是铁制的各种民间小玩具；到了蒸汽机时代，孩子开始玩机械玩具、发条玩具。今天到了电子时代，电子游戏机的产生也是必然的结果，问题不在电子游戏机，而在于**我们如何认识电子游戏机对儿童发展的利弊**。有计划、有节制地运用电子游戏机和开发利用电子游戏，是该研究的问题。

专家认为，电子游戏机对儿童的机敏反应和创造思维训练很有益。孩子在操作键盘中，脑、眼、手形成一致的反应。从开始的不熟练、不协调中逐步协调一致起来。但眼科专家特别强调要控制儿童玩耍的时间，幼小儿童的玩耍时间不要超过 15 分钟，长时间盯着屏幕会造成眼的疲劳、脑的反应迟钝和手的酸软，所以要教育儿童学会节制自己。软件专家认为，问题不在电子游戏机，而在软件的设计，过多的打斗暴力对孩子行为发展不利。目前游戏软件多数是从日本引入的。国内软件产品不足。专家认为，应为儿童设计培养他们良好道德行为和数理概念及造型艺术的组合类软件。不要因噎废食，要善于科学的训练及循循善诱的引导。

中国的玩具专家正在研究儿童系列玩具。根据儿童各年龄阶段不同的动作发展和思维发展而设计的抓握玩具、锻炼视觉的观赏玩具、啃咬玩具、爬行练习玩具、学步车以及跑跳发展的滚动玩具等变化多样，很受欢迎。中国民间的传统玩具，如陀螺、空竹、小高脚、压板、风筝、风轮、棋类等的开发和利用，正引起玩具设计师和玩具行业的重视。

游戏离不开玩具，特别在活动性、创造性游戏中，更离不开玩具。

在创造性游戏中，随着孩子角色的多样性，情境的变化性，玩具也丰富多彩。许多日用品的包装用来制成玩具，如饮料瓶子可以做花篮，易拉罐可以做摇筒、万花筒或小餐具，利用各种干果外壳做成的玩具，也很受孩子喜爱。

玩沙、泥、水是在游戏中最开心的事，幼儿园为孩子筑成沙池、水池，让孩子戏水、玩沙。家庭里也可以为孩子用旧盆装上沙子玩，或者用小水盆和浴池玩水。孩子在玩沙、泥、水中表现了他们的再造和创造能力。

在创造游戏中，角色的扮演特别重要，许多孩子对一种角色特别喜欢，每一次都要扮演这个角色，而且表现得极其逼真，如同真正的工作。所以说孩童时神往此业、成人时迷恋彼业的说法很有道理。孩子在游戏中认识社会，展示自己的兴趣或心愿，像成人一样专注"工作"的样子，是他后来成长中的基础。正像鲁迅先生所说，童年的情形，便是将来的命运。

孩子也喜欢玩危险性的游戏，如舞弄棍棒开战，在地形陡险的地方玩追捕，在工地玩火，甚至有极个别的孩子看到大人不检点的行为也模仿如动拳、打斗赌博。这些是极有害的，成人应及时纠正。将他们的游戏兴趣引导到正确的方向上。

快乐的游戏和在游戏中运用玩具是儿童发展中不可缺少的一环。让孩子在自己的游戏"王国"中，尽情地玩、开心地笑、认真地学习做人做事的起步。为他们后来的成长奠定良好的基础。

❧ 教学方法灵活多变 ❧

幼儿园的教学活动是幼儿园儿童生活中的一个重要部分。但这种教学活动与小学、中学的课堂教学有很大的区别。

在幼儿园的教学中，似乎是在教学，又似乎是在游戏，似乎是在处理一件平常的事情，是一种自然、从容、充满快乐的情境。

幼儿在学习上，有很多区别于较大儿童和成人的特点，其中最为突出的是"观察"和"发问"。在观察中，他们有独特的方式，那就是不漏掉任何一个他们认为奇怪的、入迷的、细微的现象。他们也有独特的发问方式，那就是紧追不舍、究根问底，直至成人做出回答为止。

由于幼儿的思维正在发展中，特别是抽象思维发展还需要不断地培养。因此幼儿在"观察"和"发问"中，常常注意"形象"的外壳和外部现象，缺乏"深"思考，注意力不够持久。归纳、记忆、运用的能力都需要在成人耐心积极的启发下逐步完善。所以教师在教学实践活动中总结了以下激发幼儿学习主动性、创造性和灵活思维的方法：

在观察中发现，在发现中询问。

在询问中反问，在反问中思考。

在思考中比较，在比较中识别。

在识别中理解，在理解中记忆。

在记忆中想象，在想象中创新。

在教学中的观察是教师有意识地设计观察目标或现象。让幼儿群体从不同的视角去观察，并能引起他们对以往生活体验的回忆。在观察中。让幼儿发现新奇的东西和现象。这些新奇的东西和现象是他们过去没看到的、不知道的。这时，教师的作用不是告诉孩子 "这是什么""那是什么"，而是要适当地引导幼儿观察重要的部分或被忽略的部分，让孩子自己学会观察。

观察中的发现，激发了孩子极大的学习热情，他们会迫不及待地向教师提出许许多多的询问，这正是求知欲望最强的时刻。

要切记，教师千万不要着急回答他们的问题，而要将他们提出的问题**略加归纳、理出重点，向幼儿"反问"**。在"反问"中又将幼儿的观察集中到要点上，使他们在头脑中把观察到的事物和现象与教师的"反问"再做一次联系思考。

在思考中，教师的作用在于引导幼儿将所观察的目标或现象与相关的形象或现象做比较。比较的过程，也是观察和思考的深化过程。然后再将幼儿分别观察的零碎思考归纳起来，这有一定难度。教师可以启发幼儿尝试归纳练习。此时，教师的归纳是形象而有趣的"画龙点睛"，促进幼儿加深理解。孩子在这种状态下所获得的"答案"，是由他们自己积极主动的探索学习的结果，因此特别快乐，理解的程度也相对较高。

凡是理解了的东西，记忆得也比较扎实。凡是运用过的知识，记忆得也更牢固。感觉的东西不一定理解，只有理解的东西，才能真正地感觉它。孩子通过观察和分析，提出许多问题，又将问题引入到再观察和比较之中，形成初步的概念，加以消化吸收和存储在记忆中，形成想象，再由想象转化为一种创新思维。这种活泼的、曲线式的思维训练活动，在教学上效果很好。

在教学活动中"运用"已学到的知识，让孩子多次进行动手、动脑的验证和运用，也是巩固记忆激发想象力和创新思维的好方法。

整个教学活动是教师运用教育机智的过程，是驾驭激发儿童学习内驱力"魔棍"的过程。教师似乎在课堂上没有更多的"给予"，然而，被激发起来的学习探索的热情，将随着师生双边活跃的活动而得到伸展。

在教学技巧上有几个重要的环节：

（1）按目的选择孩子易感兴趣的、易于接受的观察目标和现象。

（2）鼓励孩子细心观察和提问。

（3）巧妙使用让孩子感到新奇的教具。

（4）善于运用教育机智，适度遥控孩子思路，以避免跑题。

（5）恰如其分地肯定孩子的努力，但不是结果。

（6）适当让儿童体验一点儿失败，对后来获得成功有促进作用。

（7）有意引发孩子之间的争论。

（8）照顾全体孩子的活动，特别要激励发展比较迟缓的孩子。

教学实例：认识金鱼

一个透明的大玻璃鱼缸，里边有几条颜色不同的金鱼。教师让幼儿围坐四周观察和议论。过了 5 ~ 10 分钟，孩子便开始热烈地提问：

"为什么金鱼不眨眼？"

"为什么金鱼会游水？"

"为什么金鱼喝水又吐出来？"

"为什么金鱼能游上游下不淹死？"

"为什么金鱼颜色不同？"

"为什么有的金鱼一动不动，是不是死了？"

……

教师反问：

"你们再仔细看看，金鱼用什么游泳？"

"你们再仔细看看金鱼喝水、吐水，有什么不同？"

"你们看看金鱼的眼睛，为什么不眨？"

……

孩子又靠近围拢，继续观察、思考。他们又有了新发现，争着表述自己的观察结果：

"金鱼用像'小手'一样的东西在划水。"

"金鱼肚子下边也有两只'小脚'在蹬水。"

"金鱼用尾巴划水。"

"金鱼背上有一条'花边'也摆来摆去。"

"金鱼喝水时又张嘴又鼓起脸。"

"金鱼眼睛没有眼皮，眼珠不会转。"

"金鱼没脖子，看东西要摇身子。"

正当孩子观察和议论时，教师让孩子轻轻地在水中抓金鱼来进一步提高孩子的感觉能力。金鱼受惊，游得更快，孩子观察得也更清楚了。

这时，教师告诉孩子一些有关金鱼的基本结构、特点和浅显的知识。比如告诉孩子，金鱼有头、胸、腹、背、尾……长在胸前的两片"小手"叫胸鳍，长在腹下的两片"小脚"叫腹鳍，长在背上的"花边"叫背鳍，大尾巴叫尾鳍。它们各有各的用途，请你们再仔细看看。

孩子的观察兴趣更浓，他们又有了新发现。

"金鱼的胸鳍会划水。"

"金鱼的腹鳍也会划水。"

"金鱼的背鳍一摆，就能在水中钻上又钻下。"

"金鱼的大尾巴一甩，能拐弯。"

看来孩子已经基本掌握了金鱼的特点。此时，教师出示一只轻塑板制成的小船模型放在水盆里，"小船"的桨是用两片竹片制成。教师轻轻拨动小桨，"小船"在水盆里行走。当拨动快时，"小船"走得快。孩子惊呼："小船像金鱼会游水。""小船的桨就是金鱼的鳍。""小船的尾部安个桨，小船就能拐弯。"

从认识"金鱼"到联系"小船"，孩子明白了人类仿生学的原理。教师让孩子归纳，一个孩子说："金鱼的眼睛不会眨，也不能闭，它没有脖子，看东西要扭身子，它能用鳃呼吸，用鳍划水。"另一个孩子说："人很聪明，把小船造得像金鱼，它的桨就是金鱼的鳍。"还有一个孩子兴奋地跳起来说："我长大了要造一只金鱼样的大轮船。"

教师的归纳，采用顺口溜的方式：

小金鱼真美丽，鳃儿一张会呼吸。

胸鳍腹鳍划水快，背鳍一摆钻水底。

漂亮的尾鳍会转弯，小小金鱼我爱你。

孩子在教师的带领下。一边说着顺口溜，一边玩起划小船的戏水游戏，在快乐自然中结束了教学活动。

❧ 文明礼仪训练从点滴小事做起 ❧

中国以文明古国、礼仪之邦著称于世。我国已有五千年的文明礼仪记载，这是中华民族宝贵的精神财富。随着社会的发展，文明礼仪也发生了变化，但本质是对他人的尊敬没有变，只是对不同时代赋予了不同的新形式。

文明礼仪是一个人多方面修养的外在流露，也标志着一个民族、一个国家的文明程度和文化底蕴。在生活中，文明礼仪处处可见。这些文明礼仪是由几代人逐渐积累形成的一种共同认可的规矩，这种规矩的延续和发展又对社会产生极大的影响力。促成社会良好风尚的形成。

一个人的起居、饮食、言谈、举止，都会自然地表露出来。一个人所受的教育程度，使他产生一种定型的、习惯性的行为。受过良好教育的人，优雅的体态、端庄的风度、自然的外表、得体的谈吐，都会给人以好感，人们极愿意与这种讲文明有礼貌的人相处。一种信任感可以使他获得成功。而没有教养的人，蓬头垢面、懒散随便、粗言秽语、将自己的观点强加于人，都会让人讨厌。人们会以怀疑、厌恶的目光审视这种人，他也会在这种无礼的交往中失去信任和成功。

作为家长，没有一个人愿意让自己的孩子成为愚蠢无礼的人。他们希望孩子是一个文明、有修养的人，是有朋友的人。但是，这些希望要变成切切实实的，首先要让家长优雅的举止、和善的语言潜移默化地影响孩子，才能塑造出品德高尚、文雅得体、抱负不凡的文明人。

在施教中，再也没有比**教育孩子"尊敬师长"**更为重要的了。这是一种高尚的品质。让孩子知道师长的威望，听从师长的教诲，关心师长的需要，照顾师长的健康，这一点一滴的积累构成孩子高尚文明的行为。

有些家长过分溺爱孩子，成了孩子无理要求的"大玩偶""老奴隶"，孩子让家长干什么，家长就干什么。这样下去，怎能培育出有文明礼仪行为的人呢！家长本应是孩子文明礼仪教育的最好老师，家庭应是孩子最初的文明礼仪意识形成和行为形成的最好学校。家长如能正确引导并给予示范，孩子一定会在对成人的模仿中，从不自觉到自觉，成为有文明礼貌的孩子。就拿饭桌上的礼仪来说，让孩子知道，把好吃的菜夹给爷爷、奶奶、爸爸、妈妈，不乱翻菜盘，不乱挑汤盆，不乱抢饭碗，不狼吞虎咽，不剩饭菜。大一些的孩子还要学会摆放碗筷的规矩、端茶送饭的规矩、收拾餐具的规矩，通过一日三餐、日积月累的训练逐渐形成饮食文明礼仪。久而久之，孩子就形成了自动自觉的行为，不会使家长在请客人吃饭时，由于孩子的失礼而尴尬丢面子。

一次，有家长带孩子参加一个民间活动，活动安排有自助餐。爸爸拿起盘子，挤入有序的队伍加塞，贪婪地搬回两大盘，孩子摇头不要。妈妈又取回满满一大盘，还对孩子说你随便拿，喜欢吃什么就拿什么。可是妈妈就没有叮嘱孩子，吃自助餐要排队有礼貌。结果这个孩子挤进人群，用手抓糕点，一副开心的样子，家长不以为然，反以微笑来赞许，把一个很美好温馨的自助餐会搞得乱糟糟。可想而知，这家人平日一定不讲礼仪，所以在这样体面的社交场所上出了丑。可悲的还不止这一点，而是家长对礼仪的无知所产生的微笑，那真是可悲。

看来让孩子对师长尊重和信赖还需要师长自身榜样的力量。让孩子听师长的话，师长的话就要有理；让孩子模仿师长的行为，师长的行为就要有担当。所以当家长和教师的，应该处处注意自己的文明礼仪，为孩子做出好榜样。

在学校，教师的文明礼仪行为对学生影响很深。教师要为人师表，就要从心灵到仪表都不断地修养完善自己，站在学生面前不仅让学生悦目，更要让学生赏心。让学生被教师得体的仪表和举止、高尚的人格所折服。这种影响的力量很大，对形成一个文明的集体和风尚十分重要。

在学校中，训练学生文明礼仪的方式很多，通过集体的交流，更易取得良好效果。文明用语活动、礼仪行为训练、少先队的主题队会"我爱老师"等，都十分受学生欢迎。

如果我们能将中国的礼仪作为学校正规教育课程，辅以教材、学生乐意接受的礼仪行为训练活动和灵活的教学方法，学生就会懂文明、讲礼仪，形成良好的班风、校风。

在社会上，许多民间兴办的国学课堂、礼仪馆、小茶人中心等对孩子进行礼仪训练，培养孩子形成优雅的礼仪行为也很有效。

文明礼仪是文化的体现、风尚的惯性。由良好的家庭礼仪教育形成的家风，由良好的学校文明礼仪教育形成的班风、校风，以及由良好的社会文明礼仪教育而形成的社会风气，构成了一个强烈的文明礼仪的社会流，这种社会流，冲击一个人、一群人、一个家庭、一所学校、一个社区乃至整个社会，形成良好的文明礼仪的大环境。这种良好的大环境，能提高人们对文明礼仪内涵的理解和对文明礼仪行为的自觉性。同时，对提高文明礼仪质量，形成一个民族的文明礼仪的优良传统，都是有促进作用的。

一个伟大的民族应该是讲文明礼仪的民族，而一个讲文明礼仪的民族才能永远立于不败之地。

❧ 磨炼意志从承受困苦开始 ❧

坚强的意志包括两方面：一是心理意志，一是生理意志。心理意志是指一个人的理想信念、决心；生理意志是指一个人身体素质对心理意志的承受能力。这两者是相互作用、互相促进的。而心理意志要比生理意志更为重要，心理意志对生理意志有很强的制约力。同样，生理意志也对心理意志提供依赖和反馈。一个心理意志坚强的人，他有承受失败和挫折的能力，有承受艰难困苦的能力，有承受危险和生死的能力。如身体意志不够，也无法承受心理意志所设立的目标，这时也会影响心理意志的承受力。因此，在磨炼意志中要注意两方面的结合。**特别是对儿童的意志训练中更要注意在锻炼身体耐力的同时，也锻炼他们的毅力和忍耐力。**

现在的儿童，特别是城市的许多儿童简直就是在蜜糖罐中成长，对于什么是苦、什么是难，一点儿也不知道。他们得到过多的保护、过多的享受、过多的依赖。因此，他们意志力的发展也比较弱。

你给予孩子的太多，也意味着孩子失去的更多。中国人有句俗语"三穷三富过到老"，说明一个简单朴素的道理：人生无坦途，一个人降生于世，就要准备走漫长艰辛的人生之路。大自然和社会变动常常不以人的意志为转移，不可预料的困难和险情，对每个人都是考验。如果从小就是娇宝贝、寄生虫，当长大了在无人保护的情况下，就无法面对这些突如其来的变化，更无能力去摆脱去战胜这些困难和险情。因此重视对儿童进行磨炼意志的教育是非常重要的。作为个体儿童来说，我们培养的是意志坚强的人，作为群体儿童来说，我们培养的是一个意志坚强的民族。

磨炼意志要从小开始，最重要的是家长要硬起心肠，让孩子接受一定程度困苦的锻炼。让孩子能忍受皮肉之苦和心理压力，形成坚强的生理意志和心理意志品质。

当孩子摔跤了，不要急于扶起他，要让他自己设法站起来，这时你出现在孩子面前再给予鼓励。

当孩子受了委屈哭起来，不要急于去哄他，要让他自己来调节，什么时候不哭了，你再去询问并帮助他解决有关问题。

当孩子不会穿衣服、心情烦躁时，不要急于帮助他，要让孩子自己反复地去练习。当衣服穿好了，你夸奖他给他信心。

当孩子遇到陌生的事物而惧怕时，不要急于去壮胆，让他在对事物

◎ 噢，摔倒了

的认识中，逐渐摆脱惧怕，这时你再赞扬他的勇敢。

总之，对于孩子磨炼意志的教育要有个时间差，就是当孩子遇到困难时，认识困难和解决困难的这几分钟或几个小时，让他自己去解决，这很重要。这样做，再加上成人的肯定，对孩子的意志培养十分重要，可以克服孩子在心理和生理上对成人的依赖。

另外，为孩子设计一些磨炼意志的活动也十分有益。在设计中要注意孩子身体的承受力，要有度，不能超负荷强度的训练，否则会适得其反。比如让孩子完成有一定难度的劳动，如用绕线团训练孩子耐力；让孩子跨越有一定难度的障碍物，训练孩子的勇敢；让孩子搬运有一定重量的物件，训练孩子的忍耐力；也可以从幼儿园和小学低年级的体育训练、野外活动、爬山、旅行开始。

到了小学高年级，这种磨炼意志的训练更多，不仅要教育孩子知道古今中外名士伟人都是在困苦与挫折中奋斗而名扬天下的，不付出艰辛就不会有成功的道理，让他们树立一种崇拜意志坚强的英雄好汉，蔑视懒汉、懦夫的思想，也要让他们到比较艰苦的农村和工厂参观并参与一些劳动，从苦中体味甜来之不易，从难中体味战胜困难的快乐，从险中体味智慧的价值。逐步使他们增强心理意志和生理意志的承受力，在挫折中振作，在困境中冷静，百折不挠地积极进取，实现自己的目标。

近来，家长和学校已经意识到对儿童磨炼意志的重要，让孩子参加少年军校训练，参加雏鹰行动，参加探险夏令营等活动。在活动中让孩子自己解决问题，战胜困难。也有些家长带孩子到农村参观农民的劳动和体验艰苦的生活，来教育孩子。

一位记者带着7岁的儿子到山西静乐县一个极贫困的山村，让孩子看农民的生活十分艰苦，农民的儿子上不了学，穿着又脏又破的衣服。爸爸让儿子脱下衣服送给农民的儿子，换上农民儿子的破衣服。

儿子揪住自己的衣服不肯脱，爸爸厉声地说："脱！"

孩子说："不！"

爸爸又说："脱！"

孩子哭起来大声地说："我不穿那又脏又破的衣服，我怕虱子咬人！"爸爸蹲下来说："孩子，这些乡下的孩子跟你一样年龄，他们的生活很困难，你是好孩子，难道不愿意帮助他们，连衣服都舍不得送给他们吗？"

孩子不哭了，他脱掉了衣服，换上农村孩子的脏衣服，爸爸拍了拍儿子的头说："这才是我儿子。"儿子感受了艰苦，忍受了肮脏，吃粗粮时咽不下，看看农民儿子吃得很香，加上他一路疲劳和饥饿，也咽了下去。经过这次磨炼，孩子的心灵上留下了一生永不消失的烙印，对孩子也是难得的磨炼意志的教育。

有一位父亲对我说，一次，他带 8 个月大的女儿在家休息，把孩子哄睡了之后，自己也睡着了。当他醒来时，大吃一惊，小女儿竟坐在地上，用勺子挖稀饭，弄得嘴边、脸上、头上、衣服上全是饭汤。看着女儿的样子，父亲才恍然大悟，原来他忘记喂孩子了，看来孩子是太饿了，一种求食的本能，使她爬到地上掀开饭锅大吃一顿。

这说明，人类本来有许多本能。这些本能随着人类的进步，有的被现代的生活方式所淡化了。如果我们重视孩子这些本能的训练和发展，不让孩子饭来张口、衣来伸手，过分地施加"照顾"，而是让孩子在生活的困苦中经历磨难，在自然状态下接受锻炼。这样，本能可以变成一种稳定的能力。这种能力包括体能、智能及对自然和社会的适应能力、忍耐能力，对于培养他们的坚强意志有重要意义。

乐群性格的培养

乐群性格是一种健康稳定的心理特征，也是与人群融洽相处的美好情感。

一个人如果有乐群的性格，他一生都是幸福、快乐、有力量的。因为，他的胸怀开阔，朋友多，在朋友这个群体中，他会获得理解，获得力量，获得幸福，这是一个人最宝贵的财富。乐群的反向是孤独。性格孤僻的人一生是不幸的，他对群体持怀疑态度，他在自我封闭中生活，陷入自我疑惑、自我解嘲、自我折磨之中。

真正爱孩子就帮助他拥有乐群的性格，这是送给孩子一生幸福的无价之宝。

乐群性格的形成除有遗传因素外，教育的作用是特别重要的。孩子生来有差异，有的生下来不久就表现出乐意与人交往的愿望，有的孩子则相反，生来就是一个不合群、不好养育的"怪孩子"。但是，乐群或孤僻性格的形成仅有遗传因素是不够的。在孩子早期的社会交往中，良好的性格品质就已经在逐渐地通过有意识的引导和训练形成了。家庭也是一个小群体，除了家庭成员，还有与家庭有关系的亲戚朋友。这个群体是早期儿童乐群性格形成的"温床"。在家庭中，让孩子乐意把自己心爱的玩具送给小朋友，乐意与家人交谈，乐意把喜欢吃的食品送给邻人，这些微不足道的行为，其实正孕育着一个健全性格的形成。

到了进入集体教育环境后，孩子接触的人更多了。一群小朋友、一群同学，从不同家庭带给这个群体丰富多彩的个性，这是孩子学习良好品质、形成乐群意识和乐群行为的学校。特别是进入小学以后，学校的群体活动比较多，体育运动会的团体操表演、接力赛、拔河，兴趣小组中的分工合作，军事训练中的联合"侦察"，义务劳动中的集体竞赛，夏令营活动中的小分队等，都是培养儿童乐群性格的好机会。

在乐群性格形成过程中，教师运用机智和示范更能促进学生对集体的认识，对集体的自觉自愿的服从，对集体目标的一致追求，对集体行动中伙伴的同情和互助，以及由于集体合作而产生的共同感受、共同快乐的分享。特别是对于那些孤独的孩子，教师更要给予他们较多的注意、关怀和鼓励。

孤独的孩子大部分是受到冷遇或者体质较差的孩子。他们对自我能力的估计不足，常常表现为自卑、回避、胆怯、害羞等，他们试图参与集体活动却又缺少信心，害怕被集体排斥，这时，教师要引发其他孩子的同情心，伸出友谊和信赖的双手，欢迎他进入群体之中。这里特别注意的是，教师不是直接强加于孩子来接受一个软弱或陌生的伙伴，而是诱导大家主动地去做，这就是教师的智慧。

在小学生和中学生里，乐群性格的形成，除了教师的教导，学生中的"小领袖"在一个群体中的作用也是不可低估的。这些"小领袖"表现的乐群行为，常常自然而然地在群体中形成。他的是非观念已逐步形成，因此，他也会很好地在群体中发挥作用，形成群体的一种特殊的风格。

◎ 我们是快乐小分队

他的个人兴趣爱好影响到群体其他人，同时，他又不排斥其他人的不同兴趣和不同个性，他们对群体的热爱会形成一种纯洁高尚的责任感、荣誉感和快乐感，他们愿意为这个群体热心服务，愿意给群体中的每个人以理解和帮助。

这种乐群性格在不断的量化中逐步形成质的飞跃。随着他们年龄的增长，乐群意识不断升华为一种美好高尚的情感，他们对集体和集体主义有了更深的认识。他们更进一步地理解了集体的相互关系，自觉地接受集体的约束，服从集体领导，共同创造集体的辉煌。这些良好的性格品质，对于儿童道德和心理发展十分重要。对于他们步入社会、融合于社会、适应于社会的需要、为人民服务的意识和行为的稳定发展，有特殊意义。

当然，在小学高年级以后，教师要注意发现儿童对"乐群"意识的曲解。一些孩子可能由于同一种爱好、同一样遭遇、同一个追求，形成一个"小群体"。特别是受到社会上一些不良风气的影响，这些"小群体"以"江湖义气"为精神支柱，如果再有一个心理发育不良、行为品质不端的"头儿"，最容易和集体发生冲突，影响学校教学秩序，影响邻里安宁，也影响参与这个"小群体"的儿童心理向畸形发展，形成对集体的反对、对集体目标的背离、对集体意志的违反，积累起来也会发生质的变化，使这些儿童产生"反社会"倾向。

乐群性格的形成需要家长、教师、社会教育工作者耐心的教育和互相配合，营造一种良好的乐群环境十分重要。

❧ 公益劳动是为人民服务的启蒙 ❧

孩子会操作简单的劳动工具，能为自我服务，就奠定了为公益服务的基础。有了自我服务的能力，才能在参与公益服务的劳动中表现自己的劳动能力和公益意识。这是儿童社会化程度的一个标志，是为人民服务的启蒙。

如何引导孩子参与公益劳动呢？其一是要根据儿童不同的年龄特点和劳动技能的掌握程度，让他们参与力所能及的公益劳动。其二是将公益劳动和引发儿童的兴趣结合起来，使儿童在劳动中感到有趣，乐于参与。其三是注意提醒稍大的儿童，让他们注意劳动质量和有责任心。

在家庭里，家长有意识地启发儿童注意发现邻里的需要，如院子脏了需要清扫，楼梯扶手脏了需要擦，老爷爷行动不便，需要有人帮助取牛奶，老奶奶的报纸需要有人送上门，阿姨忙做饭需要有人帮助照看小弟弟等。孩子在成人的引导下眼中有活儿，乐于去干。家长要善于肯定他们，给予表扬和必要的协助，使他们更乐意并充满信心地参与这些公益劳动，从中体验到从事公益劳动带给别人快乐的自我满足感。

在幼儿园中，孩子在教师的引导下，参加值日生的公益劳动。比如，摆放水碗、洗晒毛巾、发放餐具、清洗凳子、打扫教室、为花儿浇水、为饲养的小动物喂食，等等。这些公益劳动对于已经有了一定自我服务能力的幼儿来说并不难做到。幼儿教师设计一些公益劳动课，教孩子学习使用简单的劳动工具，掌握简单的劳动技能，走出幼儿园参与一些公益劳动，如给挖河泥的解放军叔叔送毛巾擦汗水，为修路的工人叔叔送水解渴，帮农民捡田里的麦穗等。这些力所能及的公益劳动，使孩子认识到社会的构成是复杂的，劳动分工是多样的，无论从事什么样的劳动，都是为人民服务，都是光荣的。从而，使孩子尊重劳动人民，珍惜劳动成果。

在小学和中学，公益劳动有更广阔的天地。除了在校园中进行清扫教室、美化校园的公益劳动，让他们走出校园参加社会公益劳动，对提高他们的社会责任感，增强对社会的认识，提高劳动的技能都十分必要。比如组织学生擦洗路边栏杆，植树造林，清扫社区环境，修补图书馆的图书等；还可以组织大一些的学生到附近的农村和工厂参观，做一些比较安全又有一定难度的公益劳动，如摘苹果、拔草、喂鱼、包装小产品、搬运小货物等。学生通过这些劳动逐步形成了良好的公益劳动习惯，提高了劳动能力，树立了为公益服务的劳动意识，这为他们后来的成长，为他们步入社会并对社会形成责任感有重要意义。

当然，儿童的公益劳动意识，不是自然形成的。而是通过成人有目的、有计划、有步骤的教育和引导，在对他们进行公益劳动的教育过程中，引发他们对公益劳动的兴趣，让儿童在快乐的游戏中学会操作工具，在不知不觉的重复中学会劳动，并情不自禁地参与劳动。在成功的喜悦中，他们又认识了自己的能力。从单纯的自我劳动到比较复杂的公益劳动，从简单的体力劳动到比较精细的体力和脑力结合的劳动。这些劳动的积累逐渐形成一个人的劳动习惯、劳动技能和劳动观念。

作为家长或教师，在儿童参与公益劳动时，特别是在他们取得成功时，给予恰当的赞赏是非常必要的。这种赞赏包括语言的肯定、行动的爱抚，也包括适当的物质或金钱上的奖励。在语言上的肯定，不仅要肯定儿童的公益劳动成果，更要肯定他们在公益劳动中所付出的努力。在动作上的肯定表现为爱抚，亲切地抚摩儿童的头，拍拍儿童的肩，拥抱亲吻他们，都会使儿童获得快乐。

在奖励儿童学习或参与公益劳动时，运用物质和金钱奖励向来是家长和教师十分小心慎重的事，也是在公益劳动教育中遇到的一个实际问题。给不给儿

◎我热爱劳动

童一定的劳动报酬或奖赏？有两种不同看法。一种认为，孩子的劳动应注意对他们劳动习惯的培养，在参与公益劳动中以口头表扬为主，使他们逐步养成助人为乐、无私奉献的公益服务意识。另一种认为，孩子的劳动虽然不起眼，没有实质上的成果，但应对孩子能参与公益劳动给予一定的物质奖励或金钱的报酬，这是把孩子当作一个人来承认，把孩子的劳动作为一种特殊的成果来肯定。让儿童从小就意识到靠诚实的劳动获得报酬是正当的行为，也可以培养儿童逐步适应多劳多得、少劳少得、不劳不得的社会主义分配原则和商品经济规律。

在实际生活中，家长为鼓励孩子参加公益劳动，给孩子物质奖励；邻里在接受孩子帮助之后，给孩子一定的报酬；学校在组织学生参加公益劳动，集体获得酬金等，都应该说是合情合理的。无论是哪种赞赏方法都要因地、因人制宜，也都是可取的。只是在使用物质和金钱鼓励时，要注意儿童的物质实际需要和适度地使用钱，培养他们正确对待物质和金钱的态度，切不可无限制地满足他们过分的要求。并且切不可忘记教育孩子，无论参与无偿的或者是有偿的公益劳动，都要有责任感，都要注重劳动质量，这是很重要的。

一个热爱劳动、会劳动，又乐于参与公益劳动的孩子，他的一生都是充实和快乐的，因为什么活儿都憋不住他，什么困难也难不倒他。同时，他又是一个永远有朋友的人，因为他在给予社会的同时，也获得了社会的回报。

❧ 机智勇敢需要历练 ❧

机智和勇敢是相辅相成的两方面的统一。

勇敢的人具有正义感和敏捷的思维。在一个特殊事件发生时，他能迅速地做出判断，并机敏地找到解决问题的办法，从困境中摆脱并战胜险情。

人在漫长的生命历程中，总会遇到种种来自自然界和人类社会的意想不到的危险。比如遇到野兽的袭击、恶劣的气候、险恶的环境、森林火灾、地震、泥石流等。在生活中也会遇到翻车、火灾、毒气、恶人拦劫、扒手行窃、流氓逞凶等。当这些突如其来的危险出现时，每个人都会做出不同的反应。有的临阵脱逃，有的硬打硬拼，有的运用智慧化险为夷，以小制大，以弱胜强，这后一种才为上策。

武汉有一位11岁的小男孩，在上学途中突遭绑架。坏人用匕首威逼，带着他乘火车远离家乡。他被拐卖到陌生的农村去当童工，后来又被转卖了几处，受尽皮肉之苦和精神折磨。这个孩子却没有被吓倒，他能机智地逃出虎口，以顽强的毅力在陕西、河南等地辗转3个多月，历尽千辛万苦，终于找到了自己的家，与家人团聚。

在北京，也有10名小学生组成冬令营，在黑龙江漠河天寒地冻零下50摄氏度的情况下，身背行李在1尺多厚的雪地中，4个多小时行走了6公里。他们战胜了一个个险情，克服了一个个困难，终于把五星红旗插在黑龙江的冰面上。

以上两例说明，不管是儿童个人的智慧和勇敢，还是集体的智慧和勇敢，都需要成人给予他们恰当的教育和实际锻炼的机会。

在幼儿期，家长或教师通过讲童话、带孩子欣赏动画片、玩耍木偶戏等，告诉孩子什么是好人，什么是好事。孩子通过勇敢机警的黑猫警长、聪明可爱的蓝精灵等形象，获得最初的是非感和正义感。

　　到了小学阶段，孩子已经从童话形象的是非认识，逐步迁移到对生活中真人真事的是非识别上。这就是儿童主动体验生活中的正义、是非时期，是对儿童进行正义感教育的最有效时机。这时的儿童会自己体验是非，当他们看到大孩子欺负小孩子时会产生一种正义的冲动，前去"挺身相助"，当看到有人故意损坏公物时，也会紧追不放，"义正辞严"。

　　当然，这时的儿童也会有是非模糊的时候，当遇到突然出现的事件，又一时识别不清，做出错误的选择。因此，成人应当经常运用少年英雄故事和现实中伙伴的英雄事迹教育和感染儿童。

　　教育的实践证明，少年英雄形象在少年儿童中产生的影响非常深刻，甚至影响他们的人生观和价值观，如保护八路军和老百姓的小英雄王二小、保护集体羊群战胜暴风雪的草原英雄小姐妹龙梅和玉荣，都在不同时代的少年儿童中产生强烈的影响。

◎ 我是小勇士

　　在同学中也会产生具有"英雄行为"的偶像，他们更能使儿童激动和信服，感到真实、可信、可学。

　　到了中学时期，孩子的身体和心理发育更接近成人，他们对自己的能力估计得很高。随着他们知识面的扩大，解决问题能力的提高，参与社会活动的机会增加，阅读和欣赏文学艺术作品水平的提高，他们更愿意学习效仿成人英雄。此时的儿童喜欢看武侠小说、侦探故事，对生活中为正义、为祖国、为人民英勇不屈的成人英雄十分佩服。在他们心中不知不觉地树立了一个或几个英雄偶像。这时的儿童正义感从幼稚的感情阶段逐渐进入了成熟的理智阶段。当突发事件出现时，他们也能临危不乱、认真思索、果断选择、勇往直前。

当然，机智勇敢品格形成的 3 个阶段不是割裂的，它们之间存在循序渐进的关联关系，在每一个阶段都有其共性和特性。

在启蒙的正义感教育中，幼儿心中崇拜的偶像不是真实的，而是童话中的拟人化偶像。对于小伙伴中的偶像的崇拜很不稳定，因为幼儿的行为本来就缺少持久性，对偶像崇拜自然不稳定。到了儿童能体验生活中的正义感时，他们已经从童话偶像中走出来，开始在英雄人物的故事和真实生活中寻找伙伴中的偶像和少年英雄偶像。这时，他们对英雄的崇拜十分狂热，但也缺少持久性。到了中学生时期，这种偶像的确立更具有自我意识和自我选择性。不再是根据成人讲述或者盲目崇拜偶像了，而是经过自己反复思索、判断，确立较稳定的英雄偶像。

儿童在发展过程中，不同时期有不同的英雄偶像。从拟人化的英雄偶像到现实生活中的英雄偶像，从真实生活中的英雄偶像到确立稳定的对自己一生都具有影响力的偶像，都说明在儿童机智勇敢品格形成中，**英雄偶像具有特别重要的影响作用**。因此，无论你是家长或教师，还是社会工作者或决策人，都要根据儿童不同的年龄特点，帮助他们选择偶像，并引导儿童学习英雄偶像的思想和行为，不断塑造自己的高尚人格。

除偶像的影响作用，机智勇敢品格的形成与**启迪儿童的智慧、培养他们的顽强意志**也是密切相关的。只有"勇敢"、没有智慧的人是傻瓜或莽夫，而只有"智慧"、没有勇敢的人是滑头或懦夫。

机智勇敢与健康的体魄和灵活的动作也密切相关，有了勇敢精神却没有克敌制胜的体力和反应机敏的动作也是不行的。所以，加强对儿童体格的训练和机敏反应的训练十分必要。

在对儿童机智勇敢教育和训练中，特别要注意对儿童安全意识的教育，让儿童在居安思危的同时掌握自我防卫和救护他人摆脱危险的知识。如煤气中毒时，要迅速开窗报警；火灾突起，要包掩身体迅速脱离火区；还要掌握人工救护溺水者、躲避袭击、巧制强暴等方法。

家长和教师切忌过分鼓励儿童的"正义"行为，以防激起他们更大的冲动而干出冒险的傻事来。

儿童是纯洁的，模仿英雄行为的热情很高。成人适时、慎重地引导他们学习英雄的高贵品质和行为非常必要，同时也一定要让孩子学会临危不乱、判断分析、以智取胜的本领。如果不是这样，而是由成人错误地激起孩子的冲动去模仿他们体力和意志力无法承受的英雄行为，只会损伤孩子，甚至造成无谓的牺牲。在学习赖宁英雄事迹中，涌现了一批批少年先锋模范，这是一件好事。但在某些地区由于成人的引导和注意不够，一群孩子竟然奔入熊熊的山火中，由于体力虚弱不仅无法战胜大火，反而被火海吞噬，这是一个惨痛的教训。

成人对儿童机智勇敢品格的教育和训练不是孤立进行的，是与对儿童的正义感的培养、责任感的教育、意志品质的磨炼、身体素质的提高相互作用的。只要我们认真地分析现实生活中儿童在过分保护下所形成的依赖和懦弱，了解儿童发展的特点，有的放矢，量力而行进行教育，就一定会收到良好效果。

❧ 诚实正直从不说谎开始 ❧

具有诚实正直品格的人是高尚的人。他诚实地迈出人生的每一步，正直地表述对家庭、人民、祖国以及周围一切事物的态度。他是坦荡的君子、豁达的巨人。

与诚实正直相反的是撒谎虚伪。撒谎虚伪是一对孪生兄弟，由于虚伪，便撒谎，由于撒谎，便更加虚伪。这种人是中国人常说的"小人""伪君子"。他们是品质低劣的骗子，他们的一生是在吹牛撒谎中，在虚无缥缈的"满足"中度过的。可能他们在某一特定的环境中得逞得势，但这只是短暂的，他的前途是可悲的，由于他的谎言造成的悲剧，是令人痛心的。

没有一位家长希望自己的孩子成为骗子，也没有一位教师希望自己的学生成为"小人"。他们都希望自己的孩子、学生长大以后成为诚实正直的人。

诚实正直品格不是与生俱来的，是要经过成人精心教育和耐心培养才能形成的。

如何培养儿童具有诚实正直品格？中国最传统的方法就是教育孩子不说谎。在中国传统的教科书中，有人人皆知的《狼来了》的故事，牧童由于撒谎失去了众人对他的信任，被恶狼所吃。还有由于"吹牛皮"头上长出了牛角的故事，在孩子心中扎下很深的根。

现代教材和儿童读物中又有许多小品表演、歌曲、舞蹈、动画、美术连环画等，教育小孩子不撒谎，要诚实。如幼儿歌曲《小花猫》，歌词描述了一个孩子不小心砸坏了花瓶，父母没看到，只有小花猫在场，为何不说是小花猫打碎的。然而创作者笔锋一转，风趣地说：好孩子要诚实，孩子承认是自己把花瓶打碎了，连小花猫都夸奖"妙！妙！妙！"。这些浅显、易懂、形象化的教育，能启迪幼小的心灵学习诚实的品质。

在日常生活中，常常遇到孩子做了错事怕遭成人斥责打骂，于是编假话，这是撒谎的开始，也是虚伪的起步。如果成人能及时发现问题并给予纠正，孩子会在以后类似的事情中诚实地认错改过。

爱撒谎的孩子后面总有一位简单粗暴的家长或令人生畏的教师，这应引起教育者的反思。当孩子发生了过失或者错误，家长能耐心地说服教育，讲清利害，给孩子改过机会，教孩子改过的方法，孩子会从成人诚恳信任的态度中学习诚实。孩子对一些不妥当的事物表达坦率正直的意见时，成人要耐心听取并给予肯定，这也是培养孩子诚实正直品格的有效方法。

反之，如果孩子讲了真话挨打，讲了假话反而受到夸奖，长期下去就助长了撒谎虚伪的不良行为。积累多了，就产生质的变化，孩子甚至在长大后成为一个可鄙的伪君子。

由此看来，孩子诚实正直品格的形成与成人的教育态度有直接关系。所以，成人要特别注意自身诚实正直品格的修养，让孩子讲真话，自己首先要讲真话，

◎ 我要做个诚实的孩子

不讲假话。如果自己大吹大擂、谎话连篇，会使天真纯洁的孩子产生疑惑：为什么爸爸撒谎？为什么妈妈吹牛？久而久之，孩子不信任家长，不知不觉地仿效家长也说起谎、吹起牛来。

家长或教师要耐心地对待孩子的过错。孩子犯错大都是无知或是非不清，如果成人能正确地引导，耐心地说服，欢迎孩子讲出真话，承认错误，孩子会充满信心地承认自己的错误，改正错误。

要鼓励孩子敢于直言。让孩子有勇气敢讲出自己想说的真话，不躲躲闪闪，不吞吞吐吐。孩子讲了真话要给予肯定和赞扬，对的还要采纳。特别是当孩子敢于直言对父母和教师的意见时，凡是合理的父母或教师都应改正，这样做会使孩子逐渐形成诚实直率的个性品质。

家长和教师在孩子的不同年龄阶段，要为他们选择适合的培养他们诚实正直品格的教材，还可以整理生活中大量的诚实正直人物的真实故事来教育孩子，让孩子知道撒谎是坏事，是可耻的行为，诚实正直才是可敬可爱的。

孩子不是被动地接受教育，他们也会在大量的是非、真伪的识别中，在对自我行为的肯定与否定中，逐步形成比较稳定的诚实正直的品格。

在诚实教育中有一个特殊问题，一直是教育者比较慎重的，那就是教育孩子对什么人讲真话的问题。我曾经遇到孩子询问："对敌人讲假话算不算撒谎？"这当然很简单，我对他们回答："对敌人讲假话不算撒谎。"但问题没那么简单，由此引发孩子一连串的问号："为什么对敌人讲假话就不算撒谎，对好人讲假话就是撒谎？"……这个问题一时半会儿还真难回答。这涉及一个政治态度和道德观念问题，在单纯可爱的孩子那里就如同进入了一个误区。所以在对小孩子进行诚实教育时，还必须伴以辨别是非好坏的教育和学习机警回避和防范的知识。

在现实生活中仍有一些不法分子拐卖儿童，诱骗儿童走入歧途，也有教唆儿童从事行窃等犯罪活动的。所以，家长和教师要教孩子学会辨别是非，有警惕意识，经常讲述一些案情使孩子不麻痹，学会机敏地处理问题。

有一个小学生，一个人在家复习功课，忽然有人敲门，从窥视孔中孩子看到一张陌生的脸，觉得可疑不开门。外边的人喊："我是你爸爸的同事，他让我来取公文包，快开门！"小学生一想：爸爸的公文包没在家，此人一定不是好人，于是说："爸爸在家正睡觉，请不要打扰，有事到单位找他。"说着又加上了两道锁，那人听后溜走了。当爸爸回到家后，孩子把情况如实报告，爸爸夸奖说："对坏人不讲真话，才是聪明勇敢的孩子。"

社会是复杂的，人与人之间的关系也很微妙，好与坏的识别就更复杂了。家长和教师应当让儿童特别是大一些的少年知道为维护家庭和亲人的合理利益、为维护人民群众和国家的利益保守秘密，面对恶人的威胁不吐真情、巧言相对是正义的、正直的、诚实的品格。

在教育中，恰当鼓励孩子直言的同时，也要注意引导孩子在直言中以和善的口吻和诚恳的态度指出他人的不足，而不是不假思索，只图痛快，把话横着吐出来，使对方无法接受，伤害别人的自尊心。

直言和诚恳相伴时，人们才乐意接受。在日常生活中，教育引导孩子学习体察伙伴和成人的感情需要，做个善解人意的好孩子，也是培养儿童诚实正直品格的一部分。

❧ 自我约束从不任性做起 ❧

人的行为需要约束。这种约束是家庭成员对个人行为的约束、社会群体对个人行为的约束、法律对个人行为的约束，但任何外界的约束都不如自身产生的自我约束力强。自我约束更能使一个人通过毅力和理智来规范自己的行为，形成良好的意志品质，成为内心强大的人。

自我约束力的培养，也要从儿童抓起。儿童是天真活泼的，他们应该在愉快的环境中自由自在地成长，应该在玩耍中得到更多的快乐。但是，人的显著特点之一，就是能完成理性的、有目标的行动。每个人都要从自然的人走向社会化的人，如何适应社会，如何服从社会，如何服务社会，都需要在他们还刚刚懂事的时候就告诉他们：**要学会自我约束**。

没有规矩，不成方圆。自我约束就是要遵守规矩，能自觉地遵守家庭的规矩、学校的规矩、社会的规矩，使自己的言语和行为在规矩中更加规范。

对于幼童来说，自我约束就是学会自己管住自己，不能任性。这对于他们来说实在是非常不容易的事。因为他们太小，内部抑制过程还相当弱，但是，教育又必须从这时开始。在家庭里，让孩子克制自己的欲望，不能想怎么做就怎么做，想要什么就要什么，要听从家长的教导，有节制地生活和游戏。在幼儿园，要与小朋友的集体活动合拍，不能随意离群，不能因为自己不愿意就不参加活动，怕冷就不起床，不爱吃的菜就到处乱扔。要让孩子知道，必须服从集体，服从共同的规定，遵守纪律，在日常活动和游戏中学习忍耐和自制。

到了小学以后，儿童长大了许多，内部抑制力明显增加，自我约束力也表现得较好。他们会从幼儿服从集体规定的经验中，逐步形成服从的意识和行为。他们会在自我约束和校规、班规中找到自己的差距，进行自我调整。但是，这个时期的儿童又往往"最不爱受约束"，他们对一切约束的规矩产生逆反心理，常常发生自我放松和自我约束的心理矛盾和行为异态。他们会在矛盾中反复交替出现紧张和松弛的心理现象，感到心理疲倦，于是索性彻底地"潇洒"一下，出现"出格"和"犯规"。这个时期的儿童自我约束力是很难稳定的。但是，只要我们能针对儿童这时的求知、求新、有正义感和责任感的特点，选择一些自我约束活动和训练项目，进行遵守纪律、服从法律的教育，儿童也是能接受并逐渐形成较好的自我约束力的。

体育课的运动规范动作、军事训练中的达标科目、集体活动中的严格要求、劳动锻炼中的量化指标，都是训练自我约束力的好内容。

要对儿童进行法律知识教育，使他们形成法的观念，使自己在法的约束下行动。

自我约束还表现在没有任何人监督的情况下的高度自觉行为方面，这是很不容易达到的。能够自我约束的儿童心中都有明确的目标，为了实现这个目标而努力，表现出他们遵守纪律的自觉性和顽强的意志品质。

现实生活中的诱惑很多，看看电影，玩玩游戏，唱唱卡拉 OK，搓搓麻将，抽抽香烟，喝喝名酒……如果没有自我约束力，儿童就会一路走偏，甚至不可收拾。许多学生就是经不起诱惑而走入了歧途，而有些学生就能在这样的诱惑中不为所动，这与他们的自我约束力强有关。

自我约束力的形成也有循序渐进的过程，由早期教育中对幼童的自己管自己到小学生时期的自我克制，再到中学生的自我约束力。在以后的人生道路上，自我约束力越来越完整并以高度的责任意识和自觉的敬业精神表现出来。

我们需要大量的有自我约束力的人，并使他们的这种约束成为群体的共同行动，这必须是一代有纪律的民族群体。一切都需要从儿童抓起，让他们从小就知道要遵守纪律，有服从意识，服从家庭、服从社会、服从法律。当然绝不是让孩子唯唯诺诺地成为顺从的羔羊，而是在构成儿童完整人格中，让孩子学会服从合理的规范，这是重要的品格。

为了使儿童在自我约束力的形成中不至于走向极端，教育者要特别注意在制定家庭、群体约束规矩中的科学性，要遵循儿童能接受的原则，使他们有能力、有信心去约束自己。

❧ 自尊自信由心而生 ❧

自尊自信是一个人精神的支撑点。有了这个支撑点，就能正确地评估自己的能力，恰当地发挥自己的优势，从容地处理繁杂的事务，信心十足地实现确立的目标。

有自信心的人常常被社会群体所认同，又在群体中形成影响力。我们需要更多的具有自尊自信品格的人，这是社会宝贵的财富。

自尊自信品格的形成是在漫长的过程中进行的。在幼童时期，孩子没有自尊自信意识。起初，他们怕羞、脸红、哭泣，是因为自己的动作跟不上大家，或者说错了话，做错了事。其实，这就是人最初的，也是最可贵的自尊心的雏形。如果成人看到了这一点，充满爱意地精心爱护这一瞬间的表现，而不是狠心地伤害他们幼小的心灵，自尊就会逐渐从幼稚到成熟，从朦胧到清晰，形成完整健康的自尊心。

幼童喜欢固执地去干一件与他们实际能力极不相称的"大事"，这是对自己力量的检验和对自己能力的"演习"。如果成人鼓励的同时又暗中给他们一把力，使孩子获得成功感，自信心也会从这时萌发，逐渐在成人耐心的培植下枝繁叶茂，形成健康的自信心。

成人的简单和粗暴会伤害孩子宝贵的自尊心和自信心，使他们变成"厚脸皮"和"软骨头"。而成人的迁就和草率又可以使他们变成"薄脸皮"和"硬倔头"。"厚脸皮"失去了自尊心，丧失了羞耻意识；"软骨头"失去了自信心，丧失了自我肯定。而"薄脸皮"就是太过分"自尊"了，到了自作聪明、狂妄自大的地步；"硬倔头"又是太自信了，到了自以为是、固执己见的地步。"厚脸皮""软骨头""薄脸皮""硬倔头"都不是真正具有自尊心和自信心，而是不健康的心态导致的行为。

正确引导和教育儿童形成自尊心和自信心，有分寸地肯定他取得的"成就"，尊敬儿童的人格，很重要。

有分寸地肯定儿童的"成就"，就要恰当地使用赞扬，使儿童在取得"成就"之后，有信心取得更多的"成就"。当然这种"成就"可能是儿童解决了一个生活中的小难题，克服了学习中的小困难，尽管都是毫不起眼的成功，但对于幼小的儿童来说，这就是"成就"。过分地赞扬或过多地肯定也会产生副作用，使儿童自满起来，时间久了，听赞扬多了，就容易狂妄起来。

◎ 成就感有助于培养自信心

有分寸地批评儿童的"过错"，也同样重要。这种批评不是厉声厉色，而是耐心严肃又很具体地指出儿童的不足，让他们逐步适应并形成接受批评的能力。当然过分的"批评"也会使儿童失去信心，在自我肯定中显得软弱无力。

随着儿童的成长，家长不能放松审慎地评价孩子并创造和寻找各种教育方式和机会，让儿童的自尊心和自信心在反复的调整中与他们表现的自尊和自信的行为形成统一。

小心翼翼地珍爱幼童最稚嫩的自尊心，充满爱心地保护幼童最宝贵的自信心，是儿童自尊自信品格形成的重要前提。

❧ 幽默风趣是智慧的外衣 ❧

幽默风趣是智慧，也是乐群性格的外在流露。它是敏捷的思维与语言技能的巧妙结合。由于在善意的微笑中调侃生活中的乖讹、怪诞，幽默风趣的人很容易获得好人缘，形成良好的人际关系，这也是构成成功者成功因素的重要因子。

幽默风趣的人，智慧发展得好，他不仅见多识广，知识渊博，也能运用创造思维和滑稽的语言，在人际交往中瞬间激起人们抑制不住的笑，给人们带来意想不到的欢乐和满足。人们极乐意与这样的人交朋友。

在儿童中也有些"滑稽大王"和"幽默大师"，他们都是聪明伶俐、语言流畅的孩子。他们有些与众不同，遇到一件平常的事，能用非常规的思维和语言给予评价，有一语惊人之感，能够引起伙伴的注意，感染他们的情绪。当一件事正使孩子烦躁时，"幽默大师"的出现，会在幽默风趣的语言中给大家送来一阵清风，使大家舒一口气。当大家正兴致很浓地做一件乐事时，突然遇到麻烦，大家都愣住了，似乎一切都"停滞"了，这时，"滑稽大王"的出现，把幽默化为驱动力，一切又都转动起来。

幼童还不会幽默风趣，他们还没有这种运用思维和语言的高级技巧，但是，他们也会在动作上表现出"幽默"的倾向。许多孩子在学习一种行为（如穿衣服或操纵一件工具）时，因为不得心应手而放弃，甚至用哭叫求助拒绝继续做下去，而那些有幽默倾向的孩子却在"顽强"地重复"错误"中，既不急躁也不哭叫，而是"诡秘"地一笑，让成人也禁不住笑起来。在笑的交流中，孩子的特别求助方式得到理解，获得了成人的帮助。

稍大些的儿童可以将思维的求异和语言的技巧结合起来，评价和处理身边发生的事物，还会聪明地运用相声艺术中的"抖包袱"点出笑话，让人捧腹大笑。

在小学生迎春联欢会上，同学一个个上台表演节目，一位小男孩也走上台，平淡地说："我也露一鼻子。"接着，他慢条斯理地将一张报纸折叠起来，撕了个洞，大家都注视着他，突然，他将报纸盖住自己的脸，那个洞正对准自己的鼻子，在展开的报纸上只见到那个鼻子，显得特别调皮有趣，使大家忍不住哄堂大笑起来。

一位女学生病了，她在病床上熬过一个个日夜，希望尽快能返回集体中。一天，同学来看望她。她发现一位怪模怪样的同学站在她床前，这是一位眼皮、嘴唇、耳朵都夹着花生壳的男同学，他还在表演一些有趣的动作。他的出现使女学生乐得前仰后合，忘记了病痛。

除了在语言交谈中表现幽默风趣。孩子在漫画中也能表现出他们正用特殊的观察方式和表现手法来评价生活。如一位小学生的漫画《打蚊子》就很幽默。

平常人们打蚊子都是用手拍、用手持苍蝇拍赶等，而这个小学生笔下的人物竟是用脚踢蚊子。在画面上有两个人，妈妈拿着一个大线团，男孩双手架着线股，他们分别坐在高低不同的凳子上，这是表现男孩子帮妈妈绕线。第二幅画的是一只蚊子飞来，落在男孩的光头上，他腾不下手来打蚊子，就急中生智，举起脚朝自己的光头踢，引起妈妈的大笑。

在夸张的动作中也能表现出孩子的幽默风趣，如模仿动物的律动表演，或模仿人在生活中不协调的动作，夸张出滑稽的动态。

在幽默文化艺术活动中，许多孩子会成为故事大王、脱口秀怪才、动漫画天才等，实在令人兴奋。

幽默风趣有天生遗传因素，但更多的是受后天的教育、培养和影响。

让孩子在欢乐中生活，接受愉快活泼的教育；
让孩子在智慧训练中品尝幽默风趣的快感，
从容的交往中尽情尽兴；
让孩子在欣赏和模仿幽默表演艺术家的表演中学习语言艺术，
在阅读幽默文学作品中积累幽默，
在参与滑稽的猜谜游戏中练习幽默；
让孩子在观察生活中捕捉趣事，
在编故事、笑话和小品中表演出幽默风趣。

这些都是培养儿童幽默风趣的好方法。
如果成人整天虎着脸，孩子怎能快活起来，他们心情压抑，绝不会幽默风趣。

如果成人整天淫词秽语，行为不端，孩子也会在愚昧的模仿中，学习厚颜无耻、耍贫嘴、恶作剧、戏弄人，这些都不是幽默风趣，而是令人生厌的庸俗。

摆脱庸俗低级趣味，形成幽默快乐的人格，不仅是针对孩子个体，也是针对民族群体而言。

家长、教师的表率作用很重要，为了孩子的快乐，未来民族群体形成幽默风趣、健康积极向上的风尚，大家齐心努力。

❧ 责任意识就是我应该这样做 ❧

责任意识是一个人应具有的品质。有高度责任意识的人，也是具有坚强意志品质和爱憎分明情感的人。他们对自己确立的目标始终痴情不改，为实现这个目标，他们可以抑制个人欲望，忍受艰辛痛苦，服从群体调遣，放弃次要目标，在思索和激情的交织和统一中形成个性特质和责任意识。为实现群体的伟大理想和目标，具有高度责任意识的人，表现了博大的胸怀和顽强的意志，对祖国的赤胆忠心，对人民的舍生忘我，对工作的精益求精，对困难坚忍不拔的高尚精神。

具有高度责任意识和勇于奉献的人，是社会最宝贵的财富。这样的人越多，社会构成的质量越高，社会发展的速度也越快。培养更多具有高度责任意识的人是家长、教师和社会工作者的神圣天职。

责任意识的产生和发展是与人的发展同步进行的。在对儿童进行认知教育、情感培养、意志训练、品德修养中已悄悄形成。

责任意识在幼童时就已萌生。尽管他们还很幼稚，情感发展还很不稳定，而且很肤浅。但是，细心的成人会在观察中发现，幼童在对待人和事物的态度中已显现了他们情感发展和责任意识的雏形。

比如，幼童看到一只小猫受伤了，他产生了怜悯之心，给小猫包扎，喂小猫鱼，还向爸爸妈妈表述，他要治好小猫的伤。再比如：一本心爱的图书被人弄坏了，一个幼童很气愤，到处追问是谁干的，又将书修补好，然后装成大人的样子对小朋友说："谁要不爱护图书，我就不客气了！"

妈妈生病了，孩子给妈妈端水送药；小弟弟摔倒了，赶快扶起他；老奶奶眼花，帮奶奶穿针引线；花儿枯萎了，给花浇水……其实，这些都是幼童可爱又可贵的责任意识的最初表现。

随着感情的发展、知识的增长、技能的熟练，儿童的责任意识也在动机的推动下，逐渐发展起来。

孩子的责任意识表现为我应该这样做。他们不仅表现在对父母的孝敬、对伙伴的帮助、对朋友的忠诚、对师长的尊敬上，随着年龄的增长，还逐步升华为对集体、对社会、对人民、对祖国的热爱之情，和随之而产生的责任意识。常常听孩子说：

◎猫咪，我爱你

　　"我已经长大了，应该帮助小同学。"
　　"我是妈妈的孩子，应该关心妈妈。"
　　"我是红领巾，应该维护交通秩序。"
　　"我是 21 世纪的主人，应该好好学习，天天向上。"

"应该"这个词汇已是孩子表述自己责任意识的常用词汇。在重复这个词汇中，责任意识也得到强化，并逐渐趋向于成熟。中学生时期是责任意识形成的重要时期。他们在参与社会实践中，在动机的推动下，责任意识、责任行动方式和效果更加明确和坚定。许多少年英雄、少年先锋，都具有很强的责任意识。

我们倡扬的"工匠精神"就是在需要有高度责任意识的工作中精益求精、勇于奉献。无论从事什么职业，高度的职业责任和敢于负责的精神，会给社会创造物质财富，同时也创造精神财富。工人制造高质量的钢材，农民生产优质粮棉，战士坚守边防哨卡，教师呕心沥血育人，学生刻苦学习知识，科学家对每一项科研付出的心血，商人重视信誉第一，医生实行救死扶伤，干部心里装着祖国和人民，都表现出他们高度的责任心。

不负责、不敢负责，向来令人憎恶。不负责任的丈夫抛弃妻儿，不负责任的家长放任子女，不负责任的工人生产废品，不负责任的农民掺假坑人，不负责任的商人甩卖劣品，不负责任的教师误人子弟，不负责任的医生误诊害命，不负责任的士兵走火伤人，不负责任的干部胡作非为。这些不负责任的人，不敢负责任的人，不仅使家庭不幸、社会不宁，也使国家受损。不负责任，实在是社会发展的大敌。

如何培养孩子从小就具有责任意识呢？**最重要的是家长或教师自己要率先垂范，做个有高度责任感和敢于负责的人**。孩子在成人潜移默化的影响下，不知不觉形成责任意识。同时，家长或教师也要在日常生活中，在有目的地教学、教育中，发现并珍爱孩子责任意识的宝贵萌芽，循循善诱，培育这种品质。

在家庭中，家长要教育孩子关心家人，帮助邻人，爱护财物，助人为乐，遵纪守法，保护文物，劝导违规者。在学校中，教师要教育学生热爱集体，敬重师长，保护弱小，爱护公物。特别是孩子进入中学时期，更要将理想教育与责任意识的培养紧密结合起来，让孩子知道为了实现为人民为祖国服务的目标，必须首先对自己的言语和行为负责，严格要求自己，努力学习，刻苦磨炼，才能最终体现自己的价值。

除了家庭教育、学校教育要注重对儿童责任意识的培养，全社会都要树立造就一代具有高度责任意识、驾驭自己本领、为实现既定目标不懈努力的新世纪人才的社会责任感。在对儿童殷切的期望与热心关怀下，在良好的社会风气的形成中，在行行业业都为儿童做表率的行动中，创造一个有助于儿童形成责任意识和良好责任行为的社会环境。

第 3 章

儿童发展中的特殊现象

儿童发展的每个阶段都有特殊现象出现。在婴幼儿期，早期的过失、淘气的潜能、询问的渴望以及模仿的异态最为突出。到了小学时期，儿童除了继续有幼儿时期的特殊现象，还表现出新的特殊现象，生理的发育和"性"成熟前期的心理变化，使儿童又产生了牛犊的依恋。到了青春发育期，那躁动的青春、闭锁的心扉、逆反的心态、出走的倾向，也都表现出来。

任何事物的发展都有普遍的规律，也有特殊的规律。在普遍和特殊的交织中发展，才会有一定的力度和速度。

儿童的发展也如此。儿童发展的历程就如同一条小河，它不总是在阳光下平平静静地流淌，寒冷的冬天，河水结冰，水在冰下缓缓地流；狂风暴雨，小河涨满，变成泛滥的灾河；久旱不雨，小河竟成了一条干枯的土沟……这些自然现象的出现，哪一个是孤立存在的？没有，都是由许多相关因素的参与才产生如此无穷无尽的变化。

回忆我们自己是怎样发展起来的？父母给予的是亲吻还是棍棒，是冷面孔还是暖话语；教师给予的是期望还是教鞭，是信任还是羞辱？这些就像阳光、寒冬、暴雨、久旱对小河的影响一样，都是儿童发展中的外部因素。

而那默默无声的生理变化，在儿童心灵激起的浪花或掀起的巨浪，才是儿童发展的内在因素。**内因是发展的依据，外因是发展的条件**。内外交织，相互作用，才使儿童发展出现了节奏，出现了不平衡，出现了特殊。

对没有心理准备的家长和教师来说，他们就像驾驭一辆顺坡而下的车子。强大的惯性，使他们来不及调整就匆匆进入了一个陌生的境地——儿童发展的特殊现象之中。

这些儿童发展中的特殊现象，并不是危机现象。只要家长和教师能了解这些特殊中的规律，学会驾驭特殊现象的"车子"，许多问题不仅不是问题，还是极好的教育契机。抓住它会使儿童的发展出现质的飞跃。

❧ 早期的过失 ❧

儿童早期的过失，充斥在他们的游戏、学习和生活的各个方面。据观察，没有一个婴幼儿在一天里不出现任何过失。怎么理解并对待这些现象呢？我认为，他们的过失，正是儿童成长过程中不可避免的。他们正是从过失中，逐步认识了是非曲直，吸取了教训，逐步形成良好的行为、习惯、性格和道德品质。

但是，对他们的过失不矫正，也会使儿童从过失的重复中，逐渐形成坏的行为、习惯和道德品质。因此，分析婴幼儿早期的过失，探讨他们的性格、习惯和道德品质形成的因素，有的放矢地实施教育，使儿童受到正确行为和道德的起步训练，使每个儿童的潜在能力得到发展，这对于儿童的发展十分重要。

对幼儿早期过失现象分析如下。

1. 因生理和心理发展特点所造成的过失

我们常常看到。3～5岁的幼儿，想把玻璃器皿放到桌子上，但却事与愿违，失手打碎了。这是他们目测能力差，空间感知觉不准确，大脑操纵小肌肉群能力还很差的缘故，如扣错衣扣、穿错鞋子等。

5～7岁的幼儿，过分的好动，因追逐扭打撕破衣衫、因攀登跳跃跌伤手脚的事常常发生。这是因为这个时期的儿童运动器官迅速发展，大脑皮质的兴奋与抑制过程日趋平衡，兴奋过程比以前增强，但皮质的机能还很差，因而过久地抑制自己的行动。此时的儿童还不能胜任过分细致的活动。他们对运动表现为永不满足，同时，他们强烈的兴奋性又很不稳定。如幼儿正在

◎ 我抓了一把蛋糕

做体操，忽然一架飞机飞过，他们马上欢呼雀跃起来，就会不顾教师的哨声和口令。

　　一次上泥塑课，教师让每个孩子塑造一架飞机。小威首先做好了，他高兴极了，不由自主地"呜——呜——"叫起来，拿着小飞机转了一圈，对准同桌小磊做好的飞机撞去，喊道："我把你的飞机炸坏咯！"小磊生气了，打了小威一拳。小威又还击一拳，一场扭斗发生了。本来他们开始并没有想打架，只想做一架飞机。造好后的冲动，使小威产生了飞的想象，忘记了一切，更没想到后果，于是出现"炸毁"飞机的事件。这反映了幼儿抑制过程的微弱和兴奋过程的强烈，意志的自觉性、坚持性还很差，目的性还很不稳定。

　　婴幼儿毁坏东西，将闹钟偷偷拆毁，将蹦跳的发条青蛙玩具卸得乱七八糟，将暖气嘴拧掉放热气，将别人漂亮的棋子砸碎，这种种过失，大部分属于婴幼儿好奇心理所致。

幼儿往往对现实和想象的界限混淆，把想象当现实说了"谎话"。如小飞对妈妈说："幼儿园火墙爆炸了！老师和小朋友都受伤了，医院开来救护车抢救他们。"家长听了，赶快去幼儿园打听。原来幼儿园的火墙只烧掉了两块砖，小飞由此引起了想象，而且把想象当成了事实。因此，家长轻率地批评孩子"说谎"是不妥当的，一定要仔细分析原因，再下结论。

2. 因缺乏经验而造成的过失

6岁的小英，经常爬墙头往下跳，当老师制止时，他说："从4楼掉下来也摔不死。"老师通过与家长交谈才得知，他家大院里有一个孩子从4楼掉下来没有摔死，因为孩子落到一个油毡纸的小房顶上，然后又滚到地上，最终安然无恙。于是小英以为从墙头和矮房上跳下来是不会摔死人的，孩子把偶然当成必然了。

这种由于缺乏经验的过失屡见不鲜，如吞吃玻璃球、拿烫手的火钩子、拔掉栽好的小树苗、烤焦鞋子……这时候，成人应当引导儿童广泛接触事物，不断积累经验加深认识。

3. 对行为准则不理解而造成的过失

一次，教师想让孩子安安静静进教室，就启发孩子学小猫走路。可是，孩子兴奋地学着猫抓胡子的动作，喵喵地叫起来。几个顽皮的男孩还学兔子跳进教室，把教师搞得哭笑不得。这是因为孩子还没有理解进教室的行为准则，学猫走路成了兴奋中心点。

类似这种情况很多，如行、走、坐、卧姿势不正确，把尖的物体当作玩具。这是因为孩子不知道不正确的行、走、坐、卧对他们的成长有什么阻碍，玩弄尖锐的物体会发生什么危险，所以讲清行为准则的合理性，让幼儿在执行中把准则变成必需的行为是很必要的。

4. 不良教育而造成的过失

6岁的小冰被娇惯，稍不如意就大发脾气，哭喊、骂人。小迪在家以"自我为中心"，随便拿别人东西，就像拿自己的一样。小军依赖父母替他做好一切，连穿衣、系鞋带都不会。小伟为取悦父母或迫于父母压力，喜欢说谎话。小猛常遭爸爸打骂，于是顶嘴、摔东西、打弟弟。

成人生活随便，言行缺乏检点，对孩子或娇纵无度或粗暴压制等，都将对儿童产生不良影响，甚至引起早期过失的出现。

社会上的不正之风、腐朽现象，如走后门、拉关系、报复、妒忌、自私自利等，也会潜移默化地影响儿童的行为。

如何矫正儿童早期的过失

矫正儿童早期的过失是一项复杂而又细致的工作，应对每个儿童不同过失的情节，进行细致的调查分析。并根据过失的差异，采取不同的矫正方法。

榜样示范 婴幼儿模仿能力很强，喜欢模仿各种人物，包括影视和连环画中的英雄豪杰，以及家长、教师和小伙伴的行为。家长或教师根据他们这一特点，利用榜样的力量来矫正他们的过失，十分有效。

孩子们在散步，有的东倒西歪、又搂又抱，教师说："你们知道周总理爷爷小时候怎么走路吗？"孩子们马上挺起胸脯甩开双臂。孩子们做队列练习，走得不整齐，教师说："看哪位小朋友像解放军叔叔一样走路？"孩子们马上迈开大步雄赳赳地走起来。这就是榜样的力量。

对于孩子来说，家长和教师的榜样示范更有力量。因为家长和教师生活在孩子中间，他们的一言一行都逃不过孩子敏锐的眼睛。孩子注视的过程，就是模仿的过程。有时他们不加选择地模仿家长和教师的行为和动作，并把成人的行为和动作作为自己行为和动作的标准。因此，家长和教师要以身作则，谨言慎行。儿童之间也常常互相模仿，在他们中间树立榜样，有时效果更好。儿童间的小榜样更贴近他们，使儿童更有学习信心。

反复训练 婴幼儿生理机能尚未成熟，中枢神经系统对肌肉的支配还需要不断训练。在训练过程中，他们的各种动作的技能技巧逐步完善精确。婴幼儿神经系统兴奋过程强于抑制过程，常常经不起外界的诱惑，使过失行为反复出现。因此，对他们的行为习惯进行不断地、有趣活泼地练习，是很必要的。

一个正确的动作和习惯，每做一次练习就得到一次加强，练习得愈多这个动作和习惯就愈准确。起初是简单机械地模仿，逐步到有意识地练习，在矫正不正确的和坏的习惯中，由量变到质变，由模仿到习惯，由机械重复到自觉行为。如吃饭，应要求儿童饭前洗手，不玩餐具，正确使用餐具，吃饭细嚼慢咽，不咂嘴出声，吃馒头要一口一口地吃，咽下去再吃第二口。就餐时，不翻弄菜盘挑菜吃、不偏食、不说话，口腔没有食物后再离开餐桌。将餐具分类轻轻放入桶内，漱口、擦嘴等。所有这一切良好习惯，只靠讲解和示范是不够的，必须经过儿童长期反复地练习才能养成。

表扬鼓励 矫正儿童过失非常有效的办法就是表扬鼓励。表扬鼓励即教师对儿童的正面评价，这对于儿童的进步很有必要。教师不仅要表扬鼓励儿童所取得的成绩，更要表扬他们向上和积极的努力精神。这样，儿童才更有信心，使自尊心得到保护。自尊是儿童进取向上的一种内在动力，如果引导得当，可以使儿童的自尊心积极向上，严以律己；引导不得当，自尊心就会转为自卑感和自傲感，对儿童的品德形成很不利。

◎ 要及时表扬鼓励孩子的好品行

小策是个聪明、守纪律的小姑娘，但她常大声训斥小朋友，以"小领袖"自居。为了帮助她，教师常让她和教师一起与小朋友们谈话、游戏，从中让她学习怎么讲道理，怎样耐心帮助别人，渐渐地，她不大声训人了。一次户外活动，两个男孩子玩起了"煽片唧"的游戏，她前往制止，男孩故意不听，但这次她没发火，说："煽片唧游戏不卫生！别玩了！"尽管她的说理能力还不太强，但是她做了最大的努力和克制。教师表扬她说："你进步了，不训人了，会讲道理了，将来你一定会像雷锋叔叔一样，对待同志像春天般的温暖。"这些话，孩子也许不完全懂，但她笑了，大概懂了这样做是对的。

因势利导　婴幼儿辨别是非能力和抑制能力都比较弱，行为和动机具有不一致性，常常表现为说是一样，做是一样，或者不自觉地违反规则。因此需要家长和教师循循善诱，因势利导，变弊为利，使儿童的动机和行为逐步统一起来。

小刚喜欢学解放军玩打仗游戏，一出教室，他就冲啊！杀啊！一会儿把小朋友当俘虏，一会儿把小朋友当敌人击毙，一会儿撞倒小朋友，孩子们都来告他的"状"。

一次，他正在"冲杀"，教师喊："喂！解放军同志，你看小菲的鞋带开了，快来帮帮忙吧！"他正追逐"敌人"，听到喊声马上停步，走到小菲面前帮她系好鞋带。教师马上说："快谢谢解放军叔叔。"小菲谢过了，小刚倒腼腆起来说："不用谢。这是我应该做的。"教师为了让小刚记住这一情节，还专门画了一组小连环画来表扬他，引导他不光要学习解放军叔叔的勇敢，还要学习他们守纪律、关心别人的好品质。

耐心说理　婴幼儿的经验除了直接感受，还要伴随讲道理，才能使他们的认识完整。讲道理要具体形象，使他们知道什么是好，什么是不好，应该怎样做，不该怎样做。讲道理可以端正儿童的认识，促进他们的自我控制能力和辨别是非能力。

天气很冷，教师领孩子们到户外练习排队的游戏。孩子们缩着脖子，动作缓慢，有的围在教师身边，将冰冷的小手伸到教师的棉衣襟下。教师说："孩子们，蹦蹦跳跳就会暖和了。"可还是没几个人响应。教师这时组织孩子们进教室，讲了一个大风兄弟的故事："有一个很冷很冷的地方，叫西伯利亚，那里住着大风兄弟俩，哥哥红鼻子战胜了怕冷的人，弟弟蓝鼻子战败给不怕冷的人……"故事讲完了，教师说："现在我们到外边玩玩，看谁不怕大风兄弟。"孩子们迅速排好队，游戏开始了，孩子们呼喊："大风兄弟我们不怕你。"从此，冬天的户外体育活动，孩子们都积极参加。

批评教育　不要以为孩子还小，有了过失就迁就，有时严厉的批评，让他们知道错在什么地方，吸取教训，才更能使他们进步。但批评绝不是厉声厉色，而是要讲清利害，提出要求，还要经常督促检查。

一天晚上，孩子们围坐一圈，由值日生发山楂片。小迪是值日生，事先在腋窝里藏了一卷，又拿了一卷，还不认账。可是当他洗脸时，山楂片掉了出来。当教师第二天问起此事时，他说："我爱吃山楂片。"教师马上批评他："不能因为自己爱吃就多拿，更不能偷偷地藏起来，这样不好，好孩子不干这种事。"

为了强化他的印象，还给他讲了《一个鸡蛋的故事》：一个孩子捡了一个鸡蛋，妈妈给他煮了吃，后来他见什么东西好就拿什么，慢慢地，他变成了一个坏蛋……

他听了故事着急地问："老师，我会变坏蛋吗？"教师说："你以后记住，不是自己的东西不能随便拿，捡的东西要交给老师，这样就不会变坏蛋了。"教师还与家长配合，观察他生活中的行为，发现不良行为便及时纠正，这个孩子再也没发生这类事。

议论评价　议论评价是培养和提高儿童判断是非能力的好方法。儿童通过对具体事情的议论评价，促进思维的发展，提高自我评价以及对别人和其他事物的评价能力。

儿童在评论中广泛发表自己的看法，通过评价明辨是非，统一认识，理解各种道德规范和准则，从而促使自己纠正过失。

一次美术课，小迪不小心将墨水甩到小瑞的画上。小瑞气急了，把小迪的画弄得乱糟糟的。教师制止了小瑞的作业活动，组织孩子们开展"假如我是小瑞怎么办"的讨论。孩子们议论起来，这个说："别人不是故意碰了我或弄脏了我的画，不要还击，要原谅。"那个说："弄脏了人家的画应该说对不起，说明自己不是故意的。"两个孩子在小伙伴天真的评价中握手言和了。

优势转移　新的强烈的刺激是转移儿童兴奋中心的一种信号。当儿童因高度集中于一件事上而表现出固执时，可以采取新的强烈的刺激来转移他们的兴奋中心，矫正他们的过失。但这只是一种临时的"救急法"，可以暂时解决问题，达不到真正的教育目的，所以一定要伴之以事后的教育。

5岁的小东刚入园就躺在地上打滚，又跳、又哭、又咬人，还爬到窗台上往下跳，急得教师一身汗。教师经过冷静思索后，采用"优势转移"方式来转移他的兴奋点。

教师抱他时，发现他口袋里有硬东西，就问："这里边有什么宝贝？"孩子不蹦了，回答说："蜡笔。""给我看看好吗？""好。""你看这蜡笔盒都坏了，我送你一个美丽的小盒子吧。"孩子点点头。教师又问：

"你爱画画吗？""爱。"教师马上在纸上画了小三毛，他笑了。教师说："我什么都会画，大象、大马、汽车，以后我教你画画，好吗？"孩子像一匹驯服的"小马"一样安静下来，事后教师在教他画画中，告诉他打滚、耍脾气的孩子不可爱，老师不喜欢。从此这个孩子再也没有打过滚。

对于特别执拗的儿童，采取"退一步进二步"的办法很灵，但切忌不能硬扭、强纠，要顺其自然，同时也要注意不要迁就，不可助长"不讲理"就能得逞的不良心理。

总之，认识儿童早期的过失并恰到好处地矫正，是一门教育的艺术。教师和家长不可粗暴地制止、简单地惩罚，或用物质来刺激，也不能讽刺儿童无知，讥笑儿童无能，要以极大的热情、耐心、宽容、公平的态度指导他们，这样才能使儿童逐渐形成良好的行为习惯。

属于不良教育和影响引起的过失，要寻找根源。教师和家长要严格要求自己，以身作则，既耐心说服又伴随严格要求和必要的训练，才能扭转已经形成的坏习惯。认为孩子小，用不着矫正，大了自然会好的想法不仅错误而且危险。无论是好的品德和习惯，还是坏的品德和习惯，都是由小事堆积而成的。忽视了这一点，好的萌芽会因缺少爱护而夭折，坏的萌芽会因缺少教育而趁机生长。无关痛痒的"微笑教育"无济于事，急于求成的"横眉竖眼"收效甚微，不以为然的放纵后患无穷。要防微杜渐，认真矫正早期的过失。

❧ 淘气的潜能 ❧

人们常用"淘气"一词说明孩子的顽皮、聪明、多动、活泼、恶作剧等种种行为。但不同人的看法也不相同。有人认为，淘气是妨碍成人的活动，是使成人厌烦的行为；有人认为，淘气是孩子聪明可爱的表现，淘气的孩子将来有出息；还有人认为，淘气是一种反常的、错误的行为，淘气的孩子不能成才。

淘气到底是怎么回事？应该如何正确对待淘气和淘气的孩子？为了弄清这

个问题，我对 474 名 3～7 岁的幼儿进行了 4 个月关于兴趣和行为的调查，又对从幼儿园毕业的如今已经长大或正在成长的部分"淘气"儿童进行追踪调查，参阅了有关幼儿生理和心理发展的资料，着力想说明如下几个问题：

淘气的概念　　　淘气的表现形式

淘气的潜能　　　淘气、MBD、恶作剧

对淘气的引导

1.　淘气的概念

淘气是儿童生理和心理迅速发展所出现的必然又特殊的现象，是儿童渴望独立地参加社会实践活动的愿望和实际能力之间矛盾的反映，是儿童在成长过程中具有倾向性的行为。

儿童的成长在人一生中经历着奇迹般的速度和质量的变化。脑的迅速发展和运动器官的不断强壮，以及调节心脏的神经器官逐渐完善，成为淘气行为的物质条件。对周围世界的新奇感和探求的欲望又成为淘气行为的精神条件。这种精神上的力量，通过化学的作用转化为一种能量，储存在肌肉中，使之不断产生一系列的物理行动。而从这些行动中所获得的关于周围世界的一些信息又刺激儿童产生神经冲动。这种神经活动和物质运动的不断转化，丰富了儿童淘气的内容。

儿童个体要完成"人"这一群体的全部演化过程，其变化是巨大的。他要从一个襁褓中的婴儿成长为咿呀学语、鹅行鸭步的幼儿，再成长为一个强壮、聪慧、有理智的人，无时不对周围光怪陆离的世界持以积极的态度。这种积极的态度集中表现在：对运动永不满足的欲望和对周围世界永不停止的好奇。他们不知疲倦地奔跑、跳跃、攀爬和翻滚，他们痴心于玩泥巴和拆卸玩具。尽管他们年纪小、力量微、经验不足、自我控制能力很差，但是，他们并不因此而依赖于成人的帮助,甚至想摆脱成人的帮助,以自己能独立地活动而快慰和满足。

比如,一个孩子还不能稳稳当当地迈步子,可他却想走过一个斜坡。当他摔倒时,母亲跑过去扶他,他反而哭起来,甩开母亲的手,重新趴在地上,自己又努力地站起来,并得意地迈开步子,露出"独立自主"的微笑。

大一点的孩子常常避开成人监视的目光,到自己的天地中去,发泄旺盛的精力,尝试自己日益增长的能力。

例如,一位4岁的男孩跑到沙堆上,甩掉鞋袜的束缚,开心地挖掘了一个洞穴,安置他创造的"人类"和"动物",即纸片和石头。他玩了5个多小时,忘记了天黑,肚子饿了,脚也冷了,直到焦急的奶奶找到他,他还舍不得离开自己的"王国",奶奶只好强硬地将他拖回家去。

儿童的独立性在淘气中充分显示出来。他们在这个天地里,如鱼儿得水,尽管在淘气中受到成人的干涉或自然界的捉弄,然而一种内在的驱动力使儿童充满信心地、热情地、不停顿地探索着周围的一切,从中得到极大的满足。

淘气不是在个别儿童身上反映出来的个别现象,而是在所有儿童身上都曾发生过的普遍现象。虽然表现形式和程度有所差异。但是成长的必然趋势使他们产生了这种倾向性的行为。这是完全正常的,是符合儿童活泼好动天性的。

2. 淘气的表现形式

淘气的表现形式主要有两种:一种是外倾型淘气,另一种是内倾型淘气。

淘气的表现形式和神经类型有关:强、不均衡的兴奋型神经类型和强、均衡、灵活的活泼型神经类型的儿童,在淘气中表现为外倾;而强、均衡、不灵活的安静型神经类型和弱的抑制型神经类型的儿童,在淘气中表现为内倾。当然,除了神经类型因素,淘气的表现形式,也与儿童特有的活泼好动的天性这一明显的年龄特征和成长特征,以及周围环境和成人对儿童的态度有关。

外倾型淘气的特点是活动幅度大,动作频率快,活动持续时间长。这些儿童的表现是引人注目、外露易见的,被称为"淘气包"。在这些"淘气包"中,又可分为"鬼淘""傻淘""蛮淘"三种。所谓"鬼淘"表现为在淘气中爱动脑、目的性强、反应灵活、不轻易冒险;"傻淘"表现为在淘气中易兴奋、好动、目的性差、有侵犯行为、大大咧咧、粗枝大叶;而"蛮淘"在淘气中表现为固执,淘起来不听劝阻。

在 474 名幼儿中,属于外倾型淘气的儿童有 223 名(其中男孩 156 名,女孩 67 名),占总数的 47%。

外倾型淘气儿童的体质情况,在 223 名儿童中体质强的有 175 名,占 78%;体质一般的 39 名,占 17.5%;体质弱的 10 名,占 4.5%。

智力情况:智力发展好的 113 名,占 51%;智力一般的 60 名,占 27%;智力较差 50 名,占 22%。

活动方式:创造性活动的有 196 名,占 88%;探索性活动的有 130 名,占 58%;冒险活动的有 132 名,占 59%;较强运动的有 193 名,占 87%。

内倾型淘气的特点:活动幅度小,动作频率较慢,活动持续时间短,表现得比较安静、幽默、隐蔽、内涵,被称为"蔫淘"。在 474 名幼儿中,属于内倾型淘气的儿童有 251 名(其中男孩 118 名,女孩 133 名),占总数的 53%。

内倾型淘气儿童的体质情况:在 251 名幼儿中,体质强的 143 名,占 57%;体质一般的 76 名,占 30%;体质弱的 32 名,占 13%。

智力情况:智力发展好的 125 名,占 50%;智力一般的 87 名,占

34%；智力较差的 39 名，占 16%。

活动方式：创造性活动有 213 名，占 85%；探索性活动有 97 名，占 39%；冒险性活动有 97 名，占 39%；较强运动有 165 名，占 66%。

通过以上数据可以得出，外倾型淘气儿童的人数少于内倾型淘气儿童的人数。在性别差异上，外倾型淘气儿童中男孩多于女孩，而在内倾型淘气儿童中女孩多于男孩。在体质上，外倾型淘气儿童的体质强于内倾型淘气儿童的体质，智力也略高于内倾型淘气儿童。这些差异与他们的活动方式不同有关。外倾型淘气儿童的活动方式是强运动，冒险、探索、创造活动都强于内倾型淘气儿童。

在调查中，有人反映孩子不淘气，大约在 474 名儿童中占近 100 名。他们的特点是胆小、体弱、不爱活动、自我服务能力差。当然也有部分儿童是因为各种良好行为习惯训练得比较好，能控制自己的行动。

这些儿童是不是从来不淘气呢？是不是淘气这种特殊现象没有在他们身上发生过呢？不是的，据熟悉这些孩子的家长和老师反映，这些孩子也淘气，只是背着人淘，或者因为身体弱、发育不良、能力有限、活动不频繁，淘得不引人注意罢了。有的孩子在幼儿园是老老实实的"乖孩子"，回到家里淘得很凶。有的孩子在某个人面前很老实，在另一个人面前就淘起来。根据这一类儿童的表现，把他们纳入内倾型淘气形式中。

3. 淘气的潜能

"淘丫头出巧的，淘小子出好的。"这句俗话道出了人们对淘气潜能的感性认识。那么淘气有什么潜能，又表现在哪里呢？当我们走进儿童的世界，就会在这个独特神奇的世界中找到答案。

儿童受到对周围世界的新奇感以及一种强烈的吸收心理的驱使，在淘气中产生了探索能力、创造能力、想象能力及解决问题的能力。

一个 6 岁的男孩偷偷将钢琴键扭掉，为的是要看看有什么东西在发出声音。

一个 5 岁的男孩为了解开毛毛虫是不是用毛毛走路这个谜，而不惧怕这条大虫，把它的毛拔掉，再看看它是否还会爬。

一个男孩发现工厂放倒的大烟筒很好奇，就和几个小伙伴拿着棍子，钻进了烟筒，出来时都变成了小黑人。爸爸很生气，狠狠地打了他，他却说："这是地道战！"

这些例子说明了孩子的探索能力。在 474 名幼儿中，仅拆卸过玩具的就有 201 名。他们在拆卸活动中发现了"小猴子翻筋斗""小轮船会游水""小娃娃会叫"的秘密。这些发现把他们引入一个新的境地，探索的愉快使他们完全忘记了思考后果。

一个 4 岁的男孩子用三角形积木的尖角作为基础盖房子，尽管他经历了几次失败，最终，还是盖了一座能移动的房子。

一个 6 岁的女孩，把塑料药瓶的底用剪子戳几个洞，装上水当喷壶，用来浇花。

以上例子反映儿童在淘气中的创造能力。在 474 名幼儿中，仅玩泥、玩水这一项游戏就有 240 人参与。他们在沙堆上筑起城堡，用黏土塑造各种交通工具，挖沟引水，堆山种树。在这些活动中，他们有时沉思，有时呼喊，忘记了吃饭和睡觉，弄脏了衣服和手、脸，忘记了将有一场训斥在等着他们。思维时的沉静使他们产生形象，塑造和建筑的成功使他们欣喜若狂，这正是人类创造的雏形。

◎ 孩子的淘气中也蕴含着创造力

一个 6 岁的女孩，勇敢地爬到一棵树上，当人劝她下来时，她说："我要从树上跳下来。不会摔死的，你看，我穿的裙子多像降落伞。"

一个 3 岁的男孩，爬到三楼平台上，用小棒子去够月亮，他说："我都够到月亮了！"当然这是不可能的，只是一种空间错觉而已。

这些美丽的想象，只有天真、纯洁的孩子才会有。孩子在淘气中常常忘记自己是个孩子，总是模仿大人的样子，想象着自己是有力量的，想象着周围世界的一切可见和不可见的部分。人们都知道，想象力是极其可贵的，想象力是人类从事创造活动的催化剂。

有许多孩子在他们的"战斗"中充当指挥员，果断地指挥，勇敢地冲锋，迅速地转移"伤员"。

一个 5 岁的男孩，见到小朋友在扫滑梯上的雪，他说："你们扫得太慢了，看我扫得多快。"说着，他爬上滑梯，从上面滑下来，雪被他的小屁股扫得干干净净。

一次，一位教师在看护孩子午睡时突然休克。不久，她觉得一股凉水流到前额，睁眼一看，是一个 5 岁的男孩，两脚蹬在床沿上，手里正在拧一条湿漉漉的毛巾。水一滴滴地掉在她的脸上、额头上，她正是这样清醒过来的。

这些例子反映了儿童的组织才能、解决问题的能力及不知疲倦的活动能力。在 474 名幼儿中，喜欢玩打仗游戏、攀爬、摔跤的就有 329 名。他们在这些活动中，锻炼自己日益增长的能力，表现自己的勇敢精神和解决问题的能力。

儿童的这些能力在淘气中逐渐地增强。因为对于儿童来说，淘气也是他们的实践。他们在淘气中，对所接触到的一切都要听一听、看一看、摸一摸、闻一闻、尝一尝。尽管常常惹麻烦，但这些活动会使他们的听觉、视觉、触觉、嗅觉、味觉、运动觉得到发展，而这些真实的感觉正是儿童获得知识的可靠依据。当然这些感觉是需要儿童在不断地运动中获得的。儿童在淘气中不断地活动着，与周围世界密切地接触着，这样重复着种种印象，尝试着种种错误，积累着种种经验，渐渐地变得强壮、聪明、自律起来。

从一些淘气儿童的追踪调查中可以发现，他们童年淘气的实践，对他们日后成长的影响是很深刻的。

一位海运学院的大学毕业生回忆起他在幼儿园里淘气时的情景说："那时我从两座楼房的过道中间跳来跳去，结果摔下来，幸好楼下是沙堆，没有摔成残废。我还最爱拆玩具，趁老师不注意，把好端端的玩具拆开。小人书里画的坏蛋的头都被我抠掉了。这样，把爸爸、妈妈、老师气坏了。到了少年时期，我不那么淘了，开始喜欢棋类，逐渐变得沉静了。到了大学，我特别愿意独立地做实验。在实验中我的耐力超过其他同学。"

一位女广告插画师，小时候是个淘丫头，喜欢和男孩子玩，爬墙头，踢足球，打架也不吃亏。她特别喜欢画画，只有画画时，她才安静得像个小姑娘。她经常用手指头、小棍、粉笔头到处乱画，常挨批评，6岁就有作品在杂志上发表。她特别好动，喜欢跑、跳，在幼儿园就是小运动员。少年时对田径、球类、游泳兴趣更浓，曾获市少年仰泳冠军。现在，她登上高架在街头画广告牌的样子很潇洒。

现在已经大学毕业的荀冰，小时候淘气出了名，常把老师气得哭笑不得。他淘气的点子多，在小朋友中有威信。一次，他发现院子低洼处积水，水上漂着一个折断的圆珠笔芯在动，觉得很奇怪，便蹲下来观察。他发现从笔芯口冒出一股笔油，笔油向外流，推动笔芯向前走。这一发现令他兴奋地大呼大叫，于是，他把笔头削成一只"小船"，船上挖个小槽，槽中挖个小洞。他把笔油倒入槽内，"小船"奇迹般地动了起来。到小学后，他能利用小马达安装小轮船，还制造出飞机模型。

小学生小迪，在幼儿园时对父亲维修组装电视机感兴趣，常常偷偷地摆弄电视。弄坏了零件，遭到父亲的训斥，但他仍然摆弄。后来，他对电视机的各种零件都能说出名称，还能排除一些小故障，如行频失调，伴音不好，对比度、清晰度不够等。这个在幼儿园让人感觉棘手的"淘气包"，虽然经常惹祸，却特别重感情，关心老师和小朋友。后来，他真能独立安装半导体收音机。

儿童在淘气中出现的潜能不是天生的，而是在适合他们发展需要的条件下，在不断实践中逐步发展起来的。如果对儿童在淘气中的潜能发现不及时，不能合理地启发诱导，潜能也不会显露出来。即使是显露出来的潜能，也会因为缺乏经验、缺乏能量或缺乏辨别是非的能力，而导致早期夭折。

4. 淘气、MBD（小儿多动症）和恶作剧

淘气、MBD、恶作剧是三个不同的概念，有本质的区别。

淘气是儿童成长中的正常行为。

MBD 是个别儿童成长中的病态行为。

恶作剧是儿童有意的行为，属于道德范畴的不良行为。

淘气的行为表现，不是道德问题，而是成长问题。他们要成长、要发展、要完善自己，于是就在淘气的天地里表现他们强有力的生命力。当然，在幼小的儿童中，淘气这一行为，许多是无意识或下意识的。这种行为需要成人的教育和引导，使儿童能够正常地发展。

MBD，即"小儿多动症"，是一种脑神经轻度失调的疾病，在儿童中不是普遍的，而是极少数。这种患儿的主要症状是，注意力涣散，经常发生冲动行为，活动过度，智力并不低下。这种疾病是部分儿童在成长中的阶段性的暂时疾病，一般不用治疗可以自然好转。最好的办法是心理疗法。对这种儿童要特别关心，要稳定他的情绪，让他生活在一个安静的、有规律的环境中，要正面启发和教育他们。家长和教师不要把病情看得过分严重，更不能把坏情绪感染给孩子，否则不利于他们对自己的控制。

一个 7 岁的男孩，经医院诊断为 MBD。这个孩子问："什么是 MBD？"父亲说："就是精神病。"于是这个孩子马上就想象到精神病人的样子，在幼儿园对小朋友狂叫、咬人、打人、推翻桌子和流水桶，然后大笑。

老师劝阻反而闹得更凶。可是在孩子未知此病时，从没有像这样的痴狂。为了安定他的情绪，教师劝告孩子："你的病不严重，很快会好的，好了之后才能上学，如果总闹下去，病就重了，就不能上学了。"

孩子听后安静下来。于是，教师有意每天安排他做一些活动，如浇花，扫院子，擦桌子，帮厨房择菜，帮教师整理教具、图书、玩具。每天亲切地对他说："怎么样，好多了吗？""真好，可以上学了。"在教师耐心的引导和督促下，孩子感觉病好了，并能克制自己的冲动了。

在调查的 474 名幼儿中，经医生不完全的诊断，患 MBD 的只有 3 名。根据观察，患这种病的幼儿是少数，许多本来是儿童活泼好动的天性特点，被误诊为 MBD。其实，这只是少数儿童身上的暂时性的轻度脑神经失调，随着儿童大脑神经系统调节能力的不断增强，以及施以合理的教育引导，这些孩子会很快恢复健康的。

恶作剧是在少数儿童身上发生的一种属于道德范畴的不良行为。如有的幼儿专门踢小朋友的腘窝，这样一脚就可以踢倒对方，有的将厕所的脏纸放在人家酸菜缸中，有的扒别人裤子打屁股取乐，有的专门拔掉别人自行车气嘴放气、卸车链子……这些不良的行为，大多是幼儿是非不分，受一些沾染不良习气的大孩子唆使干的，或受成人不良行为影响所致。起初，是模仿着玩觉得开心，后来逐渐从无意识到有意识地取笑、刺激和损害别人。对于这些儿童，必须认真分析这些行为现象背后的原因，以便有的放矢地给予纠正。

5. 对淘气的引导

淘气虽然是儿童成长中的正常行为,淘气中孕育着儿童的创造力和探索精神。但是,由于淘气是在自然状态下自发的一种行为,因此也会产生消极的东西。

在淘气中,由于儿童经验不足,对是非缺乏辨别能力,生理发展不成熟,心理发展不稳定而经常产生冒险行为,如爬树掏鸟窝、上房抓人玩、拆卸玩具、损坏桌椅等行为,如不及时恰当地引导,就会由不良行为变为不良习惯,或使幼儿的身体遭受损伤。这样非但不能使潜在于淘气中的各种能力得到发展,而且还会使这些能力由于成人的疏忽放任而自生自灭。

为了使幼儿在淘气中的自发行为变成自觉行为,使淘气的潜能得到发展,就必须注意对淘气的引导。要根据儿童发展这一必然规律,以及儿童年龄特点和各种不同淘气形式,给予恰当的引导。这个引导决不能用清规戒律来束缚,更不能用权威压制或者由成人代替。引导的目的在于真正使儿童的身体得到合理的锻炼,使运动器官得到发展,使运动欲望得到满足,使儿童体魄健壮,使儿童的品德得到合理的培养,养成良好的行为习惯和健康的情感,真正地使儿童的智慧得到合理的开发,使儿童探索追究的内部需要得到满足,使潜在淘气中的能力在一个有准备的适宜的环境中充分发挥出来。

建议1:把儿童作为一个人来对待,这是首要的问题

儿童和大人不同,不仅是量的问题,而且也是质的问题。儿童有儿童的天地,他们有自己特有的看法、想法、活动方式、情感需要,这是和成人截然不同的。因此,成人千万不要把儿童看成是自己的缩小版,看成什么也不懂、什么也不行的小玩偶,总想按自己心里的模式去限制他们的一切活动,以为老老实实、规规矩矩才是理想的儿童;或者按自己的需要去要求孩子,当自己心情烦躁时,孩子的天真也变成讨厌,当自己心绪愉快时,孩子的顽劣也变成了可爱。有些家长和教师对儿童淘气持很大偏见,只要孩子一淘气,不问青红皂白,轻则批评、训斥、拉扯,重则打骂、惩罚,使淘气的孩子得不到公平的待遇。也有些人对孩子的淘气采取因噎废食和娇宠无度的态度，甚至在成人过分地保护之下，一切都由成人所代替。其结果，孩子对世界探索追踪的热情逐渐消失，失去了独立自主的锻炼意志的机会，助长了极端的依赖性，成为儿童成长的障碍。

对淘气的引导，应是以极大的热情和耐心来保护儿童的良好动机，满足儿童内部的需要，帮助儿童在淘气中发展。

建议 2：对于不同类型的淘气儿童应采取不同的引导方法

外倾型淘气儿童缺乏抑制能力，动起来如脱缰小野马。在学习中常常表现为心不在焉、马马虎虎、大大咧咧。对这些孩子要创造条件培养他们的抑制能力。

外倾型淘气儿童兴奋强于抑制，只有在自己特别感兴趣的情况下，才能抑制自己，产生稳定的注意力，并使这种注意力持续几个小时。这是由于环境中的刺激而产生的被动抑制力，这种抑制力来源于儿童对新事物的兴趣，而兴趣又受到客观环境的制约。

兴趣可以使儿童逐步形成稳定的心境，养成良好的习惯，从而产生一种主动的抑制力。这种抑制力是由儿童内心发出的一种克制自己的，有"意志品质"参加的力量。形成这种力量对于儿童来说有难度，但又很必要。对外倾型淘气儿童来说，这种力量尤其重要。当孩子被自己所喜欢的一种事物诱惑时，能在成人的引导下摆脱，到自己下决心摆脱，这一过程并不简单。只有成人耐心教育、循循善诱、讲清道理的情况下才可能实现。

比如让坐不下来的、粗枝大叶的儿童从事比较细微的活动，或者有计划地安排他们从事力所能及的公益劳动，如做值日生、小园丁、小气象观测员等。逐步培养他们对所从事的事情感兴趣，锻炼他们的抑制力。在游戏中，引导他们扮演一些责任感强的角色，如民警、司机、图书馆管理员等，培养他们的责任感和自控能力。

　　有一个男孩，几乎没有安静的时候，一会儿上墙头，一会儿甩起拖布头，一会儿惹哭了小朋友，一会儿打碎了玻璃。为了培养他的抑制能力，教师想了许多办法。首先了解他的兴趣，他特别喜欢当交通警察。他说："交通警察叔叔最厉害，什么样的车，大汽车、小轿车、自行车都听他管，让走才走，让停就停。长大了我就去当交通警察。"

　　一天，教师领小朋友到十字路口观察警察叔叔的工作，特别提醒他看警察叔叔怎样站岗、怎样指挥、怎样向来往的司机叔叔敬礼。回来以后，教师引导他在角色游戏中扮演交通警察，他高兴极了，用粉笔在地上画个圈说："这是警察叔叔的指挥台。"说着就站在圈里指挥起来，在这不足1平方米的小圈子里，他竟站了20多分钟，始终"坚守自己的岗位"，没有跳出圈子去干扰别人。还有一次游戏中，窗外传来了消防车的声音，有的孩子离开游戏场地跑去观看。他也随着小朋友跑了，但他马上又跑回来，说："警察叔叔不能离开指挥台，离开指挥台汽车要撞上了。"

　　在教学活动中，注意让儿童参加各种细微的观察活动，使儿童的注意力集中，养成良好的学习习惯。幼儿在观察中常出现"盲目性""迁移性"和"僵化"现象。在观察中表现出的盲目性，是指东张西望，掉队离群。在观察中表现的迁移性是见异思迁，望蜂扑蝶。在观察中表现的"僵化"现象是走马观花，深度不够，印象模糊。因此，在观察中注意引导幼儿有指向性、有规律、有层次的观察，充分调动幼儿视听器官的积极性，激发他们观察和思考的兴趣。引起他们稳定的注意力，是十分重要的。

　　内倾型淘气的儿童，缺乏胆量和独立性，因此要创造条件培养他们的勇敢精神和独立做事的能力。这些孩子的特点是比较谨慎小心，生怕吃亏，警惕性高，不轻易冒险，愿意先看别人怎么做自己再去做，或者在别人帮助下才肯去做，成人要鼓励他们敢于"冒险"，敢于在没人帮助下独立做事，在引导这部分儿童中，首要的是成人给予孩子力量、勇气，让儿童有信心、有热情去从事勇敢的事情。当然在鼓励中，成人的帮助和保护是必要的，这样可以增强儿童的信心和勇气。如一个孩子怕爬山，老师就在他身边和他一起爬。下山时他怕跌倒，老师和小朋友就在山脚下拉成一队保护他，并

◎ 家长要鼓励孩子敢于"冒险"

呼喊："加油！加油！"鼓励他勇敢跑下来。经过几次尝试，孩子就敢独自爬山和向下奔跑了。

建议 3：让儿童的精力得到充分合理的发挥

儿童的淘气，常常以一些无聊的活动表现出来，如扬尘土、撒尿和泥、吐唾沫玩等。这些活动不仅无益，而且浪费了儿童许多精力。这些淘气的行为多是因为儿童运动欲望得不到满足，探索欲望得不到成人的理解和支持，创造欲望无处发挥所致。在一些幼儿集体教养机构中，教养人员想出许多束缚儿童的绝招来，把儿童像托泥坯一样，托成一个型号，让儿童整天坐硬板凳，或玩呆板、机械、重复的游戏，或反复玩那些已经玩腻了的玩具。成人借此机会"放松自己"，儿童却受到了摧残。但事物就是怪，当你把儿童稍稍放一放，就会出现不可收拾的局面。可见束缚得越紧，闹起来就越凶，一点儿也不错。儿童也许在想，在可能的机会里捞回被束缚而失去的自由吧！这样的教养管理方式，最易养成儿童的涣散。

为了使儿童在淘气中有所作为，组织好儿童的活动非常必要。让儿童生活在一个有条理的环境中，为儿童建立必要的行为规则，即适合儿童成长的"纪律"，这和充分发挥儿童在淘气中的潜能不矛盾。

为孩子准备大量的、新奇的、可变幻的玩具，是重要的物质条件。废物利用的玩具不一定比商品玩具差。运动器械和场地、水、泥、沙、砖、木，这些物质都可以成为儿童发挥自己才能的工具。

开展各种有趣的活动，让儿童自己动手做科学实验，如在玩水中感受物体的沉浮现象，在玩雪中感受水的"三态"变化。一些小制作，如做小风车、小太阳钟、小天平等，这些动手动脑的活动，对儿童发展极其有益。当然开展游戏，特别是由儿童自发的创造性的游戏，是最能发展儿童独立性的。儿童不愿意玩由老师硬性固定的角色，和一成不变的玩法，永不更改的机械式的独自对白，即老师编出来的游戏。这对于儿童来说是一件不愉快的、很苦恼的事。成人应该了解儿童喜欢什么，并创造必要条件帮助儿童自己去实践，或者参加到儿童的淘气中去，引导并发现他们的兴趣才能，教给他们一些必要的可接受的技能和解决问题的方法。这样，儿童的精力才能得到充分合理的发挥，才能使儿童的淘气在有益的活动中、游戏中、劳动中、学习中和日常生活中找到归宿，才能使儿童的潜能在淘气中得到充分发挥。

❧ 询问的渴望 ❧

幼儿和小学生，最爱询问。他们无休止的"问"，把大人们搞得很尴尬；他们离奇古怪的"问"，把大人们弄得瞠目结舌。他们的发问，有时如倾盆大雨；他们的发问，有时又如潺潺的小溪；他们的发问，像辗转不停的水车；他们的发问，像难解的"魔方"。

他们会问："人的头发为什么不长在脸上？""迎春花为什么有五个瓣而不是四个瓣？""太阳、月亮为什么掉不下来？""飞机为什么会'拉线'？""为什么水泥电柱旁的树，到了秋天叶子落得晚？"……问号成串而来，为什么成千上万。

面对这些无休止的发问，不失时机地帮助他们找到比较满意的答案，是非常重要的。

孩子是世界新客，他们对世界从一无所知到逐步认识。

问，就是他们认识世界的开始；

问，是他们探究世界的内在动力；

问，是他们观察发现世界的最好方式；

问，是他们好奇心得到满足的突破口。

让孩子放开胆子发问吧！但是，一旦"问"的渴求被激发，成人该怎么面对这些渴求的童心、稚气的眼神、急切的脸庞呢？最主要的就是要用极大的耐心，不失时机地去回答他们或引发孩子自己在问中寻找到答案，这不是一个简单的技巧问题。

做父母或教师的责任，就在于给予他们智慧和美德。而给予的方式在孩子的"问"中进行是最恰当的。孩子的"问"，是外在的语言现象，但内在的心理活动和对具体物象的联系，早在他们心中匆匆地进行。这时正是求知欲望最强烈的时候，抓住良机，耐心又得当地回答，真如久旱之地喜遇大雨。如能进一步"反问"孩子，以刺激他们再观察和思索，可以提高"问"的质量，获得较深的知识。

比如孩子问："人为什么要出汗？"教师不急于回答他们，让他们仔细看看自己胳臂上长了什么，孩子举起小胳臂兴致勃勃地发现了"汗毛"。于是老师兴奋地说："我的胳臂上长了许多小毛毛，叫汗毛。"这时教师告诉他们，"在每根又细又短的汗毛底下，又有一个个小孔，小孔后边就是一根根细细的小管子，那叫'汗腺'，汗就是从那里流出来的。"

孩子又问："为什么血不从汗腺流出来呢？"教师说："血是在血管里流的，汗是在汗腺里流的，它们走的不是一条道。""啊！原来是这么回事！"孩子满足了。另外在回答孩子"问"时，一定要有科学性，答案要准确。因为孩子的记忆像筛子，会把印象不深、不理解的都筛掉，剩下的则是终身难忘的印象。因此，切不能哄骗孩子，要将科学性与童稚性结合起来，让孩子"懂"。正如鲁迅先生所说："但要启蒙，则必须能懂，懂是最要紧的。"

孩子问妈妈："兔子为什么跑得快？"

妈妈不假思索地说："兔子有8条腿，它先用肚子底下的4条腿跑，累了再翻个身，用后背上的4条腿跑，所以，兔子跑得特别快。"这显然是缺乏科学性的。孩子小，回答他们"问"时要把知识的"干粮"变成孩子可以吮吸的知识"乳汁"，就容易被孩子消化，但不能把科学的知识变成荒诞的哄骗。

此外，回答孩子问题时，要注意形象化。孩子问："飞机为什么会拉线？"父亲说："因为飞机拉线要具备空气的湿度和温度以及涡轮机中膨胀的空气……"

孩子歪着脖子无奈而失望。聪明的妈妈会一边画图一边告诉孩子："空气是一层一层的，好像棉被一样。有的空气层很湿润，有的空气层很干燥。有的空气层很寒冷，有的空气层很温暖。当飞机飞到又潮湿又合适的温度的空气层中，就会喷出气来，就好像水壶的开水，从壶中喷出的水蒸气一样。长长的气流远远看去就好像飞机拉出的白线，这白线可有用处了，它可以让飞机飞得更快。"这样回答后，孩子就明白了。

满足儿童询问的渴望，也是不容易的。正如有人说："你要给儿童一杯水，你就要有一桶水。"做父母和教师的，要不断地蓄水，不断地积累各种知识，又要不断学习回答孩子问题的技巧，才能让孩子在"问"中得到满足。

当然，大人也不是"百科全书"，

◎ 家长和孩子一起观摩制作包子

许多事情也不懂。但是，这没关系，别装懂就行。告诉孩子，世界很大很大，知识很多很多，大人不懂的也很多，不妨和孩子一起去问个究竟。

询问的渴望难能可贵，询问就是一把启开知识殿堂的金钥匙。让我们把它交给那些爱发问的孩子，让他们在问中认识自我，在问中认识世界，在问中获得智慧，在问中明白事理，在问中走向成熟。

❧ 模仿的异态 ❧

儿童到了幼儿晚期和小学低年级，特别愿意模仿奇形怪状的人物和现象。 他们所表现出来的认真、专注和逼真以及从中获得的快感，令大人们不解。

其实，这就是此年龄阶段在发展中出现的模仿的异态现象。婴幼儿从父母和其他教养人那里，通过模仿所学到的一切，早已不能满足他们。他们在强烈的好奇心和一定的运动能力的驱使下，再也不甘心那种"请你像我这样做，我就像你那样做的"你教我学式的"简单"学习了。他们想寻找自己亲人以外的人的行为，特别是那些大千世界中新奇、有趣、神秘、怪诞的人和事物，那种模仿的冲动抑制不住。其实，应该说这种模仿，也是一种特殊方式的学习。

在幼儿园，在学校操场上，在马路边，常会看到这样一些孩子：

一群歪戴着帽子，后脑勺挂着块手绢，举着一个树杈，上边挂件衣服，口里哼着日本鬼子进村扫荡的调子，嘴里还喊着"八嘎！"的顽皮小子。

涂着花脸，腰缠衣褂，拖着鞋子，摇着扇子，东摇西晃，边走边唱"帽儿破、鞋儿破……"的小济公。

头顶挖空了西瓜皮的"一休"小和尚。耍着醉拳东倒西歪的少林小子。蒙着眼罩的大侠佐罗。舞枪弄棍的齐天大圣。披着床单的超人。

还有的孩子模仿别人的弱点，模仿拐子走路、盲人摸道、哑人手语、老人驼背、口吃人说话等。

儿童对模仿正面人物、英雄形象的兴奋劲儿，不像模仿这些反面人物和光怪陆离的现象开心。

于是家长担心、教师忧虑，会不会导致孩子因模仿的异态，而产生道德品行方面的问题呢？应该说，这个担心还是有一定道理的。但也不必大惊小怪。只要成人能冷静地思考，仔细观察，因势利导，善于运用教育的机智和幽默，完全可以化解孩子模仿异态的冲动。

儿童模仿的异态特点：

（1）游戏性的模仿　儿童在模仿时，常常是在自发的游戏中进行的。他们情不自禁地进入了"角色"，装扮得如此投入，甚至废寝忘食。

（2）直觉情绪的体验　儿童模仿的过程是在并没有完全确立是与非的意识下进行的。他们在模仿时，大部分是直觉的情绪体验。他们喜欢模仿对象的外在形体和动作，特别是怪的面部表情和超常人的奇特动作。

（3）新奇古怪的刺激引起的模仿　在电影、电视、连环画以及现实生活中出现的奇人怪事，是儿童没有见过的。这些奇人怪事对他们产生的强烈刺激也会引发儿童的模仿。比如"硬气功"中的铡"活人"，"软气功"中的悬灯管、吞火、吃刀片、光脚踩碎玻璃。这些表演对儿童刺激很大。最容易引起他们因模仿而受伤。

（4）对行为障碍人的模仿　儿童看到生活中残疾人的动作，也会产生模仿。这是一种非嘲弄的、纯属儿童对这种动作的新奇产生"好玩"的想法而模仿的行动。这些情况，发生在小的年龄阶段的孩子比较多。另一种则是有嘲弄意识的模仿，故意取乐、让人难堪，这些情况常发生在年龄大些的儿童中。

教育建议：

（1）运用教育的智慧和幽默，在与幼儿和小学生共同的模仿中，做好模仿对象的选择。

　　成人看到儿童模仿坏人或奇人，不要简单强行制止，可以与孩子一起模仿。对其中有趣又有益的动作可以重复模仿。从中启发儿童学会选择模仿对象，冲淡模仿坏人的兴奋，引导孩子把模仿的注意力选择在那些有正义感的英雄人物和聪明、勤劳、善良的出神入化的人物上。

　　（2）切不要把模仿的异态看成是一种道德危机。儿童模仿的行为，只注重模仿对象的外表、直觉、形象和动作，并没有刻意去模仿他们恶毒的内心，儿童也不会理解这一层。如能善于耐心引导，可以从中引发儿童对正面人物和反面人物的辨别能力。从而自觉放弃模仿反面人物，而去模仿真正的英雄。

　　不要把模仿反面人物的行为看成是"儿戏"，不良的动作和言行重复的次数多了，也会在儿童幼稚的心灵中留下消极的印痕，所以成人要用适当的方法禁止他们的这种模仿。

　　（3）要认真帮助孩子筛选影视节目和读物。对冠有"儿童不宜"的或有强刺激的影视、读物，可能会引发儿童做冒险尝试的节目，成人要坚决不让他们看。一旦疏忽被看到了，一定要说清危害，以避免儿童做冒险的尝试。另外，坚决禁止儿童模仿残忍的行为。

　　（4）启迪儿童的同情心。对于儿童模仿残疾人或行为动作有障碍的人，一定要积极地正面诱导，引发他们的同情心。让他们了解这些人很痛苦，需要帮助。模仿别人的弱点和缺陷不是好孩子。教师和家长要把他们的注意力，从注意别人弱点和缺陷上的视觉兴奋，引导到关心、帮助别人上来。在集体教育机构中，教师要创造这样的气氛，使有障碍的孩子与身体健康的孩子自然友爱地相处。在家庭中，家长也要提醒孩子注意那些需要别人帮助的人，并给予孩子帮助这些人的机会。

　　对于怀有嘲弄心态、喜欢恶作剧的儿童，教师和家长要给予恰当引导，及时纠正并给予批评，让他们明辨是非。

❧ 牛犊的依恋 ❧

心理学家把性成熟前期儿童的特殊心理现象，形象地描绘为"牛犊恋期"。在动物世界里，那种舐犊之爱、难舍难分的情景，与人类的"爱子之心"非常相似。不同的是，人类的依恋是有理智的。婴儿依恋母亲，那是一种生存的本能；幼儿依恋成人，那是一种依赖的寄托。

到了 10 岁以后的儿童时期，这种依恋就不再是简单的生存需要和依赖的寄托，而是一种性成熟前期，对异性的一种朦胧的探试心理现象。表现方式大部分是异性的父女之间和母子之间的依恋。女儿更依恋父亲，而儿子更依恋于母亲。女儿常常拥抱父亲撒娇，而儿子常常偎依母亲不舍。

一位职业母亲，十分担心地对我悄悄说："我的儿子是否变态？他都 12 岁了还要每天挨着我睡觉。一天，他竟然说：'妈妈我要吃奶'，一次考试成绩不好，他说：'假如妈妈陪在我身边，我就会考出好成绩。'"

一位父亲对我说："我女儿小时候不太依赖我，现在长大了越来越依赖我，竟让我给她编辫子，说爸爸编辫子比妈妈编得好，其实不是这么回事。"

还有些女孩子不仅依恋她们的父亲，还依恋与父亲年龄相仿的叔叔伯伯。她们会在这些"成熟的男人"面前装成自己是"大姑娘"的样子。男孩子似乎也在母亲面前既依恋又表明自己是个可以保护"母亲"的"男子汉"。

牛犊恋期的生理变化是此时的物质基础，而心理所表现出来的行为是它的外壳。

这个时期的儿童对"自我"认识有了新的进展，他们从过去只知道"性别"的外在表现，到现在已产生了"性别"的潜在意识，对自己身体发育出现的变化也时有注意。

　　他们朦胧的、不由自主地、混沌不清的、下意识地对成熟的可以信赖的异性产生依恋，是他们潜"性"意识的萌动前期。如何对待牛犊的依恋现象？

　　做个真正的父亲和母亲。女儿依恋父亲，父亲就要多关心女儿，在她面前展示正派、坚定、热情的男子汉形象。千万别在女儿面前失去父亲可敬可爱的形象。要注意适度的爱抚和关心，鼓励女孩子从小自尊自爱，矫正她们过分的依恋，切不可斥责，也不可粗心大意地放弃女儿合理的要求。对女儿进入青春期的正常发育，以及成年后认识异性和择偶，这些关键问题，尤其应把握好。如果此时女儿得不到父爱，会在她的心灵中埋下仇视"男人"怀疑异性的潜意识，不利于社会化成熟。

　　一位 14 岁的女孩子曾对我说："我最怕父亲，他从来没有抚摸过我，他不爱我，他总摆成个'大男人'的样子，其实他很无能，我讨厌他。我喜欢舅舅，他真正关心我、爱我，他才是真正的男子汉。"

　　儿子依恋母亲，母亲也要特别关心儿子。母亲的鼓励是促进儿子形成"男子汉"倾向的酵母。母亲要教育儿子。让儿子有责任感，克服依恋的心理，把他的注意力引向把自己塑造成有正义感、责任感的男子汉的正确方向上来。切不要任由儿子的性子，注意不要使儿子产生病态心理。许多寡居妇女的儿子只相信母亲，而不相信其他女性，这种怀疑和惧怕心理的形成，与母亲不正常的教育和任其儿子过分的依恋有关。

　　选择可以信赖的监护人或导师。牛犊依恋主要在家庭中发生，如果家庭是畸形的，比如缺少父亲或母亲的单亲家庭，或父母没时间和孩子在一起亲热，孩子也会寻找其他认为可以依恋的人。这种选择有时是自己的祖父母，也有其他成年异性。

　　为孩子选择可以信赖的监护人十分重要。因为，他们毕竟是孩子，还太小，太幼稚。易轻信别人，易上当受骗。选择不当的监护人，可能会造成不可挽回的损失。

创造一个与同龄异性伙伴和谐相处的环境。让孩子不只依恋父母，把他们的注意力引向其他同龄异性小伙伴和谐友好的关系中去，支持他们进行感兴趣的活动，如邻里互助、郊游、公益服务，等等。从这些有益活动中，冲淡过分的"牛犊依恋"，有利于他们青春期正常的心理和行为的发展。

❧ 躁动的青春 ❧

孩子到了青春发育期是什么样子呢？我的一段"小诗"也许能描述出这个阶段孩子发展的特点：

他们是长大了的人，然而，他们还不是大人。

他们是长大了的孩子，然而，他们已经不全是孩子。

大人，孩子，孩子，大人，介乎于两者之间，既幼稚又"成熟"。

既"成熟"又幼稚。

介乎于两者之间，既神秘又开放，既开放又神秘，让他们告别孩提，又恋恋不舍。

让他们走向成人，又迷惑彷徨。

这个特殊的人生阶段，不是人生的定格。

而是人生新的起跑线。

无限的生命，无穷的创造，无极的能量，无边的幻想，这正是最有魅力的时期。

孩子 10 岁以后，突然变得让大人不可思议。昨日的依恋，变成了独立；昨日的开朗，变成了封闭；昨日的顺从，变成了逆反；昨日的乖乖，如今让你黔驴技穷。这到底是怎么回事？

不妨回忆一下我们自己，在那个时期的天真幻想，在那个时期所干的蠢事，在那个时期品味的人生，在那个时期发出的豪言壮语，这样做也许会沟通两代人的心声，拉近两代人的距离。有一点是肯定的，这样做一定有助于我们对孩子青春发育期冷静的思考分析，恰到好处地寻找引导的方式。

◎ 青春期的孩子，既"成熟"又幼稚

一位同学说："儿时我想当画家，老爸说我不是那块料，折断我的画笔，撕破我的画夹，踢翻我的色盘。那时他拗我更拗，一直拗到老爸无可奈何罢手为止。如今我理想已成现实，还要感谢固执的老爸'激出了'我这个固执的儿子呢。"

快 50 岁的男同学坦白了几十年前心中的隐秘："你是我儿时的崇拜者，我曾暗恋过你，你生病我曾偷偷地扒窗子看你，但那时，我真没胆量，觉得是癞蛤蟆想吃天鹅肉，连写个'小条子'的勇气都没有，真是没用！"

一个颇有幽默感的女同学说："当时，我发现 2 号女生和 8 号男生经常递'条子'，于是我在黑板上写上'新闻简报 2—8 号'，把他俩气坏了，至今还耿耿于怀呢！"

成人聚首回忆少年时期，不再是茫茫然然，他们是用理智的思考和诙谐的调侃，来表述那个既是大人又不是大人，既是孩子又不是孩子的特殊时期的感受。

如今时代不同了，孩子比我们那时的视野宽阔了，知识面广了，社交圈子大了，各种综合能力也提高了，心理活动更复杂多变了。回忆我们自己，比较现在的孩子，也会看到在人的整个发展进程中。

青春发育期是一个不可逾越的重要时期。
既要看到它是个危险期，又要看到它是个激情期；
既要看到它是个躁动不安期，
又要看到他是相对稳定时期；
既要看到它是疑惑期，
又要看到"人生的历程没有疑惑又怎能大彻大悟"。

所以。抓住他们发育中的特殊现象，对闭锁的心扉、逆反的心态、出走的倾向等进行分析，寻找适合调控他们的各种教育方式来引导他们，为他们真正的进入大人的世界做好铺垫是极其重要的。

❧ 闭锁的心扉 ❧

孩子到了青春发育期，会产生许多情绪和行为的障碍。其中最为突出的是一切隐秘起来，往日天真的心灵坦露不见了，悄悄地进入了一个"秘密王国"。

他们的抽屉再也不大敞四开，他们的日记本再也不会拿给别人看，小小的锁头将这一切牢牢地锁上。

有些本来很乖的孩子，现在也不那么"乖"了。他或她被学校里的"小纸条子"骚扰得心神不定。他或她暗暗地尾随自己心中的异性偶像。往日的脏小子突然干净利落起来，昔日的"疯丫头"如今也腼腆起来，悄悄地模仿"明星"，暗暗地成为"追星族"，偷偷地看起时尚小说，秘密地收藏起各国异性明星照片……昨日还是个牛犊依恋的孩子，如今不再那么依恋父母。小秘密成了大秘密，甚至是绝密，决不会让大人知道。

此时的孩子心理活动犹如一壶沸腾的开水，极不稳定，跳跃、翻腾又极敏感。想释放"能量"又不知从何处突破，也十分像只"闷葫芦"，不知"卖的什么药"，也不知琢磨出什么道。

青春发育期，是孩子生理发生突变的时期。女孩子为自己隆起的前胸和初潮的月经感到极大的恐慌，男孩子为自己萌发的胡须和勃起的冲动感到可鄙。这些陌生的现象，由于受家庭、学校、社会不同因素的影响，在每个孩子身上表现出差异。孩子的闭锁心扉使他们之间无法交流，又不能与成人交流，他们只好在迷离的思考中苦苦寻找答案，甚至去做冒险的尝试。此时，他们有时要寻找依赖但又要独立自主，他们有时默默地服从，但又要尝试反抗，他们有时紧闭心扉，但又要寻找解脱放开的出口。根据他们的这些内心矛盾的特点和外在的行为表现，家长和教师要特别注意，要有的放矢地进行教育。

教育建议：

（1）得体的性教育

对学生是否进行"性"的教育，有许多争论。存在决定意识。孩子的性已逐渐成熟，这是事实。越是遮遮掩掩，越是神神秘秘，就越会误事，想回避是回避不了的。不要认为对学生进行"性"教育，会使他们性早熟甚至导致性失态。相反，孩子认识了自己性发育特点。就会快乐而自信地从"闷葫芦"中解脱出来。

在小学高年级学生和初中生里，女教师要给女学生讲性和生理卫生保健知识，讲如何处理与异性的正常关系。这不仅有助于女学生身体健康发育，同时，也有益于她们以正确态度与异性同学交往。女教师亲切而细腻的现身说法对女孩子最有说服力。

男教师对男学生进行性教育，可以使男生明白，自己不再是个小男孩了，现在快成为"男子汉"了。这个时期的男女生都要加强体格锻炼，讲究卫生，修养人格，树立责任心，从"闷葫芦"中走出来，从而正确认识自身变化，并调适自己的心理和行为。

"性"教育也可在家庭中进行，由母亲指点女儿如何处理生理变化，由父亲指点儿子发育中的"异样"。教科书的性教育必不可少，但真正让儿童"悟"出道理，还需要平日的教育。

（2）做孩子的知心朋友

把孩子当成"大人""知心朋友"，既要尊重他、信赖他，又要小心翼翼地接触他们的"隐秘"，以便了解情况，有的放矢地指导。

理解是最重要的。千万不要以窥视的目光和令人生厌的疑问去追究他们的"隐秘"，让他们在朋友式的信任中，将自己心底的话，自然流露出来。切忌，不要居高临下，周而复始地说教，更不要做孩子说的那种"特务"，去"侦察"去"偷情报"。

一位母亲看女儿在写字，就悄悄来到女儿背后偷看，当女儿发现时，她诡秘地一笑，女儿非常生气，赌气地说："我在写情书，你能怎么样！"从此，母女间经常发生不愉快的争吵。

一位粗暴的父亲未经儿子同意，在儿子不在的情况下，撬开了儿子紧锁的抽屉，翻看儿子的日记和收藏品，使儿子大怒，竟与父亲撕打起来，使父亲大为吃惊。

孩子也有隐私权，成人不能以为自己是孩子的家长、教师，就可以随意地侵犯。也不要以为，孩子的事都是小事，对于成长中的孩子，特别是进入青春发育期的孩子来说，小事也是大事。成人简单、粗鲁、粗心，是失策和失败的做法，对此时的孩子发展十分不利。而聪明的父母会在对孩子的信任中，获得孩子对自己信任的反馈，从孩子细微的心理和行为变化中因势利导。

一位 14 岁的女儿和母亲的对话：

女：妈妈，我到了青春期了吗？听说这是个危险期，是吗？

母：你说得对，青春期是个危险期。

女：我会遇到危险吗？

母：你是个有理想的姑娘，只要你努力学习求上进，不会有什么危险的。相反，这个时期又是激情期，是一个人进步最快的时期，你会取得很大成功的。

女：听说德国女版画家柯勒惠支。在这个时期和男孩子接吻。这样的人怎么能成为伟大的艺术家呢？

母：那是她年少时的游戏，也有民族习惯的不同，她的伟大在于她绘制了勇敢地反映人民斗争的题材，你不要只注意不必注意的事。

女：我不喜欢你讲大道理。

母：可我喜欢你寻根问底。

女：我不喜欢你问我的秘密。

母：好吧，谁都允许有秘密。

女：妈妈的秘密我知道。

母：你说说看。

女：你也许在想，女人从 40 岁开始吧……

母：那就为时太晚了，女人 40 岁应该腾飞起来。

与其说这是母女对话，不如更确切地说这是朋友对话，在这种气氛中，还会产生什么隔阂呢？父母对子女的信赖，还会导致子女认识自己，认识自身价值，促进自我调节的机制。他们会感到自己作为一个独立的人，受到父母的信任和尊重的愉快。同时，作为父母能获得孩子的信赖和尊重的反馈，这是其他愉快情绪所不能替代的。

（3）唤起健康的激情

青春成熟期既是危险期，也是激情期。这时的孩子有许多长处，如善于思考，思维敏捷，有创造力，有爆发力。如果家庭和学校以及社会，能以高度的责任感，认真地对他们进行正确的人生观、价值观、道德观的启迪教育，以及良好的心理素质训练和行为训练，使他们的兴奋点从"小自我"的圈子。跃入一个宽阔的大世界中，来认识自己的力量，为自己的行为负责，锻炼自己辨别良莠的能力，让正义感和健康的激情填满他们的心胸。这样，孩子的闭锁心扉就会豁然开朗。

这是一位中学女学生的一段作文："我的眼前又出现了一幅幅的画面。在山区的一个家庭里，一家人围坐在一起吃着玉米面窝窝头。在大学、中学里，一些学生将一个个馒头、一碗碗米饭倒掉了。一个寒冷的冬日，山区的小路上，孩子排着整齐的队伍在期盼着。期盼着乡里派来的新老师。同样一个寒冷的冬日，北京的一条大街上，成群的少男少女在焦急地等待着他们心中的偶像———一位香港歌星……我的拳头攥出了凉凉的汗……"

这个女孩子在对生活的观察中认识了生活，认识了正义，认识了责任。她跳跃出"少女封闭的心扉"，走向宽阔的大世界。

❧ 逆反的心态 ❧

随着孩子的成长，家长和教师感到他们似乎越来越有主意了，越来越不把大人看得那么重要了。他们开始更相信自己而不再迷信大人。当大人让他去东，他会去西；你说对，他说错；当大人让他去这样做，他偏偏要拗着来。这就是逆反的心态。

随着这种现象的持续，孩子和成人之间日渐产生了紧张的空气。这种空气伴着"父道""母道"以及"师道"尊严的压服，致使孩子变得更加固执、逆反。

在家庭中，特别是"逼子成龙""逼石成金"不成，于是就鞭打斥责，使孩子反其道而行之。在学校，教师让孩子按自己认定的最好的预定模式往里钻，如分数的标志、突然袭击的各种大小考试、抽查和无尽的作业。这些强制的逼迫式的方式，使孩子从心烦厌学到逃学，甚至集体出走。

有一位家长为儿子买了一架钢琴，企盼儿子将来能成为钢琴家，但儿子对音乐兴趣不浓，天赋也差。他更愿意参加体育活动踢足球，而父亲却一定要他每天坐在钢琴边练琴。

起初，完成了练习曲就给钱鼓励，后来，孩子还是练得不起劲。于是，父亲忍无可忍，开始体罚打骂，在这种逼迫下，孩子的逆反心态越来越强，干脆宁受皮肉之苦，就是不练钢琴。父亲气急败坏，更加粗暴。孩子最终选择了一种逆反行为，用菜刀砍伤了自己的双手以示抗议。

一位中学教师经常用突然袭击的方式，对学生进行小测验。学生一看到她来上课，心中就慌乱，注意力难以集中在听课上。而是在思考如何对付突然袭击。久而久之，产生了逆反心态。

一天，教师又拿出了这一招，学生都默默地不作声，可是，收上来的卷子有一半是"白卷"，其中还有一张写着："对不起！我很烦。"气得教师暴跳如雷。孩子间的那种共同逆反的心态，使他们成为"同盟"，决不会告发他们的策划者。

为什么孩子此时会产生逆反心态，这与他们迅速成长的身体，日渐丰富的知识，强有力的信心和独立性，以及"成人感"的逐渐形成有关。他们希望干自己想干的事，而不受成人的干涉。同时，在他们复杂的心理活动中，对于一些不同模式和不同做法，

◎ 带着兴趣学习，孩子才不会逆反

很想做一些大胆尝试，于是，逆反心态就萌生。

这种逆反心态在幼儿中也有，但由于他们年纪太小，主观意识没形成，逆反得不够强烈，教师常用转移注意力或者其他硬性规定来扭转。可是，对小学生和中学生，这种方式是行不通的。相反，会形成一种不正常的循环：你逼我逆，你逆我更逼。这样，会使孩子失去对父母和教师的信赖感。当父母或教师向他们提出要求时，自然产生了"心理障碍"，听不进去，甚至抗拒接受，不管成人说的是否有道理。这样的结果，使教育变得软弱无能，还会使孩子未来人格发生变态，甚至会使孩子在逆反心态得不到调整的情况下，产生反社会的行为——走向少年犯罪的道路。

对逆反心理的分析，既要看到它可能导致的不良心理和行为，以致影响他们正常的发展，也要看到逆反心理的潜在的良好动机和求异思维的内涵。

不是所有的逆反心理都是不良的，也不是所有的顺从都是好的。在逆反和顺从两种心态中，各有各的个性特质，在同一个孩子身上也会同时存在。但任何事物都会在各种因素影响下相互转化。有较强逆反心态的孩子，在学校中常常有"领袖"的感召力，讲义气，重感情，又有很强的创造力，但也常常伴有冒险和不规矩的违纪行为。如引导得体，儿童的个性品质就会向健康方面发展，使他们变得很顺从，帮助他们形成健全的人格。

而一些顺从的孩子，在他们潜在的意识中也有逆反心态，只是表现得比较含蓄。如果能对他们合理的"逆反"心态给予恰当引导，鼓励他们大胆发表自己的意见，也会激发他们的自信心，从而在顺从和逆反中找到平衡的坐标。

教育建议：

（1）放下大人的架子，把孩子当成"大人"

如果你宣布让孩子绝对地服从，那你正是消灭了孩子的自由发展。

鲁迅先生曾说过："小的时候，不把他当人，大了以后也做不了人。"所以，成人一定要了解孩子需要的是平等、同志式、朋友式的交往。摆大人的架子，他们最不买账，反而生厌。

所以,首先成人要自我调整一下心态,致力于自我教育,平和地面对这些"既像大人,又不是大人"的孩子,耐心地倾听他们的意见和想法,善意地提出可行的方案并协助孩子实施。孩子喜欢的就是这样的大人。

（2）不要给孩子预定模式

孩子是个动态变量的个体,他们在这个年龄阶段所显现出来的兴趣走向、心理特质及性格,都有很大差异。他们要寻找适合自己特点的模式和自己羡慕的模式。他们也愿意尝试一下"自我否定"或否定别人的模式。他们的行为又有多变和盲动的表现。

因此,针对孩子不同特点,循循善诱地调整他们不谐调的心态和不自制的行为,将他们的兴趣走向,引向他们的先天优势和后天训练的长项上,使他们从中感到轻松愉快。切不要按成人的意志、愿望和经验,强硬地为孩子设计各种不合理的规定,不合理的模式,硬把他们塞进去。

这样做,其实是很愚蠢的。但是,也要考虑这个时期的孩子发展的矛盾,如独立性和依赖性的矛盾,自控性和幼稚性的矛盾,盲动性和多变性的矛盾,自我评价和偏激性的矛盾等。

所以,在不为他们强硬地设"模式"的同时,坚持按孩子理解的程度进行正面的守纪守法的教育,是十分重要的。同时,也要注意培养孩子的注意力、耐力和对事物的探索精神。

❧ 出走的倾向 ❧

出走是孩子背着成年人离开家庭或学校的"秘密行动"。这种出走的念头,在人成长过程中,特别是在十几岁的小学高年级学生、初中低年级的学生中,存在得比较普遍。只是有的孩子,这种念头一闪即逝,有的孩子,这种念头盘绕在脑中,竟然构成出走的行动计划,并真的出走。

出走有以下几种动机:

（1）追求美好的事物

追求美好的事物是孩子发展中的动力。他们在对美好事物的追求中认识事物的本质，获得极大满足。新的追求欲望又使他们在追求中，获得对事物更深化的认识，并从中获得快感。

这是一种良好的心理状态。如果能得到大人的理解和支持，孩子会从对美好事物的追求中，得到更好的发展。然而，大人总是对孩子持一种怀疑不信任的态度，设了种种清规戒律，压制孩子对美好事物的追求。于是，孩子就产生了一种离家出走的冲动。

初中一年级学生车新，从小向往北京，他希望能亲眼看看天安门城楼，用手抚摩金水桥上的石狮子。但是，他的这种想法只能秘密地藏在心里。因为，他知道，学校是不会让他不上课去北京的。

于是，他自己策划了一个"出走"计划。他没有告诉家长和老师，也没有透露给同学好友。一天，他悄悄地从沈阳火车站乘上通往北京的列车。凭着他学过的书本知识，终于找到了梦寐以求的天安门广场。

当全家人、校长、老师彻夜未眠。心急如焚地寻找他的时候，他正甜美地站在金水桥头，仰望雄伟壮观的天安门城楼。可是，他毕竟是孩子，没有钱了，他太疲倦了，终于累得睡在城楼下。当民警叫醒他时，他装成聋人，依依不舍地望着天安门。民警只好把他收容起来，又派车带他在街上寻找家。几天后，他想家了，才吐露真情。

（2）好奇的追求

儿童的好奇是天性，他们不知疲倦的寻找稀奇古怪的事物。在一些电影、电视中，小说和杂志中，对少林寺神秘的渲染太多，给正义与邪恶的角斗蒙上了不可名状的色彩，致使一些好奇少年想去投奔这块"圣地"，拜师求教，企求掌握无所不能的神通。经过他们精心策划，在自荐的"头儿"带领下，背着家人和学校，开始了长途跋涉的"苦行"。据有关资料介绍，每年都有这种类型的"投奔者"来到少林寺。

（3）逃避谴责

惹了祸的儿童，特别是惹了大祸的儿童，没有勇气向成人承认错误，又没有认识到错误的危害性，在苦恼的思索中，得不到解脱，于是，悄悄地溜走。这种儿童因为没有密谋伙伴，常常不敢出走得太远或太久。

一个孩子不小心弄破了电视机屏幕，闯了祸，吓坏了，身无分文匆匆出逃。他东游西逛，躲避家人寻找，直到天黑找不到栖身之地。家人和邻居及民警四处寻找，终于找到了他，他躲在一堆水果筐中满脸污垢地睡着了。看到这种情况，父

◎ 儿童的好奇是天性

亲抱起孩子说："别怕，你不是故意弄坏了电视机，爸爸不会打你。"说着父子抱在一起哭了。

（4）忍受不了虐待

打，是往孩子心上泼浊水；骂，是往孩子心上抹泥污。经常遭到打骂的孩子出走的不少。特别是在一些不完整的家庭中，离异或丧偶后重新组合的家庭中，不少孩子受到程度不同的虐待，轻则给白眼、语言挖苦或责骂，重则体罚、拳打脚踢。孩子在心灵和肉体上受到了伤害，便以出走表示反抗。他们偷拿家中的钱和物，一去不复返。这种孩子对周围人也缺少信任，常常是独自行动，投奔的目标也很渺茫，也最易受到社会上坏人的威逼和伤害，而成为街头流浪儿或少年犯。在广州的流浪儿收容机构中，许多被收容的孩子属于此类情况。

王欣的继父是个酒鬼。一次他让儿子去买酒，儿子不小心打破了酒瓶，他就发起疯来，痛打了儿子一顿。王欣躲在小屋里偷偷地哭，他恨死了这个"老东西"，决心逃离这个"家"。

他无处可去，就在火车站候车室睡了一夜，第二天又渴又饿，但他再不愿回到继父身边。终于，有一位"救命恩人"来了。他开始教他偷水果、偷百货、偷钱包。孩子终于成了一个机灵的小扒手。

在一次行窃中，这个孩子被抓住，被扭送到少年犯管教所。我曾在探望他时劝他，还是与继父言和吧，他说死也不回那个"家"，死也不叫那个"老东西"为爸。

（5）"下海"的诱惑

社会上对金钱崇拜的倾向，也影响了一些不谙世事的儿童。他们在成人的言谈话语中和新闻传媒中得知"下海"的好处，也想试试自己的力量，体会一下独立"挣钱"的帅劲。于是，暗中寻找"同伙"，成帮结队地来到了乡镇或城市。在一些调查中发现，农村儿童及城乡结合地区的儿童较多属于这种情况，其中也包括一些小女孩。这些乡下孩子进城后，有的被小饭馆雇为"跑堂的"，有的被小企业雇为童工，他们的身心受到伤害，权益得不到保护。

（6）不被理解的痛苦

儿童的一些想法，一些好的行为，不被成人理解，反而被误会、被指责。他们在寻不到可以信赖的"知音"时，产生了出走的念头，在持续一段时间后，又无法解脱，便离家出走。这种情况女孩子较多，出走的地方多是她认为可以得到理解受到"保护"又不易被家人发现的"同伴""好友"，或者是亲戚家。

（7）恶作剧

有些孩子从来没有受到任何委屈，他们是在比较溺爱的家庭中成长的。父母亲对他们过分的娇纵，使他们在成长中感到"爱"的烦恼。父母生怕失去孩子，这种担心使孩子产生了莫不如吓他们一吓的尝试，于是，写了一份"告别书"，或者不告而别，弄得家中乱成一团，四处寻找。其实，孩子并没有多大的胆量，他们不敢真的一走了之。此时，孩子会躲在某一个角落里窥视家长的焦急，甚至很"开心"呢。

有一个10岁的男孩与父母一起逛庙会，他故意躲在家具店里，父母急得四处寻找，还在广播中寻人，焦急地寻了他40多分钟。父母累得满头大汗，他却在一堆沙发中钻出来说："你们真无能！"

（8）厌学

有些学校过多地注重升学率、及格率、优秀率，造成学生学习负担过重。书包越背越重，作业越留越多，教学方法却呆板无趣。学生回到家中，家长又加码"学习"，限制了他们玩的天性，妨碍了他们各种有益活动的参与。这使他们心理压力很大，总想寻到一块新天地来放松放松，于是邀上几个同学背着家长和教师溜走了。

离家出走对于儿童来说是一种危险性很大的行为，因为他们年幼无知，对社会的认识很肤浅，自我控制和自我保护能力比较弱，最容易出意外事故。所以家长或教师，一定要走进儿童的心理世界，及时在他们彷徨时、沮丧时、恐惧时走过去，给他们信心和勇气。发现苗头，及时引导，使孩子的创造欲望、好奇心理得到满足，并合理调整他们的躲避心理。要教他们正正当当地追求，平平和和地原谅，明明白白地保护自我。堵住可能引发伤害孩子的种种漏洞，让孩子在一个充满真、善、美的环境中成长。

第4章
儿童发展中的障碍是什么

　　任何事物的发展都不是一帆风顺的，儿童的发展也一样。在儿童发展过程中，常会遇到意想不到的障碍，致使儿童发展停滞或者出现畸形。

　　年轻的夫妇都企盼能生个健康的宝宝，并希望宝宝顺利地长大成人。而命运却常常与愿望作对。当你面对的是一个伤残的孩子，你会在无边的痛苦中受尽折磨，要想振作，需要坚强的信念和意志，才有可能在不幸的孩子身上找到一线希望。

❧ 棘手的"硬核桃" ❧

　　通常人们把呆傻人说成是"硬核桃"。而"硬核桃"并不觉得不幸，他们面对流泪的母亲，烦躁的父亲，只会笑，这的确是悲剧。一些运筹帷幄的政治家，超常的艺术家，强壮的体育健将，竟生出"硬核桃"，真是让人不可思议。他们为寻找答案在苦苦求索，他们为战胜悲痛而拼命地挣扎，然而，这是现实，必须面对，别无选择。

　　无数的病例告诉人们：近亲结婚结苦果。孕期病毒感染是胎儿的最大杀手，孕期意外伤害、产程受到的产钳外伤、药物中毒、辐射线刺激等都可能伤害孩子，造成脑发育障碍。还有后天的脑疾病，如大脑炎后遗症、脑外伤、脑肿瘤等，也会造成儿童脑发育障碍。许多是目前尚未查清的原因。于是，有人就胡乱推理说，可能是父母太聪明了，所以上帝赐给他们一个傻孩子。当然，这是荒唐的。

在儿童发展中，脑发育障碍是最残酷的。这残酷不仅因为孩子要在这漫长的路上走下去，而且需要家长以更漫长的时间和更深的爱投入和伴随。

我的一位老朋友有一个傻女儿，这孩子已经 40 多岁了，只知道像幼儿一样看小人书和傻笑。老母常常流泪，担心自己过世后无人照顾她。

我到过许多为"硬核桃"创办的学校，有的叫培智学校，有的叫弱智学校，还有的叫智力训练学校。这些学校的创办人和工作人员都以极大的热情和耐心去软化"硬核桃"。尽管这项工作做起来毫不显眼，进展缓慢，但总有一线希望给予孩子和他们的家长，而且这种努力不是徒劳的。

❧ 无情的病魔 ❧

病魔无情地夺去了孩子的耳朵、眼睛和手脚，使他们失聪、失语、失去运动能力。这些宝贵的感官丧失，意味着他们将比常人失去更多的认知机会。这些孩子将伴随这种障碍，在人生道路上艰难跋涉。

失去眼睛的孩子，不知太阳，不知月亮，不知星星，不知小鸟和花儿，不知丰富多彩的人类世界。他们只能在漫长的黑夜中摸索。"失聪""失语"的孩子，只能在长期的沉默无声的世界里生活。

小儿麻痹症的孩子，那软绵绵的小腿，使他们走、跑、跳变成了梦幻。他们失去了许多活动空间，又产生了许多让人心酸的偏见。

病魔是毫无怜悯之心的，它渗入孩子的体内，伤害孩子的重要器官甚至生命，造成发展中的障碍。

❧ 飞来的横祸 ❧

在儿童发展中，常会遇到突如其来的意外伤害，致使孩子伤残。因车祸、火灾、水灾所造成的伤害，比那些压根就不知光明、不知声音、不会活动的孩子，痛苦更深。这种肉体和心灵绞在一起的折磨，影响并形成他们的心理畸形。

他们的家长，对飞来的横祸更是毫无心理准备。一旦事故发生，就会处于神经崩溃状态，一方面，自己需要做漫长的心理调适；另一方面，还要对孩子担起心理安抚的责任。而这两种压力的承受是相当不易的。

在全国残疾人艺术团里，有一对男青年，他们都是单侧下肢体伤残。他们小时候在矿区火车道边玩耍，意外的滑车事故夺去了他们的一条腿。

伤残后，他们用双拐支撑沉重的身体和受伤的心，顽强地走着自己的人生之路。他们用超常人的意志战胜了心理自卑，身残志不残，用惊人的表演让人们相信，排除心理障碍后的残疾人，也有一片生存的绿洲。当他们用单侧腿在舞台上表演舞蹈"雄鹰迪斯科"时，谁又不为之感动呢！

❧ 心理的伤害 ❧

常被人们忽视的一种障碍——心理伤害，是"内伤"。受了这种伤害，就好像一种无形的病毒吞噬儿童纯洁美好的心灵一样，使他们在发展中出现种种心理故障。这就是爱缺乏症和爱过度症。这是一对相反的心理疾病，对儿童发展所造成的障碍却是一样的。

1. 爱缺乏症

爱有神奇的力量。在许多诗人的诗句中都有感人的描写。爱是太阳，爱是大海，爱是力量，爱是人成长的维他命。如果缺乏爱，会使儿童的身体受损伤、心灵被刺痛、人格被扭曲。

没有爱的人，也不爱别人，在生活中，遇到不顺，就会怨气横生，甚至以怀疑和憎恨来对待其他人。

这样的人，主要产生在以下几种家庭中：

（1）单亲家庭　传统的美满家庭都是双亲俱有，而单亲家庭则是不完美的破碎家庭，或是母子女式的，或是父子女式的。在西方国家中，单亲家庭较多，其主要原因是离婚和婚外生育所致。据美国统计，每三四个美国儿童中便有一个是非婚所生。未成年单身母亲也有增长趋势。我曾参观过西班牙的单身母亲学校，那里收容的都是稚气未退的女孩子，但已是"小母亲"了。在单身母亲学校里，她们接受着各种学习和训练。

在我国，具有"稳定"传统的家庭模式也在动摇，单亲家庭有增长趋势。其中构成单亲家庭的因素较为突出的是离异和丧偶。特别是离异，近年来逐年增多。在一些大城市，离婚比例已超过10%。丧偶的还是较少数。在这种单亲家庭中生活的孩子，似乎应该得到更多的爱，因为无论是以父亲为中心的，还是以母亲为中心的单亲家庭，都是一个成人面对

◎ "稳定"传统的家庭模式滋养出好孩子

一个孩子，他们可以全身心地把爱投入唯一的孩子身上，没有人会非议。然而，事实并非如此。生活在这样家庭中的孩子常常受到冷遇，有时他们甚至感到自己完全被忽视。因为他们的父或母心思放在对离异的对方的怨恨上，心理很不平衡，导致情绪起伏，对孩子的"爱"反而缺乏，甚至把孩子当成"出气筒"。

一位母亲因女儿的抚养费问题，与前夫到法院打官司，结果被法院驳回。她气急败坏，竟把12岁的女儿用一条铁链子锁在法院大铁门上，以施加压力。这是发生在北京某地的真人真事。可以想象，此时，女孩的自尊心受到多么大的摧残啊！

丧偶的单亲家庭中，多数单身的父或母是在思念的痛苦中生活，无心顾及孩子的情感需要。他（她）对孩子的"爱"往往是满足孩子的物质需要，而不是精神需要，这种爱也是残缺不齐的。

（2）多子女家庭　在广大农村，特别是偏远地区和少数民族地区，多子女的家庭很多。有的母亲"密生"，由于生活条件极差，顾不上照看，孩子只能侥幸活下来。我在新疆、广西、云南等少数民族地区的家庭中看到过这种现象，年纪不大的小姑娘，就已是几个孩子的母亲了。她们顾不上"爱"孩子，也不会"爱"孩子。孩子生长发育很差，体弱多病。她们认为孩子活下来是真主保佑，是老天爷赐给的命，死了也是命中注定。尽管我们在那里进行各种形式的宣传教育，却像在干涸的土地或沙漠上浇上一瓢水，解决不了根本问题。

（3）暴虐家庭　父母亲文化水平低，自我修养差，生活方式愚昧落后，受传统的"棒打出孝子"等观念影响，对子女的"爱"体现在"打"上。他们认为"打是亲，骂是爱，不打不骂是祸害。"

在北京郊区某农村，有一位中年男人。打孩子出了名，每次出手都把孩子打得口鼻流血，或卧床不起，乡亲们劝说无效。背地里大家给他起了个绰号叫"糊涂锤子"。

就是这个"糊涂锤子"把自己的两个亲生儿子打进了少年犯管教所。在他的拳脚训练下，儿子也是打架能手、拼命郎，经常打架斗殴、械斗伤人，被公安局多次拘留。

还有些新组合的家庭，没有形成凝聚力，而是支离破碎的拼凑。有的是同父异母，或同母异父，或双方都有儿女。这种复杂的组合，自然使家庭矛盾多起来。特别是缺乏沟通，父母之间猜疑、口角、揪打，引起双方子女之间的仇视。根本谈不上相互的"爱"，有的只是"恨"，直至发泄愤怒到崩溃解体。生活在这种环境中的孩子，很难健康成长。那些触目惊心的场面，会在他们幼小的记忆中永不消逝，成为隐埋心底的痛苦。

还有一种极少见的罪恶型的家庭。父亲或者继父对自己的女儿施暴进行性虐待。有这种经历的女孩，很容易变成一个变态者。她们遭遇到的心理伤害要超过她们身体上的伤害。特别是受害于自己曾挚爱过、信任过的人，幼小的心灵必然产生对人的信任危机。在人生道路上，她们要以怀疑为伴，以仇视为伴，使她们心灵扭曲、潜伏下一种反社会、反家庭的复仇意识和性变态。许多幼年受害的女孩到了十几岁，便表现出性早熟和性随便。

我在一所工读学校认识了一个仅 12 岁的女工读生，她就曾被父亲和哥哥强奸过。起初，她感到羞愧，渐渐地她感到无所谓，最后发展到主动到社会上卖淫。在工读学校中，她也是个极不守本分的疯丫头，经常逃窜到社会上鬼混。一次，学校的教师将她反锁在二层楼的一间房里，让她写检查材料，她竟从二楼窗口跳下逃跑，去与一个男流氓约会。

女孩受伤害的机会比男孩多，但并不是说，男孩子在童年就会平稳度过。做家长的也要精心照顾这些小男孩。有一个看来很"可亲"的"老爷爷"以玩具和食品引诱男孩子上钩，然后猥亵他们。这些被猥亵的男童，身心均受到很深的伤害。甚至导致他们后来性成熟时的性犯罪和同性恋倾向。虽然，这些现象极少见，但也不能忽视。

（4）无所谓家庭 这种家庭中，家长的意识十分淡薄，常常忘记自己是为人父、为人母的角色。他们只顾自己吃喝玩乐，美容打扮，却无心思照顾自己的孩子。为了摆阔气，可以花大钱装修房子，家中却找不到可供读书学习的桌子。为了偷懒，他们可以一直睡到太阳照屁股，没人给孩子做饭，塞几个钱让孩子到街上乱吃。大人赌博、玩麻将、打扑克，孩子困倒在沙发上没人管。这种极不负责任的家长，生活中也不少见。他们也有负责任的时候，那就是学校教师找上家门来"告状"，或者孩子闯了大祸，这时才一展父道尊严的威风。岂不知，这些孩子在那样的环境中，遭受如此的"爱"，心理受到多大的伤害，这将是终身难以弥补的。

一位大款整日在酒桌上应酬，却"无空"照顾自己的"小公子"，他的责任就是大把的给孩子钱："去！缺什么自己买去！""去！找你们老师。"特别是不检点的生活方式，对孩子影响极坏。当父亲夜不归宿时，家，就成了孩子的自由世界。他也效仿父亲摆起"麻雀"阵、喝起香槟酒，猜拳、赌博，把家搞得乱七八糟。那位大款看到如此情景，却也无所谓。

一个放荡的女人，浓妆艳抹，行踪诡秘。她的女儿出于好奇，偷窥到"母亲的不轨行为"，也暗地里模仿。一来二去，竟"情出于乱、胜于乱"，她竟与母亲争起了"情人"，打得不可开交。

有一个不拘小节的家庭，父亲光着膀子，穿着三角裤，母亲衣衫不整，蓬头垢面，说起话来，出口成"脏"，办起事来随随便便。

我有一个学生就是在这样的家庭中成长起来的，父母的不良行为，对他影响极大。他没有良好的学习习惯，他的课桌上总是一堆乱七八糟的书本，抽屉里总是一团团的废纸。他随地吐痰，有时在众人面前赤裸着身子走来走去不以为然。

特别让人不能容忍的是，他几乎天天迟到，睡眼惺忪，衣衫肮脏，满不在意地站在你面前，要矫正这种不良习气是很困难的。因为，他的家庭是个顽固的滋生恶习的温床，只有靠更强的约束力和集体行为的影响力感染他，修正他，刺激他，这样才有可能使他转变。这是一个漫长的过程。

还有一种无所谓的家庭，表现在把子女教育全都推给学校。他们以为，多花钱到一个好一点的学校就可以卸掉家长的包袱。其实，这是无知。学校的教育固然重要，但是，对一个孩子的教育只靠学校是不够的，家庭所给予他良好的教育将伴随他一生。学校教育是家庭教育和社会教育的桥梁。有责任心的家长和教师，良好的家庭教育和学校教育，再加上有责任心的社会教育工作者和良好的社会教育的结合，才构成健全的人发展的基础。

（5）"特权"家庭　在"特权"家庭中所拥有的"特权"，是由孩子的父亲和母亲而营造的。他或她拥有一定的权力，他们又会巧妙地运用"权术"，获得更多的私利。一人当官，鸡犬升天；请客送礼，门庭若市；互相吹捧，假话无边；还有贪污受贿，等等。

孩子在这样的家庭中，渐渐地明白了"权"的威力，滋生了"权"的欲望。孩子是大人的影子。如果你仔细观察这种孩子，你就会发现，他与他的父母是何等的相像。只不过在孩子的身上还有几分稚气和滑稽而已。

有的孩子在幼儿园或学校的表现是：盛气凌人，吹毛求疵，甚至仗势欺人。还有的会拉拉扯扯搞点"小关系"。孩子这些不良的倾向，恰恰暴露了家庭中的问题。当他的家长正为自己的权力而陶醉时，可能一个天真无邪的孩子正将毁灭。

当然，对于大一点的孩子，他们在学校和社会中所获得的美好感情和健康向上的思想，也会使他们有一定分辨能力。进入青春期的孩子十分敏感，看到父母虚伪的言行，常常感到羞耻、反感甚至产生背叛心理。

"特权"并不是什么好事，它带给孩子的坏处太多，它会严重地阻碍孩子健康发展。

（6）方盒子现象　城市建筑的迅速发展，打破了传统的主干家庭的生活方式。他们从热闹的四合院、大杂院，搬进了新楼房，进入了一个个"方盒子"中，结束了三代、四代同堂的生活，开始了核心家庭生活。

在这小小的空间里，父母忙于工作，把孩子托给小保姆照顾是比较普遍的。年轻的小保姆还没有照顾孩子的经验，只是按主人的吩咐保护孩子的安全，让孩子吃和睡。忙忙碌碌的父母，没空"爱"孩子，他们的"爱"只表现在给孩子更多的物质上，如玩具、食品、服装等。

但这一切又岂能与语言的交流、心灵的沟通、亲切的拥抱、开心的游戏相比呢？物质上的给予也是一种爱，但这种爱显得太苍白了。

还有更惨的情况，家长把孩子锁在"方盒子"里，他们以为这样最保险，其实这种情况危险性更大。因为孩子生活经验不足，很容易造成触电、煤气中毒、火灾、窒息等事故，又由于受这种"爱的关押"，失去了很多感知世界的机会。这些孩子最大的痛苦是没有伴，只好以电视机为伴；没有爱，只好拿玩具来模仿爱；没有语言交流，只好在自言自语中消磨时光；没有游戏，只好看街上行人川流不息。孩子希望听到开门的钥匙声，渴望得到爸爸妈妈的拥吻；希望家中来客人，和客人进行交流；希望走出"方盒子"，获得身心的自由。

◎ 孩子需要大自然的滋养

在街上，他们可以观看车水马龙；在绿地，他们可以开心地追逐皮球；在花丛，他们可以自由地捕捉蝴蝶；在海边，他们可以嬉戏浪花；在幼儿园，他们可以和小伙伴玩耍。

打开封闭的"方盒子"，让孩子奔向广阔的天地吧。

2. 爱过度症

爱，是一种美好的感情，是一种热情的力量，是一种火热的激情，是一种温馨的感觉。

但是，当爱失去理智和分寸时，这种爱也会使儿童身心发展出现障碍，最常见的就是无知的爱和无度的爱。

（1）无知的爱　"知爱而不知教也，败子。"古人尚知其理，现代人更应知之。然而，在现实生活中，家长不知道怎样爱孩子，把对孩子的爱看成是一种动物的舐犊冲动，或者是一种私欲的发泄。他们对孩子的爱，往往表现在无限的满足孩子的物质需要上。以为，这样才是爱，才爱得具体实在。其实这是一种无知的爱。

在孩子成长过程中，爱的因素非常重要，爱是成长的酵母。但是，孩子需要的并不仅仅是物质上的满足，更需要精神上的爱。对孩子的赞扬、肯定和必要的心理支持也都是爱，这种爱对孩子的成长十分重要。

糊里糊涂的爱，其实不是爱。爱的真谛是教。教孩子如何接受爱，如何给予别人爱，如何用心来体验别人爱的需要，如何恰到好处地奉献爱。

生活中不懂爱的表现很多，当孩子看到公园里一朵美丽的花非要摘下时，家长为了表示对孩子的"爱"而由着孩子的性子去折断花。当孩子受了委屈，吃了小伙伴的亏，家长为了"爱"，挺身而出给予"保护"。当孩子随意的损坏了家中的物品时，家长为了"爱"而说："好！坏了咱再买！"当孩子为了获得一件玩具而躺在地上打滚时，家长又是为了"爱"而满足了孩子的无理要求。孩子就是在这些错爱的积累中，渐渐变得任性、蛮横、无知、无理。

（2）无度的爱　如果爱得无度，就等于在爱上抹了砒霜。谁尝到了这种"爱"，谁就会失态甚至"死亡"。

无度的爱就像脱缰的野马。使孩子在"爱"的放纵中失去清醒。

在工读学校和少年犯管教所里，不少工读生和少年犯都在家中是小霸王。任何人在他们眼里都不重要，唯有自己是家中之王。

当他们在家庭"爱"的浸泡中走出来时，已形成了自私自利、任性顽劣、固执残忍的恶习。他们无理地向周围索取"爱"，或者是掠夺"爱"。他们践踏了爱的神圣，走上了危害家庭、危害社会的犯罪之路。有些"小霸王"甚至在无限的欲望满足不了时，威逼父母，虐待父母，甚至杀伤父母。这怪谁呢？谁种下无度之爱的种子，谁就只好吞咽这苦果了。

无度的爱给孩子留下的不是强壮的体格、良好的习惯和健康的心理，而是一种恶性的循环。他们对"爱"的无理索取，对"爱"的无知占有，使爱扭曲变形，形成一种反向——恨。这种情绪会危害家庭和社会。

对孩子的爱要像毛毛细雨、潺潺溪水，而不要像倾盆大雨、湍急的瀑布。家长、教师要把科学的、理智的、有分寸的爱施于那些正在发展中的孩子身上，这对于他们健康体魄的发育、正常的心理形成以及正确的做人态度的确立，都是非常重要的。适度的爱等于成功。

第 5 章

儿童发展差异

　　儿童在发展过程中总是有差异的，而形成这些差异的原因是多方面的。儿童在发展中遇到先天的或后天的发展障碍，会导致儿童与儿童之间在发展进度和质量上的明显差异。

　　儿童在发展进程中的差异，我们可以直观的感到，有的孩子胖胖的，有的孩子瘦瘦的；有的孩子高高的，有的孩子矮矮的；有的孩子聪明，有的孩子呆痴；有的孩子好动，有的孩子好静；有的孩子机敏，有的孩子迟钝；有的孩子善讲，有的孩子嘴笨；有的孩子乐群，有的孩子孤僻……而形成这种种差异的原因是多方面的。

　　儿童在发展中遇到先天的或后天的发展障碍，会导致儿童与儿童之间在发展速度和质量上的明显差异。遇到障碍少，儿童发展的速度就快、质量就高。遇到障碍多，儿童发展的速度就慢、质量就低，甚至出现发展停滞、倒退、夭折等情况。

　　就是发展比较顺利的儿童，也会有种种差异。正如在自然界中没有完全相同的山，没有完全相同的河，没有完全相同的树，也没有完全相同的花朵一样。孩子与孩子之间的差异总是存在的。这些差异不仅表现在外形上的差异，也有体质上的差异、智力上的差异、能力上的差异、行为品德上的差异。双胞胎的面孔、能力、兴趣，甚至手纹，也不是绝对相同，而只是相对的相似而已。如果，让双胞胎由不同手法的教养人去养育，其差异也是明显的。这些差异为儿童发展这门科学以及从事儿童发展实践和应用研究的人员、儿童教育工作者，提供了广阔的科研课题，也为在儿童发展差异中寻找因材施教的良策提供了基础。

❧ 先天差异 ❧

儿童在娘胎里就有差异，这方面的情况可从许多母亲那里获得。有的母亲怀孕时感到孩子是个"淘气鬼"，他不停地伸拳踢脚；有的母亲感到孩子是个慢性子，他慢慢腾腾的蠕动；有的母亲感到孩子将来是个"好斗的家伙"。事实上，还真差不离儿。

孩子降生后差异更明显，有的孩子出生后，适应能力很强，他很少哭叫，喜欢睡觉和伸懒腰并大口的吮吸乳汁，孩子像吹了气一样，成长得很快。有的孩子却整日哭叫，很少安静，对吮吸也"挑挑拣拣"，表现出对这个陌生的世界极大的不适应。这些"行为"都受生理和遗传支配。

据美国哈佛大学对700名儿童的研究发现，降生后不久的婴儿在性格上不仅有差异而且可预知未来。

婴儿4个月时，就能被测定出是腼腆的还是外露合群的性格。有20%的婴儿对简单的刺激很容易产生反应，30% ~ 35%的"松弛婴儿"很难激动，其余的婴儿是介于两者之间。

进入儿童期后，大约有2／3的易激动的婴儿变成腼腆的孩子，而2／3的较松弛的婴儿变成了外露合群的孩子。在婴儿院或托儿所里，保育员也遇到一些似乎很让人"省心"的婴儿，可是到了幼儿期竟成了一个让人"费心"的孩子。一些似乎是好动磨人的孩子，到了幼儿期竟成了乖孩子。有些母亲说，我儿子在婴儿期是个"大喇叭"，整天哭叫闹人，到了小学怎么变成一个"哑喇叭"，不愿讲话了呢？

儿童个体发展的整个进程，是按照一定的、普遍的、有顺序的阶段进行的。但是在正常的发展中，又没有一个儿童是按同样速度来进行的。有的孩子开步早，有的则开步晚，形成了差异。但是，到了一定时期，开步早的也并不一定比开步晚的有更大的突出"成就"。这取决于每个孩子身体机能成熟的不同程度。当然，特殊的训练对于他们动作行为也有特殊的影响。

比如一位父亲让婴儿 2 个月就在小浴盆中漂浮，4 个月时就让婴儿套上吹气小项圈在浴盆中"游泳"，玩弄水中漂浮的玩具，这个孩子在 22 个月就能在成人的浴盆中游泳。接受早期教育的婴幼儿，语言、数概念、艺术表现力等方面有突出表现，智商超常的也不少。

由于先天遗传或损伤造成的差异是最令人痛苦的。有的孩子的脑如同"硬核桃"，软化起来谈何容易。孩子的肢体形态的缺陷，不仅使他们丧失了"好动"的天性和与人正常交往的机会，甚至可能造成成长中因别人的偏见而失去接受正规教育的机会，导致他们心智上的损伤。

◎ 我爱游泳

家长和教师面对这些孩子，如果充满信心并给予加倍的爱，也会出现"奇迹"。但这种"奇迹"是相对的。有时无论环境怎么优越，这样的孩子也难与正常人发展相比较。他们的进步是缓慢的，而从事特殊教育的人所投入的力量，是向正常人投入力量的许多倍。

中国科学院心理研究所茅予燕教授苦心创办的"北京新运弱智儿童养育院"、中国残疾人联合会创办的"聋儿康复中心",各级民政部门、教育部门、社会团体、民间慈善家创办的"盲童学校""聋儿学校""弱智学校",以及特殊教育学博士陈云英教授在全国创办的50000所小学附设的特殊教育班,为这些有发展障碍的孩子所投入的爱心、耐心和智慧,是难以用简单的语言描绘的。

❧ 后天差异 ❧

后天差异与环境哺育和教育的差异有关。如果一个新生儿降生在一个贫困的山沟,那里没有足够的营养和卫生保证条件,母乳又不足,靠成人用嘴嚼食物一口口填入他们的口中。他的营养严重不良,结果是体弱多病,智力发展迟缓。

如果一个新生儿降生在一个地甲病区,严重的缺碘会使他成为克汀病儿,直至折磨他的一生。

如果一个新生儿,降生在一个小康人家,有一定的经济基础和科学的养育方式,使孩子摄取足够的营养,并得到适度的锻炼和合理的早期刺激,那将会促进孩子大脑细胞的迅速发展和动作行为的灵活。这一切又反过来促进孩子对周围的探索热情。

哺育方式不同也会造成孩子发展差异。由母乳喂养的孩子,特别是健康的母亲所提供的母乳,可以使孩子免疫力增强,孩子的体质较好,不易生病。属于易养育的那种孩子,亲子之间感情融融。而人工喂养的孩子,要有一个相当长的适应时间,母亲或其他养育人在不断地调整一种适应于孩子能接受的方式,这种孩子易生病,给养育带来困难,使母亲或其他养育人的信心受到影响。这种情绪又反过来影响对孩子的微妙态度上,或过分迁就孩子,或对孩子不耐烦，这些也会造成孩子的发展差异。就连包裹孩子的方式不同，也会造成孩子体型上的差异。

　　一位老母亲在回忆时说："包裹孩子很有讲究，生第一个孩子时，我没有经验，包裹孩子时，用力拉孩子的小胳臂，紧紧地包起来。结果，这个孩子长大后成了个溜肩膀。其他孩子，在包裹时，就注意到这一点，包裹时，将孩子的小胳臂轻轻向上推一下，端起小肩膀，包裹时也不要太紧，后来的几个孩子，个个肩膀长得很平。"

　　睡眠的姿势固定不变，也会使孩子头型发育不良，如偏头、偏脸。孩子睡眠，还有习惯问题，如果孩子只适应于一种睡眠姿势，要纠正是比较困难的。除非母亲换一个哺乳方向，孩子为了寻食，才不得已地调整睡眠姿势。

　　总之，不同的生长环境、不同的哺育方式和不同的教育方法，都会使孩子在身体上和心理上产生差异。而这些差异又随着生长环境的变化、哺育方式的调整、教育方法上的更新，而消失或扩大。让孩子按成人的主观意念去公式化的成长，采用同一模式是绝对行不通的。差异并不意味着不好，差异的存在是普遍的客观事实。如果我们能科学地认识差异又充满信心和乐观地面对差异，我们就会创造出一个多彩的世界，培养出一群群充满活力的有良好个性品质的孩子。

　　后天差异中具有悲剧式的结果，是令人难以接受的。比如在分娩中，

◎ 尊重孩子的差异性，才会培养出充满活力的孩子

孩子分娩的缓慢或胎位不好、脐带缠脖等，都需要给予特殊的助产。动用手术刀或产钳的不慎，使孩子脑伤、肢伤或者其他损伤的孩子，是很不幸的。尽管他们还不懂不幸的含义，但是，他们的家长懂，这意味着孩子一生的痛苦，也造成了他们与正常儿童无法弥补的差异。

有一位父亲，为了产钳受脑伤的女儿不知流了多少泪。至今，他每天伴着傻女儿起床、梳洗、吃饭、上学、放学。他极疲倦地在履行着一个忠实的父亲的责任。他在痛苦中挣扎，把全部的爱倾注在这个女儿身上，以弥补他做父亲的缺憾。然而，这条路要走多久，他很迷茫。

后天差异还有许多原因，如疾病、意外伤害等。一个多病的孩子，不仅身体在受苦，心理也在受苦。这种孩子的心理状态往往是自卑、软弱，甚至自虐。他们与健康孩子相比，在发展差异上就较明显。家长需要更多地给予关怀、给予爱和自信心，让孩子在科学的治疗中，不断增强自我认识能力，战胜软弱，培养一种坚强的意志品质。

后天差异中，良好的环境和科学的哺育教育，是儿童发展迅速的重要因素。成人的教养态度和方法，直接影响儿童体力、智力发展和道德品质的形成。

在孩子身上肯花时间，不会是徒劳的。这将以正效益的方式向你回报。如果家长和教师以及其他教养人，能在与孩子的接触中，以旺盛的精力，耐心教养，并能充当孩子的朋友和"设计师"，孩子的进步速度就快。

如果，只忙于烦琐的家务或整日奔波忙碌，连与孩子"对话"的时间都放在恢复自己的疲劳或忙于自己的应酬之中，那可苦了孩子。你给予孩子的"爱"和教育愈少，你得到的痛楚、苦役愈多。

当儿童到了入幼儿园或入学阶段，这种教育开始由家庭的小范围的个体的方式，转入一个有新鲜感的、集体的接受教育的模式中。这种转变，对于儿童也有个适应期。起初，他们接受的由家长所实施的个体教育还不能很快融入集体教育之中。所以，教育者的责任是将家庭中所受的个体教育与学校中集体教育有机结合起来，使他们逐步适应于一种广泛而普遍存在的行为影响和约束中。

良好的班风、校风，可以促进儿童正常的发展。同样一所幼儿园，一所学校，不同的班级之间的差异，也会导致儿童在许多方面的差异。这些与执教者的教育修养、职业道德、职业良心和教育思想方法有直接关系。

社会中，包括最小单位的家庭、幼儿园、学校以及整个社会运转的各行各业，所倡导的风气和所形成的良好的民俗，都可以促进儿童正常发展。

我们提倡的建设有中国特色的社会主义精神文明，将中华民族传统美德和健康文明的生活方式有机调和，所形成的新的社会风气，对下一代的影响非常重要。

在复杂的社会中，残留着封建糟粕和舶来的"污泥浊水"，对儿童发展的影响也是令人触目惊心的。在这正义的、充满希望的大社会中，夹杂着邪恶的、颓废的、让人作呕的毒素和潜在的不安定因素，所引起的反作用力也不可低估，这也是造成儿童发展差异的一个后天原因。

中国人讲，一母生九子，九子不一样。同是一父一母所生的兄妹，却截然不同。我曾教过的两兄妹就是如此。

一个是三好学生，一个是少年犯，究其原因有很多，但主要是来自家庭的影响。这是一个真实的例子，父亲因被冤枉，心绪烦躁，在单位老老实实接受改造，回到家里把儿子当"发泄器"，使儿子因遭受毒打而离家出走，流浪街头，结识坏人染上偷盗恶习，还经常聚众闹事，打架斗殴，后来因杀人未遂而入狱。

这个年仅 15 岁的少年犯的妹妹却是个三好学生，她在母亲的保护和学校的关心教育下，健康地成长着，而成为小伙伴学习的榜样。

自然界的灾害和疾病，对儿童发展所造成的差异也很令人不安。风灾、水灾、雪灾、旱灾、虫灾、地震、泥石流等自然灾害，以及人为的破坏，如纵火、施毒、滥砍山林、工业污染等。还有一些疾病，如小儿麻痹症、百日咳、肺炎、破伤风、腹泻以及罕见病和传染病等，都会造成儿童发展障碍，形成儿童发展差异。

消除一切可能发生的儿童发展障碍，减少因此而发生的儿童发展差异，是一个不容忽视的关系中国群体儿童发展的战略问题。

第6章

儿童发展的最佳模式

这一章，我们将探索儿童发展的最佳模式。模式是相对的而不是绝对的。在儿童发展中，由于儿童的多种形态、不同环境形成的种种差别，必然要求我们根据这些差异来选择不同的教养方式。但从儿童群体发展的共同规律中，我们也可以根据共性发展的节奏、特点和不同年龄阶段共有的表现方式，探索一个适合普遍儿童发展的科学模式。当然，在操作中，要始终不忘发挥个人的创造性来塑造新一代。

❧ 审慎择偶 ❧

中国古代对择偶就非常重视，千百年来，一直讲"正本""慎始"。正其本万物才能有条有理，慎其始万物才能生殖繁衍。

随着人类社会的不断发展，对爱情的渲染似乎是永恒的千古绝唱。坠入"爱河"的人失去理智的狂热，使他们完全忘记了世界上有上千种遗传病，会给你的"爱"蒙上悲剧的色彩。

据科学资料反映，造成先天缺陷的疾病有千余种。其中正染色体显性遗传携带的就有900多种，常见的有矮小症、舞蹈病、青光眼、多趾畸形等。这种显性的遗传方式，是按"拖下的泥坯"一样代代相传。而其中染色体隐性遗传基因携带的也有700多种，一些相亲相爱的表兄妹、堂兄妹所生出的孩子，要么早期夭折，要么就病魔缠身。那种称为"皇家病"的血友病、色盲症、脊髓性共济失调、脊柱裂、腭裂、精神病、精神分裂症等，都是遗传病。

特别是那"可怕的第21号染色体"，将给这些近亲婚配者带来一个"傻瓜"——先天愚型儿童。不幸的降临，使"甜蜜的爱情"变成苦涩的青果；使"溢情的私语"变成了吵吵骂骂；使充满憧憬的未来，变得暗淡无光。他们懊悔：当初的爱情来得为什么那样仓促、那样荒唐、那样无知呢？但悔之晚矣！

◎ 孩子让爱情的内涵更加丰富

怎样使爱情更理智、更充实、更负责任呢？这就要牢记古人之训"慎始"，在进入爱情之前，要审慎择偶。中国传统观念更注重选择女人。其实，作为遗传病，男人或女人都可能患有，所以相爱的双方"知根知底"最重要。

如果是近亲，要忍痛割爱；如果有遗传病，要三思而后行；如果你爱的拉不开又扯不断，那么就不要生育小生命，以免给你们的生活带来无尽的痛苦。

当然，在爱情和繁衍之间不完全是画等号的。现代青年人的恋爱观有一种是"你和我的世界，而没有他"，但是大多数的人，还是把爱情和繁衍统一起来。他们希望爱情的果实是甜美的，希望孩子给爱情增添更多的情愫，使爱情的内涵更加丰富。

为了使你们相爱的一对，既有爱情的幸福，又有健康的宝宝，应该在结婚登记前做婚前检查。如果发现了问题，理智要战胜感情。这样做似乎有些残酷，其实和"一失足成千古恨"的后果相比，这种"残酷"不知要强多少倍。

关于早婚和晚婚，这也是应该认真考虑的问题。未成熟的女孩子，过早结婚生育，不仅不利于她本身的发育，而且由她们所怀的孩子也可能是先天不足。古人陈子明曾说过："男虽十六而精通，必三十而娶，女虽十四而天癸（月经来潮）始至，必二十而嫁，皆欲阴阳之实，然而交而孕，孕而育，育而子，坚壮强寿。"这段论述十分精辟地说明了婚姻大事要适时，不可早婚的道理。当然，过晚的生育对孩子发育也会带来影响。晚孕育的妇女，先天愚型儿的可能性，将比正常孕龄妇女生育先天愚型儿的比例高。

❧ 妊娠监测 ❧

现代科学的发展令人吃惊，胎儿在母体内的轮廓和动作通过超声波对子宫的扫描，被看得一清二楚。

"羊膜穿刺"技术也可以对胎儿发育情况进行检查，以确定是否存在先天缺陷。如果科学的诊断确定胎儿是先天缺陷，就必须终止妊娠，这样做对于母亲的健康和那"废品"的处理是理智的选择。

就大部分孕妇来说，应经常去妇科医院咨询和检查，去新兴起的新婚学校、孕妇学校、母婴学校，也可以寻找到妊娠早期监测的办法，使孕妇在有充分的心理准备和生理准备的情况下，愉快而充满信心的怀孕。

在家庭中，由丈夫对妻子子宫中的小生命做监测的方法，既简便又科学。丈夫每天晚上拿锤形听筒，放在妻子隆起的腹部，充满对未来孩子的期望和即将为人父的喜悦之情进行"听诊"，可以听到胎儿的心率。一旦发现异常，马上采取行动，可以防患于未然。

当然由未来母亲自己来体验，感受胎儿的"胎动"，判断孩子是否健康，这种直觉感受也很准确。应提示注意的三个阶段：

胚种期（从受精至2星期）

胚胎期（2星期至8星期）

胎儿期（8星期至出生）

这三个时期是一个由量变到质变的漫长过程。一个小小的受精卵经过快速分裂变成晶莹的胚泡、奇妙的胚盘、胚胎及胎儿。每一小小的疏忽，就会使那稚嫩的"小生命"受到伤害。特别在妊娠早期，许多母亲为了鉴别自己怀的是男还是女，鉴别是否是健全儿童，就去做超声波检查。其实，不仅X光对胎儿发育有影响，超声波检查对胎儿的绒毛超微结构、细胞膜，也有直接损害。这一点也已被国内外专家所证实。

《光明日报》上1994年3月16日朱大钧撰文《妊娠早期慎用B超》。该文列举北京天坛医院妇产科专家，在1992年选择17例准备做人工流产的早期妊娠妇女的检查情况。

这17例被分为三组，一组5例，每人B超检查1分钟。二组7例，每人B超检查3分钟。三组5例，每人B超检查10分钟。每组分别在B超前用盲吸法取绒毛，B超后行人工流产取得绒毛。结果发现，B超前三个组绒毛发育全部良好，但B超后除1分钟组，绒毛仍然良好外，3分钟组7例中有5例，10分钟组5例中有3例的微绒毛已变形，表现为弯曲，排列紊乱，局部膨大或变细，一些细胞内泡状结构出现扩张、数量增加。

文章指出，这些改变有可能导致胎儿发育过程中流产率和畸形率增加。因此，提醒妊娠妇女，最好不做B超检查，如果需要，要听从医生的指导。

❧ 不失良机 ❧

儿童发展是有节奏的，像海浪一起一伏。有时儿童的发展迅速，有时似乎缓缓地进行。抓住儿童发展的节奏和规律，不失良机的给予教育，将对儿童发展起"催化剂"作用。如果失去良机，再大的努力也无济于事。印度的狼孩卡玛拉，以及在世界各地发现的由动物哺养的人类孩子，如熊孩、猴孩、羊孩、猪孩等，都说明了这一点。

就其儿童发展的共性规律来看，应注意以下几个"快"点：

①婴儿期，动作和体格发展最快；

②幼儿期，语言发展最快；

③小学期，逻辑思维和社交能力发展最快；

④青春期，生殖系统发展最快。抓住"快"点，就抓住了儿童发展的关键时机，科学而有序地刺激和训练，就会收到事半功倍的效果。如果失去了良机，后来的努力可能也有效，但绝不会达到常值水平。

◎ 1 个月的宝宝会瞅人了

1. 婴儿期

动作和体格的发展最快，中国的祖辈积累了宝贵的育婴经验，如按月份算起的"三盘""六坐""七爬"。

就是说，孩子 3 个月围着被子可以支撑坐着；6 个月可以自己独立坐起；

7个月可以爬行。还有一种说法是一瞅、二挺、三抓、四盘、五翻、六扶、七爬、八握、九坐、十站、十一迈、十二走。就是说，1个月的孩子会瞅人了，2个月会打挺了，3个月会抓东西，4个月可以坐，5个月翻身，6个月扶栏站起，7个月爬行，8个月握拿准确，9个月独立坐起，10个月可独立站，11个月可以迈步，12个月可以蹒跚走步。

在长期的实践和观察中，我发现对于婴幼儿来说：哭是说的学校，爬是站的学校，站是走的学校，走是跑的学校。当然这是指人在发展中共性特点而言。如果在这些动作发展的关键时期，适时地训练会强化他们对动作的熟练程度，从而促进动作发展。同时，由于他们各种变化的姿势，使他们对世界的认识不断更新。从仰视到平视，从平视到俯视，从俯视到环视，丰富了他们对周围事物的感官认识。

当然，不经过训练的孩子到了必然阶段，也会自然而然地形成应有的动作。但动作的质量与受过训练的孩子比较有很大差异。

那些被老人用老办法看管的孩子。那些在集体养育机构中养育的孩子。缺少被哄、抱、扶、亲的"刺激"机会，动作反应比较迟缓。

婴儿期体格发展速度非常快，婴儿在第一年内，身高的增长约为第二年内增长的两倍，体重为出生时体重的三倍。中国人讲："有苗不愁长""见风长"，一点不错。但是，光靠自然生长是不会理想的。体格发展的速度与遗传性虽然有关，但不是绝对的，个子不高的父母，生出高个子的儿女，也不少见。所以还要看到影响他们体格发展的其他原因，如环境、营养和社会等各种条件，以及家庭对婴儿的态度，所投入的感情，都会影响孩子的成长。

2. 幼儿期

语言发展最快，幼儿学习语言的速度之快，令人瞠目结舌。3岁儿童可以同时学习三国语言，5岁儿童已掌握了本民族语言的70%，其余的是他以后学习语言的延续和扩展。我在教学实践中，对幼儿进行语言试验，正常的5岁儿童掌握 3000 个中国词汇，或掌握得更多些，是完全可以做到的。

从咿咿呀呀到自言自语，从简单对话交流到完整表达语言的发展过程，在幼儿期都是以"快"速进行的。人类学习语言的方式主要是模仿，在模仿中逐步使语言器官功能和语言表达方式趋于成熟。

如果冷落那些想说又说不出，会说又说不清的孩子，就会造成他们语言发展的障碍。这些障碍不是语言发声器官本身的问题，而是练习说话的机会和表述能力的减少，导致心理障碍，而造成语言发展迟缓。父母或教师经常与儿童交谈，并在交谈中有意识地增加新词汇，修正不当的发音和病句，为他们创造独立表述的机会，并给予适当的赞赏，是促进儿童语言更快更好发展的条件。

最痛苦的是孩子不会说话。一种是发声器官的问题，另一种是耳聋引起的对语言反应的迟钝，甚至完全麻木，最终导致语言发展障碍。目前防治小儿由于种种原因造成语言发展障碍的类型很多，但只要我们潜心钻研，抓住幼儿语言发展"快"的良机，会突破目前有关资料或实践所提供的目标。努力大胆实践，挖掘幼儿语言发展的潜力，就能成功。

3. 小学期

逻辑思维和社交能力发展最快，随着孩子活动能量的不断积累和发挥，他们对世界的认识逐步由具体的形象化趋向于抽象化。逻辑推理、逻辑思维，以及由这种思维形式的发展而激发起的与人交往的欲望，越来越强。这种现象构成这样一个法则：运动——认识——逻辑——结交。在这个往复中，逐步形成了小学生逻辑思维的雏形和社交能力的迅速发展。随着小学生进入高年级，这种逻辑思维能力更加完善，社会交往能力也逐渐提高。

因此，家长和教师，要抓住这个"快"点，对儿童进行由形象思维过渡到逻辑思维的准备阶段，并逐步引导他们学习比较费脑的逻辑思维。注意不要把社会交往能力与逻辑思维能力截然分开。它们之间相互作用，构成一对互相促进的结构方式。社交能力强的孩子，要比社交能力差的孩子，更会运用智慧协调某种关系。注意引导儿童在与人的交往活动中，学会推理、判断，使逻辑思维在儿童成长中顺利发展起来。

4. 青春期

生殖系统发展最快，进入青春期的孩子，在生理上发生突变，这给他们心理上带来了惶惑不安。荷尔蒙的刺激无法让他们发展迟缓下来。当然，那些患有遗传病或先天不足的孩子是除外的。不要以为青春期生殖系统发展得"快"，就可以任其自然。家长和教师应该增加对青春期孩子心理透明度的理解，并恰如其分地进行"性教育"，使孩子对生殖系统的突变不惊慌失措。适当地进行科学的指导，可以把青春期的孩子在"闷葫芦"中寻找答案，或在淫荡的"黄色"毒素诱惑下解放出来。

一定要让他们明白这一切是人生变化的正常现象，说明自己已经该告别童年进入成人阶段。多彩的生活，广泛的兴趣，以及正常的异性交往，可以使青春期更具魅力和活力。切忌把"性"教育神秘化，也切忌把"性"教育说成是"公开的秘密""无所谓"的行为，这样会刺激孩子性早熟，诱发青春期孩子性过失或性犯罪。

世界卫生组织的一个研究小组，通过对各国调查，公布的一项报告说，儿童身高的生长速度在一年四季中是不同的。其中长得最快的是5月，平均达到7.3毫米。长的最慢的是10月，平均只有3.3毫米。

所以，在孩子贪长的神秘春天里，也要抓住这个"快"点，让孩子充分睡眠，给孩子合理营养，指导他们参加适当运动，以促进他们的发育。

总之，人生之路是曲折的，当遇到一马平川的良机时，切不可失去。

❧ 家教一致 ❧

在儿童成长过程中，良好协调的家庭教育，对儿童的成长十分重要。在现实生活中，对孩子教育的不一致性，导致了许多后遗症。

1. 造就了一个不知所措的儿童

父母教育目标、态度的不一致，或者祖父母与父母之间教育态度不一致，最容易使孩子在不知所措中形成"看脸色"的毛病。这种毛病延续下去，会导致他们人格发生问题。长大了，也会像一些成年人那样靠眼色、脸色生活。其实这样的人是很可悲的。他们缺少独立性、自主意识，在察言观色中抉择自己的行为。

2. 造就了"两面派"的孩子

严父面前的"乖宝贝"，慈母面前的"混驴儿"。爷爷奶奶面前的"小祖宗"，老师面前的"小羔羊"，这就是"两面派"孩子。

家庭所表现的不同态度，也在幼儿园或学校再现。在某老师面前规规矩矩，一副安静懂事的好学生面孔。在另一位老师面前是舞枪弄棒、无法制服的小野马，这种"双重"的性格潜藏着虚假的东西，久之，孩子会越走越远，走到离谱的地步，到那时家长或教师被愚弄的心理也是难以平复的。

3. 造就了撒谎的孩子

由于家长教育方法不一致，也使孩子在观察中找到空隙，为寻找到一种躲避惩罚的办法，撒谎帮了他的大忙。从小谎到大谎，越撒越离奇，直到不可收拾。家长在孩子的谎言中得到的是虚假的、不真实的"满足"。特别是家长自己的谎言，最能促进这种孩子在邪路上滑坡，最后陷入犯罪的沼泽地而不能自拔。所以，在家庭中，对孩子实施教育时，父母、祖父母应该精心策划，针对孩子成长中的规律、特点和问题，采取统一协调的教育。

目前，在小型的"三人世界"的核心家庭中，教育孩子比较容易取得一致。而在几代同堂的主干家庭中，问题最多的是祖父母疼爱孙辈的劲头，要胜过疼爱自己的儿辈。人们常称"隔代更疼"。父母想严格要求孩子，祖父母祖护孩子，甚至在孙辈面前打骂孩子的爸爸妈妈。结果，老人沿用传统的教养方式，就把孩子娇惯坏了。父母又要采用科学的教养方式，矛盾就来了，孩子在祖父母那里寻求"保护"躲避父母的管教。孩子在成人之间教养的差异中，寻找自己的空隙，矛盾纠葛越来越大，"清官也难断家务事"。

建议：

（1）召开"家庭会议"，研究教育孩子的方案，并做具体分工，取得一致意见后再行动。

（2）如因突发事件使家长对孩子的行为评说不一时，切忌不要在孩子面前争个青红皂白，还是私下商量后再表态。

（3）故意让孩子知道，全家人对他的期望和教育是一致的，使他相信每一位教养人，无论是父母还是祖父母或其他人，都是正确的，是爱他的，使他充满信心地从事自己的活动。

（4）利用家庭的各种聚会方式，在大家面前肯定、赞赏孩子的正确、正当、良好的行为。同时，提出全体都知道的对孩子的新要求，以便使所有的教养人都记住，随时提醒、检查、督促孩子去实施。

❦ 鼓励自立 ❦

当你还没有做父亲或母亲的心理准备之前，劝你千万别着急要小孩子。

一旦孩子孕育了，最重要的是做父母的对孩子的期望值。恰当的期望值应该建立在父母的作用与孩子自身作用相互的联系而产生的实际值上，而不是假想的、脱离实际的，由父母自己构想出来的单方的期望

◎ 家庭聚会中多肯定孩子正确、正当、良好的行为

值。这种期望值普遍太高，其后果使家长大失所望，心灰意冷。

"我""你""他"三者的协调统一，是构成儿童成长的重要因素。只有"我""你"的努力，而没有"他"的努力，这种情况下的发展也会产生障碍。所以激发"他"的内驱力，让"他"有一种"自立"的性格，用这种"自立"来参与"我"和"你"的教育行动中，效果最佳。

"自立"实际是人的本能。许多婴儿、幼儿在成长中拒绝成人的帮助，自己去完成一件令成人毫不费力，而对孩子来说是使出了吃奶之力也比较难完成的动作。如穿鞋，对于一个两岁幼儿来说，谈何容易？然而他在"使劲"地尝试，直到满头大汗也不放弃。大人们见此状。在不被孩子觉察的情况下，助一臂之力，会增加孩子穿鞋"成功"的信心和喜悦，使他更要尝试新的动作。在这些烦琐的、毫不显眼的动作中，孩子体验着"自立"，依赖心态慢慢地消失了，自立的心态增强了。这对孩子以后品德、意志和动作的形成极为重要。

许多家长懂得了这些道理后，再也不会为孩子的哭叫所刺疼，而是注重孩子遇到麻烦时如何"自立"地解决。一个孩子摔了跤，就有几种不同的对待方式。一种是大多数成人都做的"条件反射式"的奔跑过去，扶起孩子，揉一揉、亲一亲以缓解孩子的皮肉之苦。

另一种是，跑过去抱起孩子的同时，还做出踢打地面或桌凳的动作并骂："这该死的地！""这该死的桌子！""怎么把我的宝贝绊倒了！"以逗得孩子破涕为笑。另外一种似乎太"冷酷"了，家长发现孩子摔倒了，又不是很危险时，他们听到孩子哭声似乎听而不闻，视而不见，其实，他们内心也想像大多数成人那样，跑过去抚爱、安慰孩子。但他们此时却克制着自己，等待着孩子的哭声越来越小，等待着孩子自己爬起来。

这样做，会使孩子明白，他的哭救没有打动父母的心，还是自己"解救"自己好。此时的父母倒应该拥抱亲吻和赞赏这个"自救"的孩子，给孩子一个信息："自立"就能得到父母的肯定。

许多在"依赖"中成长起来的孩子，成人以后，不是懦夫就是懒汉。而有"自立"品格的人，他们在平时会获得更多的能力和朋友，获得更多的幸福和快乐。

在现实生活中，儿童患"依赖病"的不少，吃饭让奶奶追着喂，穿衣让妈妈一件件套，上学让爸爸送，甚至连当值日生都让家长来代替。

在全国儿童戏剧调演中，有一个由延边朝鲜族自治州小朋友演出的儿童剧《上学之前》，形象生动地表现了当今父母对孩子的溺爱。早晨起床忙着喂孩子早餐的母亲，替孩子写作业的父亲，一切都忙完了，父母已是满头大汗。孩子上学去了，父母已累瘫了。这是舞台戏剧中有些夸张的表演，但在实际生活中相似的事情发生得并不少。

家长们狠狠心，让孩子放弃依赖，走向"自立"，这不仅对孩子今后成长至关重要，对整个民族的群体素质和优良的民族性格的形成也具有战略意义。这样做，也减轻了家长的负担，是有百益而无一害的。

❧ 选择良师 ❧

一个人一生能否取得成就，家庭教育是基础，是伴随一个人一生的，它给人的成长提供了肥沃的土地。而良师，则是成长中的园丁、启迪者、导航人。

选择良师是儿童发展中的一个重要方面。选择自然应由家长来考虑。为孩子选择一个品行端正、治学严谨、待人谦和、学识渊博的人为良师，对孩子的教育有奇妙作用。

常有人说："自己的斧子削不了自己的把。"做家长的，不是完人，家庭教育也不是万能的。如能借助于优秀的人才作为孩子的良师，为孩子树立楷模，不仅能弥补家庭教育中的不足，还会增添新鲜感和活力，使孩子在新的偶像中学到更多的知识和更深刻的道理，这对他们人格的发展很有帮助。

那么，如何选择良师呢？

1. 由家长选择自己认为可以信赖的朋友、同事或邻居以及亲属中具有"为人师表"能力的人做孩子的良师。古今中外这种形式很普遍，特别在较富裕的家庭中，请专职家庭教师或兼职家庭教师很普遍。

改革开放以来，我国也兴起了请家庭教师的风，但多数人是从实用的角度出发的。如孩子高考前请来的"临阵磨枪不快也光"式的临时强化的家庭教师，为孩子学习钢琴或绘画而请来的家庭辅导教师。但还没有听说有请"礼仪"方面和道德修养训练的家庭教师。我想，如果可能应该请这方面的教师，这对孩子心理状态和良好的行为习惯的形成，是十分必要的。

2. 由孩子自己选择的良师。指孩子心中的崇拜者，不管他是从事什么职业的，在孩子心目中是个"英雄"，是位"慈祥可以信任"的人就是他的良师。有的是自己的班主任老师，有的是哪一科的任课老师，有的虽然不是职业教师，但对孩子来说他就是自己的良师。对他们影响大的良师不仅感染力大，而且能引导他们走向成功之路。

毛泽东的老师徐特立先生，不仅启蒙了毛泽东的革命思想，在漫长的革命历程中，他们风雨同舟，患难与共，毛泽东对恩师情深意长，称"徐老永远是我的老师"。

周恩来少年时在奉天（现在沈阳）东关模范学校的教师高亦吾先生，启迪了周恩来"为中华之崛起"的雄心壮志，他们朝夕相处，同餐共眠，师生情深似海。周总理在回忆时说："少年时代，在沈阳读书，得到山东高亦吾先生的教诲鼓励，这对我是个很大的促进。"

周总理一直保存高亦吾老师照片 48 年之久。高亦吾先生在弥留之际还说："得英才周恩来而育之是我毕生之大乐。"

教师是神圣的职业，良师是崇高人格的塑造者。如果你被儿童选为他心目中的良师，你应该是太阳底下最幸福的人。然而，有很多教师在孩子心目中的形象是模糊的。这不怪孩子，这样的教师往往是忘记了自己的神圣天职和职业良心，修养自身的功夫不到，所以被遗忘了。

❧ 结识益友 ❧

择友，是儿童发展的又一关键。孩子择友需要成人指点。他们对择什么样的友没有标准。特别是幼小的儿童，"友"就是好，而"好"就是相互间比较友好地玩耍。到了小学阶段，"择友"又有了较丰富的内涵。

物以类聚，人以群分，那些淘气好动的孩子自然同兴趣爱好相同的伙伴形成了一种小小的"朋友圈"；而那些爱好安静思考，又喜欢"刨根寻底"

◎ 良师是孩子崇高人格的塑造者

的聪明孩子，也自然组合起来形成另一个"朋友圈"；中学阶段的择友特别重要，如家长一时疏忽，会导致孩子顺坡而下。

俗话说："学好如登，学坏如崩。"这个时候的孩子如果结识了有理想、有志气、有毅力、成绩优秀的朋友，对孩子的帮助实在太大了。他会在自己崇拜的同龄人的行为中，仿效良好的品德和学习习惯，逐渐在"朋友"间相互的促进下迅速进步。

相反，孩子受社会不良环境和有劣迹或品质败坏的人的影响，就极有可能被拖下水，甚至陷进犯罪的深渊。在中学期间，这种够朋友、够哥们儿的江湖义气之风还很有空间。他们对正义的理解是"为朋友两肋插刀"，对真理的理解是"不出卖朋友"。这种恶性循环在一些学校中经常出现，如为琐事大打出手而后快的所谓"够朋友"行为。这些"朋友圈"是犯罪的苗床。家长和教师一定要引导他们学会结交益友。切不可放纵，让孩子在"择友"上太任性、太随便。

● 建议家长在繁忙之余，不要忘记孩子身边的伙伴，要了解这些伙伴的行为和家庭背景，以便指导孩子学习别人的长处，看到别人的缺点，在他们天真纯洁的友谊上添加热情的关怀。

● 建议家长不要轻易地否定儿童自己选择的朋友。否则会使孩子感到自己缺少自主权，不利于成人有的放矢的引导。

● 建议家长，如果你发现孩子确实交了品行不端有劣迹行为的"朋友"，要耐心引导并设法结束他们之间的亲密关系，在逐渐淡化中，让孩子明辨是非。注意一定要循循诱导而不可强硬拆散，以免使孩子产生逆反心理。

● 建议家长，如果你的孩子还没有朋友，又不会选择朋友，他似乎是个很孤独的孩子，请你赶快为他寻找朋友，让他在与"朋友"的交往中体验有朋友的快乐和自信。

记住一句格言："有朋友的人像宽阔的大海，没朋友的人像狭窄的手掌。"让我们的孩子都结交益友，在与益友的交往中不断完善自己。

❧ 全面兼顾 ❧

面向未来的教育应该是适应时代，有好奇心和创新精神，有跨界整合能力，有乐群精神的一代新人。

我国的教育方针历来重视儿童全面而和谐的发展，使他们不仅品行端正，体魄健美，智力发达，并具有感受美和创造美的能力。从而使受教育者在未来现代化建设的不同岗位上，进行有效的创造性的劳动，这就是我们教育人、培养人的目标。为实现这个目标，重要的是使教师和家长认识到，让孩子全面和谐的发展，是造就身心俱健的民族和强盛国家的重要基础工作。

现代化建设要求未来的建设者是智力优越者，而智力优越者所具有的品格是：

（1）珍惜生活、追逐未来，热情洋溢地感知世界。

（2）为取得成功的坚持力和创新精神。

（3）集体协作精神。这些都是智力因素以外的因素，即弥补智力因素。智力因素和非智力因素相互作用，才能构成健全的人格。但是，在实际教育中，全面不足，重智轻德。这与社会变化、舆论导向有关。

当人们热衷于宣传早期智力开发的重要性时，家长不约而同地陷入要让孩子赢在起跑线上的实用教育之中，涌向书店购买各种开智书籍。或寻找智商测试专家，为孩子进行智商测试，或把孩子送到名目繁多的各类强化培训班去受训，而对非智力因素全然不顾。其结果不仅不能促进孩子智力发展，反而会影响发展，造成智力滞后。把社会性发展从智力发展中分离出去，显然是不切实际的。

"重智轻德"是现实社会中比较普遍的问题。大众舆论纷纷呼吁，要加强品德教育，加强对少年儿童良好行为品德教育。但"重智轻德"之风却在悄悄刮起并掀起大浪。在这股风浪的影响下，孩子所受到的限制是极多的。电视不许看，广播不许听，好书不许读，游戏场不许玩，各种兴趣不许发展。于是，孩子的活动范围越来越窄了，那就是课堂—作业—考卷—分。成千上万的家长"望子成才"的急切心情和学校教师的"千方百计提高录取率"的焦躁心情"默契"配合，使孩子应该认识的广阔天地缩小成了"天井"，使孩子求索的兴趣和热情逐渐消失，使孩子活泼的天性逐渐泯灭。孩子成了"分"的奴隶。家长节衣缩食，不惜重金投资于孩子的智力发展上，寄希望于孩子身上。幼时是"巧克力"加"识字块"，大一点的孩子是"蜂王浆"加"强化辅导"。一旦孩子名落孙山，家长便训斥打骂，甚至把孩子逼到绝路、死路上。

有些人投其所好，开办益智、高考辅导等学习班、补习班、强化班，辅导材料五花八门。甚至有些学校采取筛选法，如编外生、劝退生、提前毕业生等，以及集中精力给重点生、重点班吃"偏饭"，来保证学校的升学率。随着市场经济逐渐发展，人们在升学观念上有所改变。但那"万般皆下品，唯有读书高"的残余思想和"唯文凭"的思想相互作用，使许许多多的人，不知不觉地又挤入了"千军万马奔独木桥"的行列中。

只有聪明的头脑，足智多谋，但没有高尚的道德品质，极端自私、心术不正，这种人越聪明，对社会造成的破坏力越大。

我们不能忽视的就是品德，特别是作为人类社会群体生活大环境中的人类，应具有的公德意识和公德行为。看起来随地吐口痰、随手扔个果皮，不能算什么大的道德缺陷，但是，你、我、他，人人都这样做，岂不使我们生存于一个蒙昧时代吗！

体质问题最被重视。家长们为使自己的孩子健康，投资之大，令人咋舌。北京过多的肥胖儿并不是幸福的标志，更不是健美儿童的标准。在肥胖儿身上，潜在的体质问题太多，如被脂肪掩盖的"软骨病"，潜在的"高血压"，以及脂肪积累过多引起的肝功能障碍等问题。

　　不让孩子做大运动量的活动，怕出事故的心态不仅家长有，学校也有。不让孩子参加力所能及的劳动怕伤了手脚，不让孩子参加春游活动怕出意外。现在的儿童是体育锻炼不足，而热量积存过多。这种虚假的"健康"，对整个中华民族群体的体质，不能不说是一种潜在的担忧。

　　有许多家长因忙于工作，无暇顾及孩子营养和锻炼等问题，而是给孩子钱，让孩子自己去解决"肚子"问题。这个自主权获得后，孩子把钱大部分投入冰激凌等零食上，造成孩子营养不良，微量元素缺乏。更糟糕的是，这些孩子养成了乱花钱的毛病。

　　就目前全国来看，对孩子美育教育重视程度较好，各类艺术比赛。如书法、绘画、音乐、舞蹈、杂技、戏剧、器乐……不管家长怀着什么样的心态，是"望子成龙"还是让孩子生活平添乐趣，总之热浪滚滚。

◎ 家长普遍重视孩子的美育

　　但是，在艺术教育中有一个值得注意的问题，就是父母亲特别注重孩子的"个人"发展。得到"成功"的孩子不一定将来就是一个成功者，而没有"成功"的孩子也不一定将来就是一个失败者。在艺术教育中，过多地强调技巧，而忽视了对孩子艺术观察力、想象力和表现力的培养，特别是创造性的表现力拓展，将是遗憾的。

　　艺术教育中的"合作"，应该引起足够的重视。艺术的表现不仅是个人的能力，需要许多有效的合作，即便是独奏、独唱和独舞也如此。让孩子知道这样一个简单而重要的艺术道德意识：艺术不仅是个性的发挥，也是共性的配合；而在"合作"的艺术交响乐、民乐合奏、合唱、集体舞、戏剧等这些艺术教育训练中，主要训练的是"合群"而不是"冒尖"。齐心协力的创造和谐的美，这是对孩子教育和训练的基本艺术道德。

劳动教育以及其他良好的文明行为习惯的培养，融化在孩子日常的生活和学习中。

注意全面兼顾，培养健全人格，才能使我们的孩子健康自信地成长。

❧ 目标适度 ❧

根据儿童发展的规律，以及他们所能承受的体力、智力、意志力的压力程度，为他们设立适度的目标，对他们确立自信心和为达到目标而克服困难的意志品质，是十分必要的。

这个"适度"并不是很容易掌握的。就现实存在的问题来讲，许多家长和学校教师为孩子设计的目标都是超负荷的。为了"达标"，孩子不得不拼命奔波，甚至搞得筋疲力尽，结果却不佳。原因在于为孩子确立的目标脱离了孩子的实际情况，违背了孩子身心发展的规律。提高了强度、难度、幅度、高度的目标，为实现目标而设计的各种"强化"训练课目，使孩子被逼迫得出现了身体和心理的种种不适应情况，体质下降，厌学逃学，甚至离家出走。

追根溯源，问题的根子在成人身上。家长为弥补自己的知识或心理空缺，把希望寄托在孩子身上，逼子成龙，逼杨成柳，为孩子确立了脱离实际的目标使孩子望而生畏。久而久之，孩子对成功学习失去了信心，还失去了战胜困难的勇气。这是做人最怕失去的东西。一旦失去，再寻找回来是很困难的。

给孩子设计的目标，应该是使孩子经过一定努力可以达到的目标。在实现目标的过程中，孩子应该领悟到，努力就可以"成功"这个朴素而简单的道理。

例如，让孩子练习投篮，这是最简单的动作。我们首先要为孩子选择一个合适的高度和一个直径较大的篮筐，再选择一个分量适当的沙袋或球。孩子在投掷时，经过一定努力，克服一定难度，完成了投掷练习，这样，他们会感到自己有能力、很自信。

假如我们让孩子做同样的投掷练习，只是为孩子选择的是一个成人的篮球架，一个直径较小的篮筐，一些轻飘的布口袋。起初，孩子会高兴地争抢着往里投掷，但投中率很低，甚至一个也没有投进去。此时，他们就会心灰意冷，再也没有劲头了。这时，他们表现出烦躁和倦怠，感到索然无味，再也不愿意参加这劳而无获的游戏了。

那么为他们设计简单的不费吹灰之力就可以投进去的投掷练习，是不是就好呢？不！这也会使孩子产生另一种相反的态度。甚至会认为"这玩意儿没啥了不起""太没劲了""没意思"。对不费劲而获得的"成功"，大多数孩子并不十分感兴趣。他们对有一定难度的练习，比起轻而易举地练习所获得的成功形成了不同的成功感的体验差异。

当然对于大一点的儿童来说，在动作设计、器材安置上要复杂些。在对儿童的理想教育中，对理想的目标确立，也要适度。

我们在教育时不是要让孩子站在什么"方位"上，而是要让孩子向什么"方向"走。我们常说的"奔"向共产主义的目标。这个远大的目标，对于青少年来说，立足于适合他们年龄的认知世界的态度，选择好自己的人生道路才更切合实际。而共产主义理想教育，对于形成科学的世界观，无疑是有益的。如果不论对大孩子还是小孩子都用一个大目标，一种统一模式来教育，显然是不科学的。对于幼小的孩子或学前的儿童，一定要把那些难理解的概念、理想、目标，形象化。

比如一首儿歌这样写："小小蜡笔穿花衣，红黄蓝绿多美丽，小朋友们多欢喜，画张图画比一比。画小鸟飞在蓝天里，画小草长在大地里，再画一面大红旗，祖国祖国我爱你。"

尽管孩子还不知道祖国的内涵，但他们从唱歌、绘画、游戏中，已感到祖国是神圣伟大的，应该从小爱祖国，长大了要建设祖国、保卫祖国。这些情感的积累会在他们逐步成熟中升华。所以对幼小儿童的理想教育、爱国主义教育，要根据他们年龄特点，由浅入深，循序渐进。要使儿童在向每一目标迈进时，就有足够的信心。尝试第一次成功，对后来的成功至关重要。

◎ 孩子的画中流露出对生活的热爱

有人说，一个不爱母亲的人，很难成为爱国者。这话是很有道理的。一个孩子，只有从小爱自己的母亲、家庭、学校、集体、邻里、乡亲、家乡。才能把爱逐渐升华到爱祖国爱人民这种崇高的境界上。

有人说，一个只顾自己不顾别人的人，怎能为人民服务。这话当然有道理。可是，怎样使孩子不会成为只顾自己不顾别人的人呢？设立不同阶段不同的教育要求是必要的。从关心家人、关心他人、关心集体、关心有困难的人、关心陌生的遇难人开始，去掉自私心理，逐步进入一种"人人为我，我为人人"高尚的境界。

我们可以根据孩子成长不同阶段和他们成长中最迅速的时机，为他们把大目标化为一串串的小目标，还要为实现这些小目标而进行生动活泼的教育尝试。这样由浅入深、由表及里的适度的而又可行的目标确立，会引起更多的孩子自觉地追求。在追求目标的实践中，当他们付出的努力和他们实际的体力、智力和意志力等其他成长因素成正比时，达标率就高。反之，达标率就低，还会由此引起许多隐患，如失去信心，缺乏毅力，怠惰消极，甚至生出无所谓的态度。这对他们以后人格的形成会产生副作用。

因此，家长、教师都要注意。确立适度目标，是增强孩子自信心、自制力和解决问题能力的最有效的教育方法。

✿ 教育合力 ✿

教育儿童单靠家庭教育是不够的，单靠学校教育或社会教育也是不足的。需要将家庭教育、学校教育和社会教育形成合力，全方位的考虑如何培养优秀的中国公民，如何把"儿童优先"的国际社会认可的原则融入教育合力之中，将三种教育有机结合起来，按我们的目标去实施，才是科学可行的。

首先要从观念上做一些调整，那种"养儿防老"的思想已经与新的时代"为国教子"的意识格格不入了。那种以为孩子身体不生病就是健康的观念，也已被"心理健康和生理健康"的统一才是真正的健康的新观念所代替了。

1. 健康的新观念

过去人们常常把不生病作为健康标准。现代人认为，健康包括身体和心理两部分，光身体不出毛病，不能算健康，只有身心全面健康才是真正的健康。

近年来，我国兴起的两种社会教育的新方式，一是少年儿童心理健康咨询中心，二是热线电话。都起着医治儿童心理疾病的作用。

心理健康咨询中心，是由心理医生和心理学家组成的儿童心理咨询服务机构。孩子可以在成人的带领下，请心理医生来分析和判断孩子的心理疾病。以便采取积极措施给予治疗。或者由孩子自己去心理医生那里说"悄悄话"，以求得帮助。还有一种社会教育形式，是在少年儿童节日、假期开设的心理咨询义诊活动。心理专家、有经验的教师和社会教育工作者，走上街头，来到学校或儿童活动场所中，帮助需要调整"心弦”的儿童。

“热线电话”最受孩子青睐。在国外有“爱心电话”“生命电话”等。在我国，一些热爱儿童的人，创建了“热线电话”或叫“少男少女热线”，在北京、上海、广州、南京、杭州、天津等大城市已经兴起。已经吸引了成千上万的儿童。他们悄悄地咨询他们想知道的事情，去探索他们心中那个不愿被别人知道的“小世界”，去提出自我解脱的呼救，去寻找那个在电话里的陌生而又亲切的知音。

孩子天真的表露是对那个小小话筒里那个声音的极大信赖。他们从这里获得的，是从父母和教师那里得不到的答案。“热线电话”成了儿童的良师益友，那亲切和蔼的声调里充满了接话人对孩子真诚的“爱”。热线电话，沟通孩子的心灵，使他们得到了理解和信任。

一般来说，接话人是从事儿童教育的专家或社会上热心儿童教育的工作者。这些大人已经把“热线电话”作为自己对社会、对祖国未来高度负责的奉献和生命的脉络与神经。他们了解孩子失调的心理，熟悉孩子的内心压力和行为障碍，因此，他们会运用温情的、毫无教训和指责的口吻，点燃他们求知的欲火，安抚孩子受伤的心灵，排除忧郁惆怅，唤起自立的决心。热线电话，真如苏格拉底所说：“心灵的疾病可以通过采用某种魔法而治愈。这个魔法即美好的语言。”

2. 锤炼民族性格

曾经有新闻媒体宣传，中日儿童在内蒙古大草原上的友好探险夏令营，使许多人感到忧虑，那些独生的中国儿童的自理能力和应变能力远不如日本儿童。使中国人的自尊心深受伤害。

日本著名的儿童戏剧家栗原一登先生，在北京养病期间，我们也交谈过这类话题。他说：“日本人普遍有一种感觉，20 年后，中国肯定会战胜日本。但是，中国对文化教育重视的不够，这让日本赢得了时间。

如果中国能在文化教育上有大发展，将是对人类进步的巨大贡献！"

　　不管外国人怎样评价我们的下一代，我们对自己的孩子还是要有个清醒的了解。这一代孩子比我们那一代不知幸福多少倍。他们有优越的生活条件，一些孩子甚至像被惯坏了的"皇帝"。这确实让人担心。如果这样的一代人在 21 世纪里不是有智慧头脑和坚忍不拔的民族群体，而是缺少独立性和创造性，追求享乐的一些人的集合，那岂不是民族的悲剧？

　　古往今来，坚韧不拔，不屈不挠，不怕牺牲，一直是中华民族的性格。为继承发扬中华民族的传统美德，家庭、学校、社会已经采取了可行的措施。

　　少年军校遍地开花。在解放军正规的训练下，使那些不会穿衣、洗漱，不会洗衣、刷鞋的儿童，受到了锻炼。在那短暂的军事生活中，他们拙态百出，笑话连篇，流过泪、想过家、叫过苦，但是，他们挺过来了。

　　从少年军校毕业的孩子，家长们都不敢相认了，这么短短的几天，怎么一切都会自己做了？这么短短的几天，怎么学会关心别人了？可见儿童的可塑性是很大的。如果我们的孩子能进少年军校或参加严格的自我生活能力的训练，学习成人模范的行为，磨炼他们的意志，我们的后代是大有希望的。

◎ 寒假探险欢乐多

　　（1）探险尝试　每到寒暑假，许多学校组织各种类型的探险活动。这类活动实际上没什么险，只是走走山路，过过木桥，探探山洞，搜搜草丛，验验石头。孩子虽然有很强的探险欲望，但成人组织者没有这种欲望，有的只是担心，怕出事故，不好向家长们交代。

但是，有一件事令我振奋，那是由10名9岁至17岁男女少年儿童组成一支"万里采圣火相聚在珠峰小摄影家世界屋脊创作行探险摄影小队"。这一支小摄影队震惊了许多成年人，在新闻界引起极大的关注和反响。

这些孩子大部分是独生子女，但是，家长坚决支持孩子到那风云莫测的世界屋脊。到世界屋脊，要通过被称为"死亡之谷"的唐古拉山口。

孩子经历了与"死神"搏斗的场面，终于战胜了险阻，到达珠峰营地。孩子挥动红色的小帽子，撒欢地跳跃呼喊，"我们胜利了！"他们确实胜利了。

那胜利又何止是10名孩子的胜利，那是当代中国少年儿童的胜利，谁还会说我们的后代不可信赖！只有我们的孩子才能有这般顽强的意志。那些被称为惯坏了的"小皇帝"们，如今以他们登上世界屋脊的壮举，说明了孩子是可以塑造的，是有希望的。

（2）夏令营和冬令营 每年夏冬两季，全国各地都组织孩子的夏令营、冬令营活动。孩子离开了家，走进一个整体、一个新组合的"家"。在那里，他们对自己的认识有了飞跃，在自己的家，他们是个撒娇的宝贝，在新的"家"，他们变成了"大人"。

在这个新的群体中，他们开始认识到自己的作用，一种主人之感油然而生。因为，一切都要靠自己，找不到依赖，找不到借口，修灶、架棚、点火、做饭等，一切都要自己去动手干。

特别是在冬令营活动中，孩子要在冰天雪地中长途跋涉，在雪花纷飞的天气里安营扎寨。他们需要忍饥挨饿，他们也需要学会自我保护，他们更需要互相帮助。在这样的"困境"中，他们不仅认识到自己的力量，更认识到了集体的力量。这种乐群的情感，就是在这样特定的艰苦环境中形成的。

夏令营、冬令营是锻炼孩子意志、训练孩子适应能力和应变能力的好方式。

（3）寄宿制学校　有一些人认为："让孩子离开家庭住进寄宿制学校是残忍的，应该让他们生活在温馨的家庭里得到更多的母爱和父爱，没有父爱和母爱的孩子会发展成心理畸形的人。"还有人说："孩子住进日托制的幼儿园或小学校是最好选择。因为孩子可以从学校或幼儿园接触更多的成人，在往返途中认识新的环境和事物。"

两种说法都有道理。坚持送孩子进寄宿制幼儿园或小学校，一是因为，年轻的父母工作繁忙，经常出差，或者进修大学课程，无暇顾及孩子。二是有些年轻父母缺少责任心和必要的教养子女知识，以为花大价钱把孩子交给幼儿园、学校来教育，自己就可以省心了。

无论怎么说，把孩子送到寄宿制幼儿园或学校，家长和孩子都要经历一段痛苦的"离别"之情的考验。

有一位父亲自述：一周过得真慢，我终于去接儿子了。我面前的儿子泪流满面地说："爸，我恨你！我不住长托，我要回家。"看到儿子这副样子，我心软了，加上爷爷奶奶在旁边火上浇油，妻子在旁边添油加醋，使我不知道自己是不是个该让儿子恨的人。

让儿子进寄宿制幼儿园错了？但我还是狠着心将儿子继续送去。我想："人生道路漫长，会遇到许多磨难，要学会生活，学会做人，就要受点磨难。"经过一段时间，儿子终于"服"了，适应了，不闹了。两周后，当儿子回到家里，让爷爷奶奶大吃一惊的是，这孩子似乎长大了、懂事了，什么事都会自己做了。奶奶说："送孩子进长托，可是训练孩子自立的灵丹妙药啊！"

在北京崇文小学这所寄宿学校里，我看到学生井然有序的上课和游戏，使我感兴趣的是学生自己管理自己的"小家长"方式。

所谓的"小家长"，是学生在自己的宿舍中选出的有责任心的同学来担任。他们真像家长那样关心同学的生活，为他们热心地服务。其实，他们和同室的小伙伴都是同龄人，是一种责任和信任，使他们热衷于为小伙伴充当"小家长"。

寄宿制方式虽然在完整的教育中多少有些缺憾，但是，针对当前儿童中存在的"421"综合症，这也是一种培养儿童独立自主意识和乐群合作精神较好的一种教育形式。

（4）清新的文化氛围 有这样一组漫画：第一幅画面上反映的是一个摊点的组合音响在大声地播放流行音乐，顾客听了忙掩耳离去。第二幅画面上又一个摊点的高音喇叭播放着摇滚乐，声音之大，震耳欲聋，本想光顾的顾客掩耳匆匆逃跑。最后一幅是卖吸尘器的商店，只见刚才掩耳逃跑的顾客钻进商店，让售货小姐用吸尘器吸出耳朵里的噪声。这组漫画幽默又尖刻地表现了在现实生活中的被扭曲的文化现象。

摊主以为播放的音乐可以哗众取宠，引人注目，岂不知，这些噪声已没有音乐的意义了。人们需要的是真正的音乐，真实的文化、清新的文化氛围。

文化就好像人类赖以生存的阳光、

◎ 优秀的文化艺术能滋养孩子

水和空气。人类的文化现象可以在任何有人类的地方，通过不同的方式来表现文化的内涵。随着人类的进步，文化也在发展，而科学技术、政治、伦理、艺术等通过不同方式给人类以新的精神营养，塑造新人，使他们具有真、善、美的健全人格。

如果让孩子从小生活在一个清新的文化氛围中，他们在古老的中国优秀文化和现代文化的摇篮中，吮吸充足的"乳汁"，倾听美妙的音乐，观察出神入化的艺术品，阅读人类最甜美动情的故事和诗，学习文明礼仪和伦理道德，这样，我们的孩子会怎样？他们一定会成为最优秀的人，最优秀的民族代表。他们不仅有真、善、美的心，有容纳无数知识和智慧的脑，还有一双能创造人类文明的手。他们是一代知书达理、温良恭俭、乐群合作，又有强烈社会责任感的人。

我们的文化工作者，无论是儿童文学家、儿童出版家、儿童音乐家、儿童戏剧家、儿童舞蹈家、儿童美术家、儿童广播事业的编导或主持人、儿童电影编剧、导演、儿童电视节目的编导或主持人，还是少年宫、少年之家、科技馆中从事校外教育工作的管理者或教师，都在为孩子提供着精神产品。孩子在"故事爷爷"亲切的声音中，在"小喇叭"甜蜜的歌声中，在"七巧板"和"七色光"美好的情境中，在"马兰花"动情的表演中成长起来。

谁说孩子的欲望只是吃、喝、玩、乐，当他们进入文化世界里，他们凭借着自己的想象力，大胆探索所得到的满足，是其他任何物质刺激所不能代替的。

丰富多彩的校园文化，吸引了孩子，中华优秀传统文化进校园，校园戏剧、校园集体舞、校园歌曲也在迅速普及。

现代科学文明的家庭文化，也为孩子的成长提供了物质和精神的支持。家庭支出中，为儿童购买玩具、图书、电视机、电脑的款项在逐渐增加。

一位北京郊区的农民为两个儿子订了20多种儿童杂志。据河北省城市部分地区资料统计，儿童拥有图书量人均达 50 本。北京一些孩子拥有 400 多本图书。就像一座小图书馆了。

这不能不使人们欣喜地看到，从社会大的文化环境到学校乃至家庭小的文化环境，都在努力为儿童提供一个舒展身心的、轻松呼吸的文化氛围。

但是，在乐观的时候，也还应看到。有许多令人烦恼的"文化垃圾""文化毒气"在污染儿童文化这块"绿洲"。像刺耳的噪声，不堪入耳的歌曲，一本本袒胸露腹、扭捏作态的挂历，匕首加血迹的封面和一些书摊下边隐藏的《床上技巧》，这些乱七八糟的黄货，还有那充满诱惑的"电子游戏机房"，一些孩子玩上了瘾，没钱玩竟去偷、去骗也要"过把瘾"。每天走在这大街小巷里，耳闻目睹到这些脏东西，没有成熟和辨别能力的幼童岂能"出污泥而不染"？

在家里，电视机吸引了成千上万的孩子。那些"吹牛"广告专门刺激孩子的物欲，让孩子做广告推出一系列的食品，使孩子整天磨蹭人，要这、要那地嚷个不停。一些大孩子不再热衷于少年儿童栏目，而专门爱看标有"儿童不宜"的片子。"儿童不宜"这个标签反而引起了他们的好奇心。

我在小学、中学和工读学校中，做过文化氛围对儿童影响的调查，有许多老师反映，有的家长搞到了一些"性"片或一些"暴力"片偷偷地看，被孩子发现。当大人不在时，孩子拉上几个同学偷看，受到"刺激"，竟模仿起来。一些家长由于自身文化素养低，除了看电视，还大搞所谓的"烟文化""酒文化""牌文化"。还有的拉孩子进"酒吧"和夜总会，使孩子在不知不觉中陷入了"泥潭"，一旦发现孩子误入歧途，悔之晚矣。

也有的家庭热衷于小家庭的现代化建设，购置高档家具，如立柜、沙发、席梦思、酒柜，就是没有孩子学习的书桌和书架。孩子跪在茶几上写字。有的家里有几本书也是杂七杂八、装点门面，可想而知，这种家庭的孩子能不是文化的贫血儿吗！

还有的家长，把自己的文化偏见的体验强加于儿童，限制他们看图书、看电视、看电影、看戏剧，在他们心里只有读正规课本、考高分，才是出路，其余都是浪费时间和精力。岂不知这样做的结果，使儿童不仅缺少了优良的品德行为，同时也使儿童丧失了精神支柱和理想。将来，他们可能是循规蹈矩的人，但决不会成为健全人格的人。

没有良好文化熏陶的人，是功能残缺的人，这里似乎用词太强硬，但实际上的确是这样，没有文化的人是愚蠢的人。而愚蠢不正是人的本质的缺损吗？

为了使孩子生活在清新的文化氛围中，我国制定的《未成年人保护法》和《文化市场管理条例》，都是以保护孩子心灵健康为宗旨的。在《蒲公英计划》中也确定了许多文化发展的目标。而最重要的是鼓励儿童艺术家、作家为儿童创作精品，不断为儿童创作新鲜的、有吸引力、有教育意义的佳作。目前，这方面的作品虽然不少，但更美、更甜、更能贴近儿童生活，使他们认可的好作品还显得不足。

居高临下的说教式，千叮咛万嘱咐的儿童文艺作品，最让儿童产生逆反心理。我们如能对儿童进行平等的、"双向"的、"软化"的教育。或者向孩子进行那种自然而然的教育，才有可能使他们心甘情愿地接受。使文艺作品不知不觉化为儿童人格成长的营养。

电视的出现是人类文化上的重大进步。但是，当人们沉湎在电视机旁，特别是儿童，醉心于动画片里的英雄人物时，孩子表面的欢乐，会迷惑家长和教育者，以为孩子获得的知识更牢固、更有效。其实不然，电视是一种不费劲的学习，一闪即逝的画面一个接一个，情节变幻无穷，使孩子忙于视觉和听觉的活动，而缺少了脑的"静思"过程。而"静思"是学习的一种高级的阶段。通过脑的分析判断、加工、处理，使认识深化，逐步形成逻辑。家长应该有节制地为儿童选择电视节目，不要任由孩子的性子，或者让孩子随着大人一直看到电视屏幕出面"白光"为止。如若这样，将危害孩子视觉、听觉的同时，影响孩子的脑思维。

当然，阅读要比看电视、听广播，更容易让孩子有充分的思维时间。阅读，似乎比看电视来得慢，但看书留在脑子中的印象和思考后的积存，比看电视要深。一个有良好阅读习惯的人，他就是一部活的百科全书，当需要他面对一个疑点解决问题时，脑中的储存会自然出来帮忙。

总之，我们要想方设法为孩子创造一个清新的文化氛围，让孩子发展得更完全。

（5）少年犯罪的潜伏期 《后汉书·治安策》里有句箴言："贵绝恶于未萌，而起教于微眇。"是说对儿童的教育过程是一个呕心沥血的过程，是一个细致入微的过程。发现孩子有不良行为要及时纠正在"萌芽"中，才能使孩子顺利地度过一个个成长期。特别要对少年期潜伏着的犯罪行为的可能，有足够重视。

据公安部门反映，当前少年犯罪是令人忧虑的事，犯罪率较高，而犯罪的年龄趋于小龄化，手段残忍。如果我们能在少年犯罪的潜伏期，及时发现苗头并因势利导，可以杜绝或减少少年犯罪。

少年犯罪的潜伏期，是指少年产生犯罪意识并隐瞒封闭的心理时期。特别是潜伏期短而爆发速度快，这是特点。此时，少年的表现常常比成人犯罪外露。有的公开扬言，有的与"好友"透露隐秘，也有的心神不定。如果家长或教师及时发现，可以防微杜渐，化险为夷。

例如，湖北省枝江市一个少年，只因一位同学劝他不要吸烟，就怀恨在心，寻机打架，发展到与同学透露"杀了他"，并购买了三角刮刀，藏在袖中几日。教师和家长都没有发现，结果导致一场悲剧发生，无辜少年死在了刀下。

还有一例，少女杀人未遂。这个仅 14 岁的三好学生、班干部，因为老师恶语伤人，体罚同学，她出于"正义感"要为同学出气，与几位同学谋划在老师杯中放毒，经抢救老师脱险。这个女孩子却锒铛进了少年犯管教所。

一个安静的 14 岁男孩，竟是强奸幼女犯。原来，他父母经常在自己卧室看黄色录像带，孩子出于好奇，也扒在门缝里看。当大人上班时，他就大胆地看，越看越想试一试，结果选中了邻居的小女孩。在法庭上，这个少年强奸犯流着泪说："我错了，我对不起小妹妹……"后悔已晚矣！难道不是他的父母把他送上被告席的吗？

少年儿童犯罪的心理特点，有很大的模仿性和冒险性。据对少年犯的问卷调查，犯罪的原因许多是因看了武侠小说、恐怖影片、电视录像淫秽片，特别是非法流入境内的录像带《神偷》《杀手》之类，诱发了他们的好奇心和冒险尝试的欲望。得手后，会一而再，再而三地干下去，陷入无法自拔的罪恶深渊。

在少年犯罪者中，许多是在离异家庭中成长的儿童。他们得不到父母的关怀，甚至受到种种纠葛的牵扯，他们想摆脱，于是出走，结识坏朋友，学到"偷"的招法，越偷越"神"。

一位艺术家的儿子，因父母离异。成了没人要的孩子。他心灰意冷，竟产生将来要当"职业杀手"的念头。他说："反正他们都不爱我，我是多余的人，破罐子破摔了。"后来这个孩子因械斗伤人，进了少年犯管教所。

还有的犯罪原因不是来自家庭。而是结识了坏朋友。

一位云南初中学生，父母是文艺工作者，经常到外地演出。他结识了一个吸毒者，于是进入了"圈子"，越吸越来瘾，最后偷家里的钱和物吸毒。当他下决心戒掉时，瘾又上来了，他无法克制又去偷。他在反省中痛苦、在痛苦又无力自拔的挣扎中，终于打开煤气自杀身亡。当父母从外地演出归来，儿子已死亡多日，他们痛不欲生。

以上几例说明，在少年犯罪的潜伏期，都表现出许多先兆，由于粗心的家长和教师往往忽略了，才导致了一幕幕悲剧。如果我们能"贵绝恶于未萌，而起教于微眇"，将会挽救多少儿童，又给社会带来多少安定！

还有另一种形式的犯罪潜伏期，那是在中小学中悄悄形成的。

一个由孩子构成的"大腕""大款"阶层。他们在同学面前花钱大方、讲义气。他们用钱雇同学写作业，代答卷，代值日，还签订什么合同、协议。有的学生还出示名片和进行"私货交易"。这些学生的家长大部分是暴发户。这些孩子花钱大手大脚，要什么给什么。本是惯坏了的孩子，却因为有钱，有威风，在同学中也有"威信"，有的还担任班干部，老师为了控制班级稳定，也认可了。这些孩子在商品社会中，模仿能力强，给书声琅琅的校园带来了"商业气味"，这是极不正常的。

教师要重视这个悄悄形成的特殊阶层，要有意识地引导教育他们正确认识"钱"和人的关系，建立良好真诚的人际关系，防止他们形成"团伙意识"，在是非不分中迷迷糊糊误入歧途。

我到过许多少年犯管教所，去看望那些心灵扭曲的孩子。每到一处，我都这样称呼他们："同学们，你们好！"此刻，所有在场的少年犯，都激动地颤抖、哭泣，甚至放声大哭。

他们的哭，是一种唤起人格自尊的哭，他们为有人还信任他们是同学，而不是犯人而萌生自信。那种尊严，那种良知，那种回归集体的感情，震撼他们的心灵。他们又怎能不哭呢？

我把他们看成是"受了虫害的小树苗"。我们用伟大的母爱、用神圣的尊严去温暖、去开导他们，就会使他们受伤的心灵康复，使他们罪恶的灵魂受到自责，唤起他们重新做人的信心。这一切需要你、我、他伸出热情、信任的手，把他们从"泥沼"中拉出来，让他们站起来。

事实上，在曾犯罪的少年中，改过自新的有不少。他们在后来的人生征途中，需要更多的信任。一些挽救少年犯罪组织的发起人，有的曾经也是少年犯。他们用现身说法，去帮助少年犯弃旧从新。他们送书、送物到少年犯管教所，引起少年犯深刻的反省。

当然，严格的、科学的管教更不可少。在少年犯管教所里，有严明的纪律、艰苦的劳动和正规的学习。对他们的管教，要强度大。他们是一团乱了套的线团，要重新绕起来是需花大气力的。

少年法庭为帮助少年犯做了大量细致的审案工作。少年犯管教所的管教人员，以高度负责的教育态度，满怀期望地为修复他们的心灵，尽心尽力地

◎ 孩子应从小就接受纪律的训练

工作。要为他们走向社会，适应社会，服从社会，重新做人，管教人员要做很多铺垫工作。要创造条件使社会能伸出双手，接受他们，理解他们，鼓励他们重新振作起来，进入新的人生。

这是艰巨而又必须努力去做的工作。

无论是家庭、学校、社会，都要对少年儿童采取"法""理""情""律"

相结合的教育。让孩子从小就接受法律的教育，让他们知法、懂法，知道"法是方"。让孩子从小就接受"理"的熏陶，让他们知道"理是圆"。让孩子从小接受"情"的感染，让他们知道"情是软"。让孩子从小就接受纪律的训练，让他们知道"律是硬"。只有法、理、情、律、方、圆、软、硬互相影响作用，才能塑造出具有法律意识、良好行为规范的一代新人。

特别是计划经济体制向市场经济体制转换中，出现了一些暂时的无序状态，也会影响人们的行为出现失态。家长、教师更要注意少年犯罪在这种特定时期里的"潜伏"，做好防范工作。发现迹象及时点化，家长和教师要经常沟通，配合一致。使孩子能自觉运用法律知识和道德规范约束自己，调节自己的行为，调节自己与别人之间的关系，调节自己与社会之间的关系，形成良好的道德意识和行为规范，树立正确的人生观、价值观和道德观。

在社会调节中，逐步形成有序的社会公德环境和良好的人际关系，会影响孩子形成良好的意识和行为。使他们建立社会责任感。

（6）呼唤正义和良知 曾有一段时间，人们伤感地说："雷锋叔叔不在了。"但过了一段时间，"五讲四美""三热爱"又使人们乐观起来。雷锋精神在新时期又复苏了。一方有难，八方支援，见义勇为，敬老爱幼，舍身救人的事迹屡见不鲜。他们的崇高思想和行为影响着广大的少年儿童。他们之中，也正在兴起"小雷锋在行动""手拉手活动"的热潮。

那牵动成千上万个家庭，激动成千上万个孩子，唤起人们同情心、正义感的"希望工程"，成功地实现并扩大了工程本身的初衷。孩子把压岁钱、"小存折"、零用钱投入捐款箱。这哪里是钱，那是孩子一颗颗纯洁、美好、善良的心，是我们后一代的希望。他们不是麻木的人，他们是有灵、有血、有肉、有情的一代。

在山东省龙口市，一位10岁的小姑娘与沂蒙山区的两个小男孩交了朋友。她把每月的零用钱省下来，寄给他们，鼓励他们千万别辍学，要坚持读书。她的爷爷奶奶爸爸妈妈，都为孩子的正义行动助威。

"手拉手"活动，拉近了城乡孩子的距离。"手拉手"活动，使城市的孩子知道了在广大的农村，他们的同龄人没有漂亮的衣服，没有巧克力，没有玩具和图书。知道了这些农村孩子要上山砍柴，下田干活，养猪放牛，还要学习文化。这是最有真情实感的活的教科书。

凡是从农村考察回城的孩子，往日的娇气不见了。他们开始节约用钱，爱惜粮食、衣服和图书。他们心中挂念农村的小伙伴，经常写信寄书给他们。这是一种关心他人高尚行为的体现。

家庭关系是儿童树立人际关系准则的起点。家庭伦理道德是儿童道德启蒙教育的立足点。孝敬父母，理应成为儿童道德启蒙教育的突破口。应该让孩子在周围发生的一切人际关系中，特别是对父母、对长辈的敬重中，学会分辨什么是真、善、美，假、恶、丑。要教导孩子去爱给予他生命、教导他成长、扶持他成人的父母，让他懂得用"爱"来回报。要教育孩子学会用心灵去体会别人细微的感情需要，并给予帮助。在长期正确的行为积累中，逐渐形成高尚的情感，即为人民、为祖国而忧、而乐、而愤。爱国之心始于爱父母，爱他人之心的伸展、扩大和升华。

第 7 章
信息智能时代陪伴孩子成长的思考

　　21 世纪世界发生巨大变化，人类社会从信息化向信息智能化发展已成为不可逆转的潮流。网络走进我们的生活，渗透到我们生活的方方面面。形形色色的智能机器人不仅在经济领域生产系统呈现强大的能力，在人们生活中也发挥着独特的作用。在智能小区，你看不到保安在守门，但小区安全全由智能机器人来完成；在家里，智能机器人会成为最听话的清洁工；在智能医院，医生可以通过智能机器人的介入诊断并处理病患；在学校，学生可以通过智能机器人了解大千世界；在智能电子商场，你可以不费劲的选择你的所需；智能机器人几乎无所不能。

　　比尔·盖茨曾经预言："未来家家都有机器人。"面对日新月异的变化，我们怎么适应信息智能时代来陪伴孩子成长呢？我想应从三个方面思考。

✤ 鼓励孩子上网还是压制孩子上网 ✤

　　鼓励孩子上网是上策，压制孩子上网是下策。因为时代如此神速的变化，信息智能已经渗透到我们的生活领域。连幼儿园的小朋友摆弄手机的灵活劲儿，都让老奶奶目瞪口呆。中小学生在网上游刃有余，让家长们自愧不如。

　　孩子通过上网开拓了知识领域获得广泛的新知。特别是对计算机多功能的掌握，会阅读课外许多新奇的知识，选择全世界最优秀的儿童读物。大一点的孩子还会通过电脑硬件和线路图设计建立同学交流的电子邮件，与朋友说说悄悄话，与名人开心的请教，与老师平等的会晤。

这些网上活动使他们脑洞大开，提升了他们的想象力、创造力和分析处理信息的能力。通过上网可以跨越时空去追求他们的梦。电脑就像一位睿智的导师，启发孩子的智慧潜能，激发他们的活力和兴趣，也引发他们从事实践活动的主动性。

所以说，鼓励孩子上网是上策，是未来世界发展的需要，是跨界综合素质人才成长的需要。

如果你认为孩子上网多了，会成为网瘾。影响孩子正常的功课，会使孩子智力下降，体能退化，这些担心有一定道理，但不可因噎废食。

首先，你要分析孩子为什么上网成瘾？那是因为你对孩子关心的不够，甚至对孩子不闻不问，孩子就会从网上寻找暂时的虚无的"关怀和满足"；或者你就是网瘾者，影响孩子也成为网瘾者；对孩子缺乏上网的引导也是原因，孩子毕竟还不够成熟，分辨能力需要更多引导，而你忽略了这一点；过于放纵孩子，给孩子的自由度无限，又无监管，孩子迷恋网上游戏不能自拔，不成网瘾才怪呢。

正确地陪伴孩子上网是最好的办法。当然陪伴不是代替，更不是偷窥孩子上网的"秘密"，而是认真地指导，有效的交流。当孩子有一定的选择能力和自控的定力时应该放手。相信孩子有自我调整和选择的能力。当然家长还需要随时与孩子互动，了解孩子网上的兴趣。这就必然逼着家长不断地充实自己，提高掌握智能信息的知识和技能。

任何事物都是利弊相辅相成的，上网也是如此。有积极的一面，也有负面的影响。比如，长时间的上网对孩子眼睛不好，久坐会影响孩子身体健康，迷恋不好的情景剧会心理受伤，长期的上瘾成为"低头族"会使孩子陷入人际交往冷漠麻痹的状态。

但是新型智能时代势不可挡，优势大于劣势。所以千万不要怕孩子成网瘾就压制孩子上网，越是压制，孩子就越是逆反，甚至跟你"藏猫猫"，你又奈何？

有时不妨与孩子在特定的时间里，如假日、节庆日，全家玩一次"消失"，放弃网络没有手机，会很焦虑，但有趣的生活会让你回归久违的世界，那独特的感觉真好。我们还有许多"优势转移"的好办法，使孩子即是上网的小能手，又是网下健康活泼的阳光少年。

❧ 走出虚幻，体验真实 ❧

孩子在网上虽然获得许多知识，但那些知识毕竟是在有限屏幕上显现的，是虚幻的。如果在孩子网络学习中又添加一些参与体验真实世界的经验，会使孩子的所有感官都受到感知，对孩子的成长非常有益。

1. 旅游

看网上的大海图片很好看也很逼真，如果领孩子站在大海边倾听海浪冲击的声音，闻闻海腥味，再跳入大海，游个痛快，那感觉是不一样的。

网上介绍的世界奇观很有吸引力，但毕竟是在有限的屏幕上展现，如果有条件领孩子去触摸那些奇迹和文明，感受那些化为泥土的生命，能在黄河壶口看奔腾的大河，仰望莫高窟的神奇壁画，拥抱千年古松，抚摸长城上的烽火台，凝视那些英武的兵马俑。那种收获无法与荧幕所见相比。

领孩子到恬静的乡村，逛喧闹的集市，走崎岖的山路，踏松软的草坪，那能是在网上所感受的吗？

有条件领孩子去旅游，感受身边发生的一切真实，感受博大世界无奇不有，在孩子的心灵中会留下永远的记忆，会影响孩子世界观的形成，使孩子对世界的认知更具有开拓思维。

◎ 节假日多带孩子游玩，培养阳光少年

2. 学习艺术

艺术是人类智慧的结晶，也是精神的甘露滋润着人类的灵魂。所以家长能陪伴孩子参加艺术学习和活动，对孩子的成长非常有益。

再也没有比领着孩子去抓拍周围发生的事情更有趣，在孩子的眼里，他们会发现大人忽略了，没有注意到的事件，而孩子却毫不犹豫地按下快门。领孩子到室外写生。那些山川河流、花草树木都映入孩子的眼帘，并用他们喜欢的绘画形式表现出来。鼓励孩子用手机、摄像机捕捉生活中感人的事件，学习自编自导成微电影。领孩子去美术馆、博物馆，都是很好的选择。领孩子玩泥巴，孩子在与泥巴的接触中会触动他们的想象力，并通过他们的手表现出来。陪孩子扎风筝、画脸谱、做木偶、剪窗花、画扇面、写书法，都是很有趣的活动。

孩子太小可在家里为孩子修一面供他涂鸦的墙，或一块可以随意涂抹的地板，或一块绘画的布，孩子在那里随心所欲地表达自己心中的图像，那是孩子的胆量，那是自然、自由、自主的显现。

除了让孩子在造型艺术中发现和培养兴趣，引导他们的创造力和想象力。在表演艺术中还可以领孩子到音乐厅欣赏交响乐，到歌剧院观看戏剧表演，在艺术宫欣赏中国的民族民间舞蹈和芭蕾舞。孩子在这些艺术欣赏中不知不觉地融入艺术氛围中受到熏陶。

许多家长已注意到发现孩子的兴趣并支持孩子参加各种有兴趣的艺术培训班。孩子在学习艺术的同时，功课并没有受到影响，反而促进他们学习能力的提高，提升他们的智慧水平。各类舞蹈、音乐、器乐、戏曲、小品培训，还有一些训练孩子文明行为的茶艺茶礼表演，一些吟诵古诗词和抚古琴的雅集活动。不仅培养孩子的艺术素养，使他们充满自信，勇敢表达自我才华，也逐渐掌握娴熟的艺术技巧，综合素质得到提高。

在全国各类儿童艺术比赛中，我们看到的是令人惊喜的才艺儿童精彩的表演，小钢琴手、小提琴手、小架子鼓手、小二胡手，还有孩子独特的舞蹈和声乐表演，许多小笑星、故事大王和幽默表演让人捧腹大笑。专业评委们兴奋地说：“真了不得，这些艺术小天才！”

童年接受良好的艺术教育埋下审美的种子，不仅可以摆脱孩子对上网的兴奋和痴迷，从长远来说对他们拥有幸福的一生、成功的未来都很重要。家长花费精力和金钱不是白费的。

3. 踢球、骑马、玩民间游戏

全民健身运动催生了一批批儿童足球俱乐部。在绿茵草坪上，孩子跳跃奔跑，哪怕是遇到雨天，也不停歇，孩子在雨中踢得像小泥猴，但挂在他脸上的是天真的笑容，这比观看网上的世界杯足球赛还过瘾。亲子足球也很有趣，爸爸妈妈领着孩子，再约邻居一家，来一场自设规则的足球比

◎ 我爱骑马

赛，这已经不在乎踢进多少个球，更在乎的是踢足球的过程中的合作精神、智慧和友谊。

就连幼儿园也开展足球启蒙教育，玩足球玩出花样，踢足球踢出小脚板，孩子从小扎下热爱足球，勇敢和机敏及团队协作的品质。孩子踢足球是最廉价最方便的体育运动，可不受场地限制，在校园，在公园，在体育场，在可以允许踢球的任何地方约上几个小朋友就开踢。足球的普及不仅强身健体，也为实现中国足球走向世界，捧回大力神杯之梦做铺垫。

骑马，这项运动也悄然兴起，开始引起家长的重视，因为骑马不仅是一项运动，更是培养孩子品味和气质的好形式。家长陪孩子学习骑马去专业马场最好，但也不一定非专业马术场地，也可以参加草原夏令营活动。培养孩子骑马不是让孩子成为专业的骑术高手，而是让孩子在骑马的体验中感受到一种勇敢精神，一种驾驭马的智慧和马的感情交流。

有一位 4 岁的小朋友戴着骑士帽，穿着安全背心，换上小马靴，戴

着小手套，很自信地稳稳地骑在马背上毫不惧怕，还为马洗澡念念不忘为马儿带上自己最爱吃的糕点，这是什么样的感情，那马儿也是懂感情的，它会小心地、稳稳地驮着孩子。这和在网上看赛马会所感受的能一样吗？

陪孩子玩健康的网络游戏外，那些古老的、生命力很旺盛的民间游戏也可以陪孩子玩。比如拔河、踢毽子、老鹰捉小鸡、跳房子、跳皮筋、藏猫猫等，玩起来也别有一番风趣。这些都是网络游戏中所无法体验的快乐。因为这与网络游戏不同的是网络游戏按程序进行，你无法跳出程序的'绑架'，而在民间游戏中孩子可以在自由式的、自主设计的玩法和规则中玩儿，更能发挥孩子想象力、创造力和机敏的反应能力及团结协作精神。

4. 参加有意义的活动

网上也开展一些通过电子邮件举办的"送温暖活动""助残活动"孩子可以通过发红包的方式为贫困山区或灾区孩子捐助。这也是不错的快捷方式。如果孩子能到贫困地区或灾区耳闻目睹那些处于困境的同伴的渴求，并伸出援手帮助他们摆脱困境，那种感觉会很"神圣"呢。参加植树活动，在自己种的小树上挂上自己的名字的小牌子，盼望小树长大，想象小树开花结果，那心情是愉快的。弯下腰捡起一个塑料瓶，擦洗一个垃圾箱，感受为环保作了贡献。

世界并非总是平安无事，周围也有许多安全隐患。让孩子居安思危，鼓励并陪伴他们选择一些磨炼意志的夏令营、冬令营、军事营活动，在那里学习如何在火灾、水灾、风灾、地震以及不可预测的突发危机的困境中逃生的技巧。那是与观看网上探险节目的感受完全不同的。

参加"和平小使者在行动""世界儿童呼唤和平绘旗展览活动""国际儿童艺术交流活动""小外交家在联合国"，等等，都是很新颖又有教育意义的活动。

5. 参加劳动

在家里把扫地机器人停了，由孩子清洗地板和地毯，学习厨艺、洗衣服、养花、喂鱼都很有趣。陪孩子去采摘园摘苹果、杏子、草莓也很开心，那毕竟是农民的劳动成果。如果能在自己种的果树下摘果实，在自己种植的菜园中摘下西红柿，那开心的样子一定特别可爱。

◎ 我来给果树浇水

一些要扔掉的包装盒子，拿来做一件心中设计好的物件，用布料自己设计剪裁缝制一件特别的衣服，穿上走走秀会很得意。还有许多可以由孩子参加的公益劳动，家长都可以鼓励孩子参加。这些劳动和活动与虚幻的网络世界里仅在屏幕上显示的很不同。

真实的世界中的活动不仅由双手参加，并要开动脑筋去思考，去创造，去完美，这是在虚幻中所不能替代的快感。在信息智能时代，虽然人们离不开网络，但生活绝不仅仅靠网络来完善，没有真实的世界，让孩子沉浸在网络虚幻的世界中是不可取的，陪伴孩子走出虚幻，体验真实非常重要。

❧ 你想为孩子的未来选职业吗 ❧

随着信息智能化的发展，人类的职业选择也面临着从传统的职业模式中走出到新的职业领域里。特别是智能机器人的发展，虽然给人类生产生活带来许多意想不到的便捷，同时，也给人类的职业选择带来了压力，逼着我们必须提前思考这个严肃的问题。

智能机器不仅能代替熟练工，使企业大量裁员造成失业；电子商务让曾经使人留恋的商店小铺关门；智能无人驾驶的汽车在大街上精准地行驶，让传统的交通警察无用武之地；学校和智能网络改变了教师吃粉笔灰的时代，更多电子教室、家庭与学校的信息网络，让教师与家长顺畅沟通。教师与学生、学生与学生之间的群聊，更能促进他们之间的交流，同时，也伴随着不合格的教师被淘汰。

这些现实和未来，把我们对孩子的职业选择上也逼出一些想法。到底怎么让孩子未来拥有一个可心的职业，是所有父母心中最迫切的期待。

未来你的小孩从事什么职业，有极大的不确定性。大一些的孩子可能对自己未来有比较稳定的职业构想，并为之以不凡的毅力坚持书写自己追求的目标。但大部分的孩子是不能确立自己未来从事什么职业的，他们的职业意识是随机性的，是漂移多变的，甚至是茫然的。所以家长要有意识地陪孩子发现兴趣及长项，在轻松的交谈中，引导孩子尝试未来可能从事的职业方向。但切不可让孩子成为实现家长自己未成功遗憾的替代者，这样会剥夺孩子自我选择的自由。更不要给孩子漫无边际的假设使孩子陷入虚无的遐想中。

信息智能时代需要什么样的人才？这是未来职业选择的关键。未来世界需要的是复合型的、跨界的、有很多方面能力的综合素质型的人才。无论你从事很平凡简单的工作，还是从事很精细、高科技的工作，无论你是工匠还是大师，都得是多面手。这是国家的需要，也是世界人才竞争的目标。当然在信息智能时代拥有熟练的电子智能知识和技能技巧是不可缺少的能力。这种能力要从小培养，让孩子掌握电子信函、电子商务、电子写作、电子绘图、电子计算等技巧，加上多方面的修养和渊博的知识活化能力，才能在学界成为"学霸"，在行业成为"高手"，在某个领域成为"领袖"。才能在未来的职业选择中占有优势，自主地选择自己心满意足的、对社会有更多贡献的职业。看看现实，许多家长已经陪伴孩子练习编机器人程序了，有的家长为孩子购买有语音识别技术的机器人，培养孩子提升学习兴趣与好习惯的养成。

家长在行动：不仅注意孩子人性、人格、德行等多方面素质的提高并掌握网络的技能技巧，也时时注意世界职业的信息新动向，不断为孩子未来职业选择积累能量。

如果家长在这方面还处于"不上心""犹豫""迟钝""慢半拍"或太主观武断，真是会贻误孩子未来的职业选项，到时候后悔晚矣！

第8章

电视艺术的儿童视角

如果孩子嚷着："快换频道！"那一定是不适合他们看的东西。怎样编导出孩子喜欢的电视节目呢？那就要求编导用孩子的思维、孩子的语言、孩子的视角、好玩、有趣又神秘，让孩子在欢乐中不知不觉地受到启迪、获得美感和正确的行为指导。

❧ 关于儿童 ❧

这是从事儿童教育、儿童影视、儿童出版及儿童文化艺术工作者首先要弄清楚的问题，这是一个出发点。许多人会说，这么简单的问题谁不知道，儿童就是小孩子，小孩子就是一群不懂事的娃娃。

其实，我们首先应该把儿童看成个人，是一个在成长的人。然后要弄清儿童的年龄界限和各年龄阶段的特点。根据联合国世界儿童首脑会议通过的《儿童权利公约》中"儿童是18岁以下任何人"。在我国《未成年人保护法》中的未成年人即18岁以下的人。这么大的年龄跨度，我们用"小孩子""不懂事的娃娃"来概括显然是不够的，也是不对的。

要弄懂"儿童"这个概念，首先要弄懂"儿童"每个年龄阶段的特征，包括他们机体的变化、心理的发展及行为的特点等。

按中国习惯的年龄划分，0～3岁为先学前期或婴儿期，3～6岁为学龄前期或幼儿期，6～14岁为学龄期或儿童期，15～18岁为少年期或青春前期。当然还有一些其他的划分方法。

不管怎么划分，"儿童"这个18岁以下的人，他们的发展不是常数而是变量，不是平面而是立体，不是单一的而是整体的。当我们把儿童发展的表象编织成网，再顺着每一根线条去探索，就会体会到儿童的发展是一个由量变到质变的过程，是一个循序渐进而不可逆转的过程。这个过程充满了矛盾，这是儿童不断需求和可能的矛盾，是儿童发展的原动力。有了这个原动力，儿童才能逐渐成长起来。

婴儿从呱呱坠地起，他们成长的全过程受道德、环境、教育等诸多因素影响，这些影响对他们的成长起到了重要作用。儿童在成长中，就好像庄稼"拔节"一样。儿童的发展也有"拔节"就是他们的发展比较快的时期，如新生儿到婴幼儿期他们机体的发育、语言的发展、动作逐渐协调发展速度很快，"真是有苗不愁长"。儿童成长最迅速时期，我们叫它"快点"时期，抓住这个变量的"快点"进行科学的哺育和早期教育，对儿童的成长十分重要。

0～3岁学龄前期的儿童，他们自我控制能力差，起初是无条件反射，是一些本能的动作，吃、笑、哭，哭和笑并没有完全意义的情感，而是无条件反射。随着时间的推移，大脑皮层结构和机能逐渐地成熟，就有了条件反射。起初，动作是在成人的帮助下被动的动作，而后是在成人指导下的主动动作。在语言发展上，从模仿到倾听和记忆的积累，有那么一天，突然儿童发出成人感到意外的词汇，再后来会表达自己的愿望。

3～6岁到了学龄前期，他们进步更大了，身体更结实了，动作更灵活了，自我控制能力也增强了，语言已从只会说单词句和不连贯的长句，到逐渐能驾驭语言这个思维的外壳，表达自己的想法，提出自己的要求，讲述一个完整的事件，编出自己的故事。他们社会化的行为也表现出来，更愿意与人沟通，与群体互动，这时的儿童表现得好动、好问，动起来不知疲倦，问起来无休无止，特别表现出他们对世界认识探索的潜力，外在表现如拆玩具、搞坏电脑、砸开照相机等"破坏性"行为。

6～14岁到了学龄期，儿童身体的发育，脑的发育，使他们动作更协调，行为更自觉，思维更活跃，语言更准确，社会化行为中表现出近似成人的行为，能自信地思考、判断处理问题、体能的释放，表现出对运动的爱好、对知识的渴求、对新事物的探索。他们参与社会活动的愿望比学龄前的儿童更强烈，他们的责任意识已经开始形成。

14～18岁到了学龄期高年级即少年期，这是人生中最为精彩的时期。生理的发育使他们心理发生很大的变化，他们充满了幻想，他们的行为开始隐秘，他们的心扉开始封闭。他们不再像以前那样依恋大人，他们更愿意和同龄人、同龄的异性交往，他们行为上表现出的躁动，他们过分的自信和对父母的"反叛"令父母无可奈何，他们不再愿意让大人说："这是小孩子"，他们认为自己是大人了，是男子汉了，是成熟的女性了。这个年龄阶段的儿童，最需要真正的"朋友"，最反感那些用异样眼光看他们，用窥测的态度观察或询问他们的大人。

有一个电视剧《十六岁的花季》这个片名起得特别好、特别美，这个年龄段就是花季年龄，人的一生只开一次的花季年龄。片中反映了学生的好奇、幽默、善意，尽管有些怪，但是，导演和演员体现的特别到位。其中有一场面是两个学生发现年轻的班主任在辛辛苦苦地戴隐形眼镜，这两个学生坏坏地笑。当老师走进教室，全班同学都在偷偷地传递着一种怪样的笑，老师很奇怪，后来回头发现黑板上有几个字"戴博士伦，舒服极了！"这位老师看了，自己也笑弯了腰，这些场景很感人，一下子拉近了师生的距离，老师和学生成了朋友。

以上简述了儿童各年龄阶段在生理和心理方面的特点，这是不够的。对儿童的研究，是世界上非常有魅力、有价值、复杂的科学研究。是对生命从一个受精卵变成胎儿、婴儿直到成为一个成熟的人涉及生理学、心理学、教育学、社会学等多学科跨学科的研究，也可以说是一门独立学科，我们称为《儿童发展学》，这是 21 世纪非常有吸引力的科学研究。

就现代儿童和儿童群体所表现的种种现象，我们透过这些现象归纳出儿童一般的发展规律，儿童不同年龄阶段表现的不同的特点和差异，根据这些有的放矢地面对儿童，面对儿童发生、发展的种种现象和实质性的问题，提出我们的目标，确定我们的手段，使他们在人生发展的重要阶段在德、智、体、美诸方面生动、活泼、主动地得到发展，成为未来合格的人才，这是儿童工作者研究儿童的出发点和归宿。

❧ 儿童工作应遵循的原则 ❧

从事儿童工作的人，无论你是教师，你是儿童文学作家，你是影视工作者，你是儿童表演艺术家，你是孩子的家长，都应该遵循以下原则来实施你的计划。

1. 发展的原则

儿童不会永远是儿童，他随着时间的延伸从量变到质变成为一个大人。但儿童时期对他一生来说是一个非常重要的发展阶段，忽视了这一点。以为"树大自然直""有苗不愁长"是非常错误的。

鲁迅先生曾说过"童年的情形，便是将来的命运"。如果童年时期受到良好的看护和教导，又有良好环境的影响，他的身体，我们称为"体是道德之舍，知识之载。"也就是说体格是儿童道德的房子，知识的车子。如果体格病弱，脑发育不良，都会影响他道德意识和行为及吸纳知识观察体验世界能力的表现。

一个从小就经常受到赞许的儿童，就能影响他形成自信和自尊，他们的行为，也会随着身心的健康形成对亲人、对群体、对社会的亲和力和责任感，也会形成对这个大千世界认识的主动和探索的激情，随着这些良好心态的发展影响他人格的完善，成为一个对社会有贡献的人。

反之，童年被忽视、被冷落、被遗弃、被虐待的人，不仅身体发育受阻，形成身体的不良反应，比如：病态、残缺等，更形成心理上的伤害而导致他们失望、自卑、绝望，甚至形成反社会心理倾向，他的心理畸形不只是个人的问题，他个人的一生悲剧，也是社会问题，会成为社会发展的隐患。

所以，重视儿童，是重视我们民族的未来，是重视国家前途命运的大问题，是个战略性的问题，切切不可忽视。

2. 尊重儿童

把儿童当作人来看待，切不可把他们看成小东西、小玩偶、半个人，是不懂事被教导的对象。儿童所表现出来的观察力常让大人震惊，让大人刮目相看。而尊重儿童的重要形式是让儿童参与，真正地参与，真心实意地让儿童参与。

儿童从生命之初便开始参与，他们逐渐表现出自己的要求和苦恼，梦想和希望的能力随着年龄增长而变化，参与的欲望更强烈，参与的热情更高。当然，这种参与不是大人强迫，而是儿童自愿积极主动地参与。

儿童的不同年龄阶段有不同参与方式，婴幼儿的参与更多是以游戏方式参与学习，大一些的儿童参与的不仅是游戏还有各类活动，如校园文化艺术活动、社会公益活动，甚至参与成人的活动，从参与中不断积累经验，从一个参与儿童变成参与的主人，在参与中表现自己的主张，处理一些事件，达到最优化状态，获得其他参与人的信赖和尊敬。

特别是参与那些文明、健康、公益、高质量的活动更有助于他们参与能力的提高，学习主动性的形成，自我控制能力的成熟，责任意识的形成。甚至有些成人的活动，儿童的参与不再是被动，他们会思考发问，甚至提出建议，如果成人认真听取他们的想法，也许对自己对社会有益，而对于参与的儿童来说，则起到促进健康成长酵母的作用。

如果儿童想参与，大人们藐视他们，忽视他们，排斥他们，他们的自尊自信会受到伤害，他们的智能会受到压制，久之，这些不参与或没有机会参与的

◎ 举办家庭音乐会——健康活动对孩子成长有益

儿童的成长就会受限，甚至在心理上形成参与的自卑心理，将来他长成大人了，但他还是个没有自信心、孤独、能力低下的人。

放开儿童，让他们去参与自己设计的活动，参与大人有意识设计的高品位的活动或事件，参与社会上积极的活动都是十分重要的，这是尊重儿童的重要一点。

尊重儿童的另一点，要真心地聆听儿童的声音。童言无忌，儿童的语言所表达的是真实的没有虚伪和遮掩的，发自内心的声音，这些语言是非常宝贵的。与儿童主动地谈话，亲切小心地询问他们的要求，引导他们倾吐自己的想法，这是具有民主意识的成年人和教育工作者必须具有的教育技巧。

在聆听中，成人的责任是有的放矢地引导他们健康成长。那种完全否认儿童的想法或把他们的话语当成耳旁风或"儿戏语"都是不对的。聆听中要表现出成人的真诚、宽容、民主、责任。因为你在聆听未来中国公民的心声。

有些儿童聪明又能说会道，他们往往表达的感人。而有些儿童语言表述能力较差，成人在聆听时要鼓励启发他们，并给予他们更多表述的机会，使他们有自信心。

3. 启蒙能懂

鲁迅先生说过"但要启蒙，则必须能懂，懂是最要紧的"。儿童很了不起，儿童有很大的潜能，儿童可以创造奇迹，但儿童毕竟是儿童而不是大人。他们是这个世界的新客，许多事物他们还不知道，需要成人用各种有效的方法去告诉他们，去启发他们，去教导他们。而这一切都必须是在"懂"的前提下，如果对一个幼儿讲辩证法，他是不会懂的。但是如果我们给他讲"小蝌蚪找妈妈""小马过河"，他就知道了实践出真知这个很难懂的"辩证法"。

在我们的儿童读物、课本、杂志、广播、电视中大多能把儿童"懂"这个要紧的问题放在重要位置，但也有些不是这样，而是让儿童在这个年龄段记住很难懂不必知道的词汇和事物。

为了让儿童能"懂"达到使儿童从中消化吸收并举一反三的目的，要将文学艺术影视作品由硬邦邦的"饼"变成甜甜的"乳"，让儿童紧皱眉头的难题，变成在不知不觉的对话中、故事中、游戏中、活动中轻轻松松领悟的道理。

4. 快乐健康

快乐健康是相互作用辩证统一的概念。一个人健康才会快乐，而快乐也会促进健康，快乐是健康的激素，是提高免疫力的重要因子。可以想象一个整天郁闷的人能健康吗？他不仅身体不健康，心理更不健康。

儿童时期应是人生中最快乐的时期，也是为健康体魄打基础的时期，然而，我们观察周围的孩子快乐吗？他们真的快乐吗？他们健康吗？他们真的健康吗？应该说大多数孩子是快乐健康的。但是，也有许多孩子既不快乐也不健康。

一位儿科专家做过一个调查，他对许多孩子进行问卷调查，结果显示，真正属于孩子的快乐时光一年 365 天只有 15 天。有人问孩子，你最愿做什么，孩子回答："我最想像爷爷一样退休。"你看，孩子想的是不是让我们很意外。他为什么想"退休"，因为他们太累、太烦了。

在学校，老师在竞争，哪个班级分数高，哪个班级升学率高，哪个班就是重点班，哪位老师就是好老师，于是老师对学生加足马力留作业、课外辅导。在家里，家长望子成龙，学校留的作业已经不少了，家长还留给孩子许多额外的作业，学英语、学舞蹈、学钢琴……为的是孩子在未来竞争中不落后，出人头地。

难怪孩子故意地"慢性子"，孩子成长最大的烦恼就是被当成实现大人主观臆定目标的"机器人"。他们希望自己的童年在快乐中成长，我们做大人的应想尽一切办法在家庭生活、校园生活、社会生活中，特别是面向儿童的各种传媒中，给他们快乐，给他们自信的快乐，给他们自由的快乐，给他们机体充分放松的快乐，给他们战胜困难成功的快乐，这样，儿童才会真正健康快乐地成长。

5. 让儿童会爱

爱是一种由低级向高级升华的情感，爱是做人的基础，也是做事的基础。人生在世无非就是"做人做事"，怎么做人、做事，爱是最主要的。让儿童从小就知道爱，爱爸爸妈妈、爱师长、爱同学、爱家乡、爱校园、爱团队、爱花草树木、爱有万物生灵的大自然……逐渐升华到爱祖国、爱人民，这个过程是循序渐进而产生的高级爱的情感，也是"做人做事"的最基本的教育。

不能想象一个连自己生身父母都不爱的人，爱别人、爱国家的可能。我们教儿童知道"感恩"、知道"知恩图报"这是对爱的反馈。从小就让儿童有善良之心，会怜悯弱势的人和群体，让儿童从小就有宽容之心，这是一种圣洁的品质。央视的"妈妈洗脚"这个公益广告中展示妈妈为奶奶洗脚，小儿子笨笨高兴地端来一盆水给妈妈洗脚，这个广告太感人、太好了。

孩子的眼睛是录像机、孩子的耳朵是录音机、孩子的脑子是计算机、成人的一举一动，社会上的一事一物，特别是电视这个最广泛的传播媒体中的一言一行的影响，对儿童会产生终生不忘的印象，利用这块方寸之地，把爱，把怎么爱，怎么珍惜爱，播撒在儿童心田，应是我们义不容辞的责任。

◎ 孩子的眼睛是录像机

❧ 儿童电视频道定位及形式内容 ❧

1. 定位

既然我们的儿童电视频道面向儿童，它的定位就是依据儿童不同年龄阶段发展的特点和儿童的生理心理需求，以及培养未来一代合格人才来设定定位及形式内容。

中央电视台儿童频道的开通，激动了几十年来为之奔走呼吁的老一辈儿童工作者、老一辈儿童影视工作者和教育工作者，也激动了成千上万的家长和儿童。各省电视台也要推出有自己特色的儿童频道。应该说从事儿童电视工作的同志一代又一代为孩子呕心沥血，令人由衷地崇敬。

特别是许多儿童电视栏目，都是家喻户晓的知名栏目。如：中央电视台的《大风车》《东方儿童》、北京电视台的《七色光》、四川电视台的《亮眼睛》、南方电视台的《岭南开心果》、云南电视台的《七彩时光》、新疆电视台的《雪莲花》、黑龙江电视台的《小天鹅》、大连电视台的《小螺号》、山东电视台的《开心乐园》、天津电视台的《月亮船》、内蒙古电视台的《娜荷芽》、上海电视台的《动漫情报》、宁波电视台的《七色花》，等等。全国有 55 个少儿电视栏目，应该说是可喜可贺的。

在少儿专题节目中，也有许多让人耳目一新的好节目。比如：反映聋儿自强不息题材的"张力文的故事"（吉林）、反映早慧儿童的"六龄小棋手陈韵佳挑战吉尼斯"（汕头）、反映少数民族贫困山区小学感人的故事"卡拉地小学"（云南）、反映儿童积极参与做小主持人采访故事大王活动中的人物"小鬼当家报道组"（广西）、反映蒙古族孩子参与大人的冬牧生活和那达慕大会的"冬季牧场"（内蒙古）、反映农村小学的孩子在民间艺术家的指导下吹竹笛，全校师生每天早晨吹竹笛奏国歌的庄严而感人的"音乐之路"（武汉）、反映孩子用自己的眼睛观察世界的"全国儿童作品 DV 大赛"（中央电视台）、反映中学生创造思维和动手能力的"异想天开纸船载人比赛"（中央电视台），还有"滚滚向前方轮车"让中学生和大学生通过自己的思维制造能滚动的方轮。

还有一些有助于培养儿童竞争意识和提高竞争能力的竞赛节目，如反映儿童模仿军人生活的"我是一个兵"（黑龙江）、一边是儿童在制作动画人物和情节，一边是儿童表演舞蹈和唱歌，动静结合，表演艺术和造型艺术同时进行的"动漫大赛"（福建）。还有一些创意很好的文艺类节目和 MTV 及卡通动画节目，等等。

我们观察到，凡是孩子坐在那方寸前忘记吃饭，忘记喝水，忘记睡觉，忘记可爱的玩具，忘记参加游戏，目不转睛地屏住呼吸，一会儿欢呼雀跃，一会儿鸦雀无声，一会儿扯住大人衣襟问个不停，一会儿又被节目的情节感动的似乎走进了电视的世界，那这就是最甜、最香、最好、最令人爱的节目。

而打开电视握着遥控器在搜寻，即使找到了儿童栏目，若他觉得无趣、无味、无聊、生硬、刻板就会离开。

那什么是儿童喜欢的电视节目呢？我想，应该是让儿童的所有感官如视觉、听觉、触觉、运动觉等都能得到体验的，而且是美的体验的节目，让孩子的主观能动性和创造性发挥出来并能领悟出一些道理的节目，就受儿童欢迎。

2. 儿童喜爱的电视节目特点

（1）好看　就是要适合儿童的视角，为他们提供美的场景，美的画面，美的故事，美的人物，美的情节。据英国科学家的研究："美感不仅只存在于观察者的眼中，因为视觉吸引感在新生儿诞生时就储存在大脑中，婴儿出生 15 个小时就能辨认母亲，他们喜欢看外表有吸引力的照片，如果两张脸同时在他面前，他更愿意将眼睛转向那张好看的脸。"既然婴幼儿视觉发展这么早，这么有倾向性，我们就应将那些色彩艳丽的画面，那些移动而不是静止的物件，那些美丽而新奇的人物，那些情节有趣、丝丝入扣的故事，那些动作有特点的、容易模仿的，如动画片《西游记》《哪吒》"蓝猫"系列片，等等。那些掌上布偶、提线木偶、杖头木偶等，都受孩子喜爱，如果让孩子自己去操作，他们会更开心。儿童剧、音乐剧、课本剧都很有吸引力会给儿童眼睛，并通过眼睛对心灵产生一种不可抑制的愉悦感觉。

比如：2004 年北京电视台春节戏曲晚会《姥姥门前唱大戏——相聚京城》就很受儿童喜爱，不仅因为这个节目展示了多个中国著名的戏曲艺术品种，更是那漂亮的场景、灯光配上孩子艳丽的服装、化妆和可爱的表演，是一个整合得非常好、非常巧的节目。孩子看得津津有味，大人也如痴如醉。

还有 2002 年央视的庆祝"六一"国际儿童节《开采未来》联欢晚会，一开场就吸住了儿童的眼球，背景上伸出许许多多的小手，小手都戴着各色的手套，随着音乐的旋律摇来摇去，有神秘感，拉开后幕跳出一群天真活泼的孩子和一个又一个让人惊奇的节目。

（2）好听 上边讲的要吸引住儿童的眼球，现在要吸引儿童竖起耳朵听。要适合儿童听觉的需要，多给他们听美妙的声音，美好的乐曲，美丽的大自然所产生的声音。节目主题音乐要节奏活泼、曲调优美、有个性特点，易记、易学、易传播。如《七色光》栏目的背景音乐有性格、有感染力，使儿童在观看中自然融入音乐旋律中。

在语言上，儿童喜欢较短的句子、词句优美、新颖幽默、语音有节奏。一些欣赏自然现象、物理现象所发出的声响，也应该处理的自然柔和。

比如，新疆电视台的 MTV《小巴郎》仅 3 分钟，那快乐的旋律，那个小男孩甜美的声音，以及美丽的新疆风光，让儿童听得入迷，心中马上产生共鸣，随之也"小巴郎小巴郎"的唱起来。

还有湖北电视台的专题片《幼儿园》背景音乐配的特别幽默。一群刚刚入托的孩子或鼻涕一把眼泪一把的哭个没完，或瞪着眼睛盼着家长来接，或靠近大门悄悄地张望，突然响起"好一朵美丽的茉莉花……"的旋律，你感到有些滑稽，但马上觉得这种表现很耐听、耐看、很到位。

（3）**好懂** 启蒙则必须能懂。高尔基也说过类似的话，"想写儿童文学的作家，应该估计到读者年龄的一切特征。不然，他写的书会成为儿童和成年人都不需要的无着落的东西。"

许多大作者写儿童的东西，首先他要走进儿童的世界，他的东西才有永久的生命。比如，托尔斯泰写的《大萝卜》的故事，全世界都知道，那么美，那么有趣，大萝卜如此之大，爷爷、奶奶、小姑娘、小狗、小猫就连小耗子也来拔萝卜了。讲的是团结的力量大，连一点点的力气，也不可忽视的道理。还有著名的作曲家瞿希贤，她写了许多大主题的歌如《全世界无产者联合起来》《听妈妈讲那过去的事情》她也写了儿童歌曲如："一条鱼，水里游，孤孤单单直发愁。两条鱼，水里游，摇摇尾巴点点头。三条鱼，水里游，高高兴兴做朋友。"讲的是友谊和乐群精神。

还比如央视儿童频道有个《启蒙说法宝贝当家》这个栏目不好讲，特别对小的儿童讲"法"更难，一定要把握好，使用他们能懂的语言来表达。有个节目叫《拿开你的手》教小孩怎样保护自己，不被坏人伤害，这个节目做得很好，很有趣，从拿娃娃玩具认识性别，知道儿童心中的男孩是什么样，女孩子是什么样。再进一步讲身体的一些部位不能让陌生人碰，哪些部位呢？请来的嘉宾讲得非常得体，她说："你们穿过泳衣吗？女孩子和男孩子的泳衣不一样，那些被遮掩的部位是不能随便让人碰的，如果有人要碰，你要说：拿开你的手！"

对青春前期的儿童，不仅仅是性别教育了，还要谈到生命，谈到生理，谈到后果，谈到责任，谈到权益保护这些较深的道理。但也不能生硬呆板，也应是自然的对话，形象美好的演示等。如果儿童电视节目能注意从儿童认知的实际接受能力出发，恰到好处地去告诉儿童是什么？为什么？教导儿童解开为什么？而不是成人的主观愿望，成人的愿望是好的，但不合儿童的口味，儿童就可能不会自然而然心甘情愿地接受，所以一定在设计主题和为实现主题所采用的形式内容时都应考虑，让儿童能懂。

（4）好玩 怎么能好玩？就是要让儿童参与进来，自己去动手动脑，自己去体验成功的快乐，在玩中认识世界、增长知识、磨炼能力。凡是与主持人互动的双边节目或与其他人参与的多边互动都受儿童欢迎，他们在参与节目的过程中自然放松、洒脱开心，能充分地表达自己的想法，展示自己的能力。低年龄的儿童，他们的参与大多体现在动作的协调能力上，如把走、跑、攀、爬这些动作糅在游戏里，在情景的游戏中更会使他们的动作质量提高。比如幼儿综合动作的训练游戏"赶小猪"，小猪是什么？是个大皮球，许多孩子手拿一根小木棍，推着大皮球走、跑、跳非常开心。当然也有许多安静的参与活动，如绘画、手工、缝纽扣、洗袜子，还有唱歌、跳舞、讲故事、朗诵表演，凡是儿童参与进来的游戏、竞赛或表演节目，他们都很欢迎。

大的儿童可以参与一些更有深度的活动，激发他们的热情和创造力。四川电视台有个栏目叫《亮眼睛》，一听你就会不知不觉地睁大眼睛，栏目名起的好，内容也不错，其中有一个节目是由小学生自己开设了一个"言而有信公司"，小学生自己当董事长，谁需要保管东西要与董事长签协议，一张小纸片上那幼稚的字里行间都体现了"诚信"这个观念，让儿童参与这样的节目非常有益。

还有大一些的儿童自己做 DV "观察长颈鹿"分析判断长颈鹿的身高，长颈鹿的长脖子

◎ 孩子在玩中认识世界增长知识

在奔跑中的作用，喝水的姿势，等等，通过这些有趣的实践活动提高他们的观察判断能力。

在DV大赛节目中，让儿童用自己的眼睛去观察周围的生活，去捕捉生活中有趣的一瞬间，来表达他们对生活的态度。他们的视觉观察能力与大人是截然不同；大人认为是习以为常司空见惯的，儿童却能抓住它的感人之处。比如，一个小学生拍了燕子筑窝后，那些嗷嗷待哺的小燕子张大嘴巴，燕妈妈辛辛苦苦的一口口喂它的孩子，好动人。小短片"会飞的鸡"，一只大公鸡从地面飞到树上，就这么个小细节，儿童的旁白："这只公鸡还想飞上天！"很幽默有趣，耐人寻味。还有小短片"喝奶"，喝出花样了，最后一滴奶，滴到那等待已久的黑猫嘴里。这个DV赛奖项设的也有趣，符合儿童特点而不像成年人那样，金、银、铜奖。而设有采风奖、观察奖、情趣奖、创意奖，还有瞬间奖，体现了编导对儿童创造性的尊重，用心良苦。

根据不同年龄段设计他们的能力能承受的活动。大一点的学生，就要设计一些难度较大，思考性较深的内容，如应急解决问题、辩论问题、处理个人与团队的关系，等等。但也要注意设计的适度，如果过于难，儿童会感到高不可攀，伤了他们的自信。如果过于容易，也会让儿童觉得轻而易举没意思，难易度要视儿童年龄段和他们实际能力来考虑。

听说在阿尔巴尼亚，有一个由13～18岁的儿童管理的电视台叫《特罗克——实话实说》，每周有15000名观众观看，大受欢迎，甚至带动了周围事物的变化，促进政府重视儿童。每年12月的第二个星期日为国际儿童广播电视日，是儿童参与制作和播出的良机，中央电视台的银河少儿电视艺术团也在鼓励儿童参与。

（5）留给儿童一个谜　应该说，儿童电视节目编导、主持人都是技巧高超的魔术师，他们不断给儿童一个又一个谜，又不断和孩子寻找一个又一个谜底。神秘感是儿童电视节目中的重要手法。在一个个谜和一个个悬念被破解的惊喜中，不断提升儿童的情绪，当期望之弦绷得很紧的时候，你又恰到好处地给他一个惊喜，在一串串惊喜之中儿童获得了成功的体验和观后的回味。

凡是留给儿童看完节目后寻找答案去思考的节目，都会受儿童欢迎。这是对电视节目一闪即逝，来不及停格思考的一种很好的补救。

儿童阅读中，可以对喜欢的语句和段落反复看、反复读，可是电视不行，画面过去了，有视觉的遗憾也有思考的匆忙。如果在电视节目中或节目结尾留给儿童一个悬念，一个谜，一种神秘，以一种激发儿童想象力的方式编故事结尾，虚拟一个侦破的案子，寻找一个生活中的答案，等等，就会更吸引他们。

（6）注重儿童个性　就像世界上没有完全相同的树叶一样，也没有完全相同的孩子。即使是双胞胎、多胞胎，他们也是有差异的，这种差异不仅表现在外形上，也表现于内在。所以说，世界上的儿童，他们每个人的发展都是独一无二的。这就给我们教育者，儿童文化艺术影视工作者一个思考的问题，就是在注意群体儿童共性发展的同时，一定不要忽视儿童的个性发展，让每个儿童的个性在成人的引导下能得到展示，使他们表现出的个性，就像绚丽多彩的花朵，体现儿童发展的多样性。

编导、主持人的视野要宽，要照顾到每个孩子，他应是一个敏感而又热情的观察者，不放过孩子微小的行为和表情，及时地运用教育机智来启迪、来鼓励、来助威，让儿童有自信心，有勇气表达自己想说的话和想做的事。即使现场出现了一些差错也没有关系，一些所谓的"事故"不必尴尬，你可以灵活机动，随机应变，化险为夷，化消极为积极，这样的节目才真实可信。

3. 儿童电视节目的忌讳

（1）成人化　儿童电视工作者都是成人，这些成人尽管从儿童时期走来，也保留着许多孩提时代的心态和习惯，但毕竟他们在成人主宰的世界里，常常会不由自主地将成人的思维方式，成人的语言表达，成人的行为习惯，成人的评价标准放到儿童电视节目中，比如主持人对一个 2 岁的小孩说："你的智商不高"这么小的孩子对数的概念还没有完全形成，对什么是"智商"这个深奥的词一窍不通，你对他说"智商"他只好眨巴眼睛透出无奈。为儿童设计的舞蹈，要源于儿童的生活，舞汇也要源于儿童的动作，有些儿童舞蹈一出场就是一群缩小的大人，大人的舞汇，大人的音乐，大人的组合，大人的舞台调度，大人的服装道具，让人一看很想笑又笑得很苦。因为，这是大人强加在儿童身上的东西，不是儿童的真实，而是大人主观愿望，这不是在扭曲和丑化天真无邪的儿童吗？

（2）**假天真** 儿童到底是怎么样的天真？是不是指指脸蛋、摇摇头、摆摆手、甩甩腿、说点娃娃腔就是天真？其实不然，儿童的天真是天性，是发自儿童内心的自然流露的一种外在的表情，装是装不像的。

儿童最喜欢"真"，无论是主持人，还是参与节目表演的儿童，一旦做出假天真的动作，说出假天真的声调，孩子就会本能地排斥，特别是编导如果用概念化的儿童动作和表情及儿语去编导一个节目，而不是从儿童实际生活中提炼出来的情节、动作和语言，我想这个作品肯定败笔，是不受欢迎的。

（3）**功利** 儿童电视节目应该是向小天使传播真善美、清新、纯洁的一块净土。那些为提高收视率而刺激家长和孩子功利的节目，用金钱和物质引诱孩子参与节目，更有甚者让天真的孩子做一些夸大商品功能的刺激儿童群体消费的虚假广告，还有变相的将商品作为玩具让儿童用商品搭建大厦、跨越障碍等细节，都让人感到节目中散发出铜臭味，给人不舒服、被强迫的感觉。

（4）**猎奇** 儿童好奇心强，但我们要告诉他们真实的东西，不是胡乱编造的东西；儿童富有幻想力，但我们要告诉他们的是有科学根据的虚幻世界，而不是离谱的伪科学的东西；儿童好动、好模仿，但我们应提供给他们一些美好的人和事让他们去模仿。儿童电视节目靠编吓人的故事，恐怖的凶杀，危险的游戏，刺耳的怪叫，离奇古怪的事件，还有黄色的诱惑去吸引儿童是大忌。

儿童的心灵是纯洁而脆弱的，儿童的身体在成长发育的进程中，保护他们安全，使他们身心健康成长，是儿童电视工作者神圣的责任。让我们为儿童电视屏幕出现更多、更好、更美的，带给儿童幸福微笑的，使儿童看到自然、辽阔和伟大的节目而继续努力！

第 9 章

重视对儿童艺术教育中的知觉促动

儿童艺术教育越来越引起人们广泛的关注。对于成长中的儿童来说，艺术教育是他们发展的催化剂，没有艺术教育的参与，儿童发展是有缺陷的，是不完全的。为了更好地、有效地实施儿童艺术教育，需要针对以下几个问题做些研究。

❧ 感官刺激与知觉促动 ❧

感官刺激与知觉促动都是塑造人类心灵的有效资源。但它们之间并不完全相同，各自都有不同的特点。感官刺激与知觉促动比较，前者激发人的生物学功能，是没有特定性的，是对外界事物的个别属性，或部分的、孤立的印象反映，还处于比较低级的阶段。而知觉促动是对事物各种属性、各个部分及其相互关系的综合，形成比较整体的印象，这印象又促动人及其自身的能力去进行把握、阐述、解疑和改进，知觉促动比感官刺激要高级。

感官刺激与知觉促动又有不可分割的关系，感官刺激所获得的事物个别属性和部分越丰富，对事物的知觉促动就越完整、越准确。

一个居住在城市的孩子，只从影片上看到羊和来到乡下看到羊圈里真实的羊，感觉是不同的。孩子听到羊咩咩的叫声，触摸到羊柔软的皮毛，嗅到羊膻膻的气味，追逐奔跑的羊，看到小羊羔跪地吮吸羊妈妈乳汁的样子，这些生动的情境会给孩子留下深刻的印象。

孩子在绘画中会尽力地把他的感受表现在画面上。那是一头有个性的羊，不是公式化的、卡通化的羊，尽管孩子的绘画技巧还不能如意地表现羊的一切，但从他幼稚的笔法中，看到了他的知觉促动趋于完善。

而只从画面上或卡通玩具中所获得的对羊的肤浅单一认识的孩子，在绘画再现上也很单调。

人的感官刺激和知觉促动都离不开实践。而人在实践中所经历的很少是孤立的感官刺激，而是在感官刺激之后与平时的知识和经验的联系。知觉是人脑复杂的综合分析活动的产物。它是对复杂的刺激物和刺激物之间的关系所形成的反射活动。当孩子在观赏动画片时，对虚拟的形象着迷，脑子里形成了固定的概念化的形象，他会在绘画中模仿出呆板的虚拟形象。当我们把孩子从虚拟的感觉中引领到真实的生活中，让他们通过自己的视觉、听觉、嗅觉、味觉、触觉、运动觉参与感觉真实世界，才会给孩子较为完整的知觉认识。为后来逐渐形成的理性认识打下基础。

既然知觉促动是在实践活动中不断积累而发展起来，所以实践活动是知觉促动的基础，同时，又是检验知觉促动真实性的标准。在设计儿童艺术教育计划中，一定把感官刺激与知觉促动有机结合起来，注意艺术教育中的知觉促动，这是儿童艺术教育中的重要构成。

◎ 原来，这就是玉米

　　儿童的感官刺激包括有意刺激和无意刺激。在日常生活中儿童的这种感官刺激实在是太多了。但是这些感官的刺激能不能自然地引发知觉促动呢？尽管感官刺激与知觉促动之间有不可分割的互动关系，但是只凭借感官刺激就一定能获得知觉促动是不准确的。因为儿童在许多感官刺激之后，他们的一些最初的生物性的反应所获得的浅层次的感受会很快流失，形成迟钝、司空见惯和惰性。所以引导儿童在感官刺激后产生思考，为什么是这样？为什么又是那样？在为什么的思考中，使他们获得艺术的启蒙和富有联想的哲理感悟，这是儿童艺术教育要重视的问题。

❧ 领悟与儿童知觉促动 ❧

　　儿童对他们不能领悟的事物就会产生消极的态度。他们或烦躁地坐不住，或对刺激物毫不感兴趣，表现出冷淡甚至"破坏"行为。

　　鲁迅先生曾说："但要启蒙则必须能懂，懂是最要紧的"对儿童艺术教育也要遵循这个原则。懂，即领悟。是艺术教育中知觉促动的基本的必要条件。让儿童领悟，在领悟中产生兴趣，必须注意儿童的年龄特点和生活经验及领悟能力。选择有吸引力的审美对象，引发他们积极的观察、倾听和想象十分重要。

　　孩子认识乐器的基础上，欣赏一段乐曲，不仅让他们用耳朵去分辨这是什么乐器演奏的，还要让他们倾听每一段乐曲的节奏和旋律，感受整段乐曲的美，让他们产生联想，这段曲子表现的是什么情景。引发儿童从生物学的感觉刺激中获得体验和想象。他们细心地倾听教师提示的每个音符、音节、乐句及组合完整的旋律，在脑海中产生形象化的画面。

　　我亲自组织过一群学龄前儿童的音乐欣赏活动。孩子在听《土耳其进行曲》我没有告诉孩子曲名，只是引导他们注意倾听并想象这是一首表现什么的音乐，孩子的表述令大人吃惊，他们有的说"这是战斗的音乐，马队在奔跑"，有的说"装甲车在前进""红旗哗哗响"，还有的说"军号吹起来""战士跑步前进"……当孩子想象的翅膀张开，他们不仅有对艺术品本身的领悟。还引发了他们对艺术品外生活的联想与领悟。

在儿童艺术教育中，儿童的领悟又必须让儿童在参与实践中获得。把儿童的生活方式与刺激物连接起来，在不断的积累中逐渐长大成熟。而儿童的学习又必须从一件事情开始。在学习中全身心的投入，以至于到了痴迷状态，这种学习才有价值，否则是毫无意义的。因为只有进入这样的学习状态，加上教师得当的引导和儿童的努力构成双边的积极性，才能取得最佳的效果。实践证明，儿童最佳的学习状态与艺术的参与有直接关系。

就拿儿童的绘画而言，他们在绘画中的视觉观察与成人截然不同，绘画语言也独特。大人观察太阳光芒四射。表现手法能将太阳光线围绕太阳均匀地放射开，儿童却不同，他们会把太阳画成长满毛刺的"刺猬"，他们对自己的表现相当满意。

成人画家想返璞归真、返老还童，用"童心"稚拙去表现美的世界，但是无论如何他们也做不到，也达不到那纯真的境地。因为，成人的规则、观念、习惯使他们无法做到这一点。儿童通过感官刺激、视觉观察、听觉反应、触觉感受、运动体验、知觉促动等，形成活泼的、有创造性的思维活动来表现他们对艺术的兴奋和创造美的热情。他们可以在纯白的纸上大胆地无所顾虑地表达自己的愿望，他们挥动手臂有节奏地移动，许多色彩涂了一地，尽管他们不懂色彩学中的暖色调、冷色调、补色调，但令人吃惊的是，成人认为不合理的组合，在孩子看来是很合理的，成人认为不可能的，在孩子看来是最可能的。成人和孩子在绘画方面的差异在于，儿童对周围世界的好奇心和积极探索的创造欲望，实在是成人

◎ 儿童艺术教育中，领悟从实践中获得

所不及的。成人往往对周围世界的观察司空见惯了，概念化了，理论化了，这一点成人也应向儿童学习，保持一种纯洁的"童真"。正如大画家毕加索说："我曾经向拉斐尔那样作画，但我却花费了终身时间去学习像孩子那样画画。"许多专家研究认为，幼童绘画艺术和成熟的艺术家的艺术之间有相似之处，在于绘画是非写实的、随意的、协调的和色彩美丽的，但孩子并不知道自己已突破了"常规"。

在其他艺术门类中，如音乐、舞蹈、乐器演奏、泥塑和纸塑等艺术活动、儿童也表现出对艺术的极大兴趣，他们不满足于对艺术的欣赏，他们更大的热情是参与艺术的实践活动。在这些艺术实践活动中，教师会发现儿童有无限的潜力，不仅是智慧的潜力，也有合作精神和耐力这些非智力因素。在接受艺术教育时，儿童是欢喜的、自愿的，他们从扮演一个角色、从讲述一段故事、从唱一首歌或跳一段舞中，来体验艺术本身的美和艺术之外的生活，在这里教师会发现儿童未来的工作态度，对生活的使命感并用孩子独特的方式履行这些使命，是社会化行为的雏形。

儿童在艺术教育中自然而然的识别真、善、美、假、恶、丑，是不自觉地接受了做一个完善的人所应具有的综合素质教育。艺术教育既然发源于普通的知觉世界，它就应该是一种社会的造就公众的事业。它造就的知觉，导致了交流活动。在这种交流中，欣赏活动和创造活动实际上已经融合为一个整体。所以，教师不仅要注重对儿童的艺术教育中的知觉促动，还要在艺术教育的过程中积极的诱发儿童的各种潜能。赞许儿童的独特的表现手法和丰富的想象力，培育儿童幼小心灵中的艺术之花和崇高

◎ 我来给你涂上颜色

的人性情感，为未来儿童健全人格的形成奠定良好基础。

第10章

手是脑的门户是艺术起源的本质

无论是家长还是教师，在陪伴孩子成长中，都会积极地鼓励孩子动手动脑，让孩子在实际的操作中，在对事物的观察和体验中，发现美，欣赏美，表现美。

要了解艺术的起源必须对人类的起源做必要的探讨。人是通过什么样的条件从猿到人的？这是一个有趣的问题，又是一个非常严肃的问题。在达尔文以前，还没有一个人能解释说明人是怎样发展起来的。

达尔文第一次在没有任何可以证明的实物下勇敢地指出了从猿到人的进化论。这个理论的指出本身就是一个胜利。正如恩格斯曾兴奋地写信给马克思说："我现在正在读达尔文的著作，写得简直好极了！……至今还从来没有过这样大规模的证明自然界的历史发展的尝试，而且还做得这样成功。"达尔文的进化论赢得了当时各门学科思想的大解放，也为把艺术起源这个难以用一个观点说清楚的问题探索，建立在历史事实的基础上铺平了道路。

人类在漫长的缓慢的渐变过程中，从蒙昧、野蛮走向文明的连续发展阶段，经历了几百万年，这是被人类学和考古学证明了的。1974年美国和法国联合组成的考察队，在埃塞俄比亚东北部阿法低地发现人类化石骨骼，经考证距今约有三百万年。1965 年在中国云南元谋发现两颗古人类门齿化石和人类使用火的记录，元谋人生活的地方有炭屑和灰烬以及经过火烧过的动物化石，据考证中国元谋人大约生活在距今一百七十万年前。在远古时代，我们的祖先与其他许多同种动物并没有什么特殊的区别，他们生活在灌木丛和树上，依靠野生动物为食，与自然界的其他物种保持着生态平衡。随后，人类和动物速度加快的得以区分，为什么会出现这种现象？原因是人类开始了工具制造。这是人类区别于其他动物的主要标志。

据考证，在 170 万年前非洲的人类就有了"宿地"和"封篱"。当时还没有火，人类与猩猩没有很大区别，他们住在树上，但他们不同于猩猩的是，人类能从树上爬下，能在所谓的"工具制作坊"里制造用来可以把捕获的大动物分割开来的"工具"。

尽管那时他们还是四肢着地行走，不能直立，但他们的"工具"制造和使用，这个具有决定意义的符号告诉后人，这时的人类世界观开始萌生。他们在工具制造中是集体参与的，这是早期人类社会的共同约定，自然也随之有了社会化起步，这就是人与动物本质的区别。

人类借助工具支配自然物使之成为对人类有用的东西，因此说工具的进化往往就是人类智能的进化和社会发展的一个证明。人类从四肢着地的"能人"开始学会制作工具，又经过相当漫长的岁月，人类又可以直立，而且将手和脚的功能分化出来。特别是人类在劳动中导致了手的完善，由于这些长期的积累形成遗传下来的灵巧性，以愈来愈新的方式运用于新的愈来愈复杂的动作，人的手才达到现在这样高度的完善。

火的利用对人类的起源更有特殊意义，人类对火的使用和保存又是人类第一次认识和控制自然力的尝试。人类从灌木丛中，从树上到洞穴中生活，又发展到建一面墙可抗御野兽和风寒来达到一种安全的体验，到修筑房屋、神殿、高楼经历了上百万年漫长而又艰辛的过程，人类就是在不断积累的进步中改变自己，在从简单到复杂的劳动中完善自己。

谈到艺术的起源又必然与人类的不断完善有关。只有当人类的智力发展到一定水平，他们的动作发展到较为精细的程度时，艺术作为一种社会现象才能产生。人类渐渐从野蛮状态中摆脱走向文明时，艺术才有可能发生和发展。应该说艺术的发生和发展是在人类进化到一定程度时才出现。

据目前考古学所拥有的资料表明，人类最早的壁画作品大概在三万年前，那是发现于西班牙的阿尔塔米拉洞窟中。这一发现证明了，在冰河时期人类就已经有了较成熟的艺术，揭示了人类早期艺术的序幕。可见，艺术的发生是在人类起源之后很久远的时期，这揭示了艺术的起源要有一个基本的条件，那就是人类能够用手制作较复杂的工具之后。

人类在早期制作工具中只从生存的需要出发，工具要实用。当然还没有审美意识及创造艺术的意识。随着人类生产方式变化，工具也在变化，在制作工具中不仅要实用还要好看，逐渐人类在工具制造和使用中产生了实用功能和审美感相统一的意识。在往后的演变中，人类又将实用的器物向纯粹的审美艺术过渡。这样就构成了艺术起源的发展路线随着人类的进步而伸展。艺术的起源从时间上看，要比人类的起源晚了几百万年。

当人类开始意识到自己可以创造艺术，而对艺术的领悟和不断提高的审美感又作用于人类，对人类的不断自我完善和自我发展起到了酵母作用。我们可以从人类最早的艺术表现形式中寻找到人类创造艺术的轨迹。

工具制造从单纯的实用到实用和美观的结合；房子修建从单纯的防御到规律的组合；雕塑和壁画从为了记录一种符号到形成一种美的形式；纹身的产生从自我伪装式的保护到自我美感的表现，都揭示出艺术对象创造出懂得艺术和能够欣赏美的大众。人创造艺术是为了服务于自我的审美需要，同时也自然而然地对人类的发展提供了基础条件。

至今，人们对自身的起源和艺术起源的研究热情仍然高涨，特别是进入21世纪，人类对自身从孩童到成熟的人，发展诸多因素的研究会越来越深入。在十九世纪的后三十年，科学对人类起源和艺术起源的研究已经积累了大量的成果，这些成果无论是亚里士多德的艺术起源于模仿；雪莱的艺术起源于情感和思想交流的需要；托马斯·门罗的艺术起源于劳动；席勒的艺术起源于游戏；弗罗姆的艺术起源于巫术；还是亚历山大·马沙克的艺术起源于季节变换的符号。他们都力图从一个角度、一个侧面来说明艺术起源这个复杂的题目。他们的研究成果都十分有价值。随着人类科学技术飞速发展，科学将会用新的眼光和新的手段来研究人类的发展和艺术的发展。特别是史前考古学不断的新发现，人类的最早期的艺术活动的时间还会向更远的时代推移。

至今，我们更多的是面对发掘出来的石器、陶器、骨刻、壁画、雕塑这些保存下来的造型艺术品中来判断人类艺术的起源。但对于人类什么时候产生语言、口头文学、音乐、舞蹈这些非物质文化艺术遗产资源的发现和挖掘还是相当困难。虽然我们拥有人类学家对古人类喉骨下降的判断，说明人类可以发出比较复杂的声音，并推理人类的语言发生在大约距今 40 万年至 20 万年前。我们也拥有从青海省大通县孙家寨墓地发掘出土的陶盒，上面画着人类舞蹈的彩饰，据考证距今也有五千年历史，说明舞蹈艺术的产生也有久远的历史。但是这些实物还不能更充分地说明人类对艺术的创造和审美进步的准确时间。

◎ 我爱画画

因为，人类发展的复杂性，多元性也使艺术起源这个问题的研究形成多元化的形式。而人类发展中流失的大量物证，特别是非物质文化艺术遗产资源的流失为艺术起源的研究带来了更多困难。但研究工作是十分有益的，不仅有历史意义也有现实意义。人类对自我发展的研究和对艺术发生发展的研究，会更理智地认识人类发展是个变量过程。人类有巨大的潜力尚没有被完全发现和开发，特别是隐藏在人类和社会中的艺术推动力和软实力，艺术对人类发展的重要作用，艺术作为人类共同的精神财富的创造和发展，以及通过艺术审美教育和对非物质文化艺术遗产的认知和传承，促进人从摇篮的艺术启蒙到人成长的全过程精神境界的提升和社会文明的进步。

既然我们认识到人类的产生是与劳动，特别是工具制作有不可分离的联系；手的使用使劳动更加细微，手作为人类脑的门户又促进脑的发展；人类的智能发展到一定水平，手的参与才会产生艺术品，艺术品的产生又促进人类审美感的进步并不断完善艺术品；人类在生活和劳动中从实用到审美到纯粹的艺术创造是一个循序渐进的过程；因此，重视对儿童早期艺术教育中动手动脑实践操作能力的训练十分重要。随着人们对儿童艺术教育的重视各种为儿童设计的场所应运而生。

◎ 我干得很卖力

在儿童小作坊里，你会看到一群孩子很专注地在玩泥巴，在他们的小手中揉来掐去的泥巴会变成他们心中的好玩的东西，或房子、或车子、或飞机、或面包……尽管在大人看来什么也不像，但在孩子的笑声中可以看出他们对自己的作品相当满意。此时，大人要多鼓励，表达欣赏并给予适当的点评，会让孩子很开心。

在陶吧，一个个经过小手制作出来的小盒子、小罐子、小瓶子，再涂上色彩，歪歪扭扭的十分可爱，那是一个个经过手和脑互动产生的幼稚又很独特的艺术品。

贵阳的小学生，用黑泥烧制出各种奇形怪状的器皿、面具，他们特殊的想象力和独具一格的表现手法让美术学院雕塑系的教授赞叹不已，全部展品被收藏。

在大海沙滩上，总有一群孩子痴迷于自己用沙堆建的城堡、洞穴、山峰、道路……

在儿童画室，孩子用小手沾满颜色随意地在纸上涂鸦，那是一些朦胧的、奇思妙想的画作，有时他们会举起来兴高采烈地展示自己的作品，有时会撕掉作品重新再来，那岂不正是孩子在追求心中的完美吗？

在全国少儿玩具设计大赛中，孩子制作的玩具电螯子、口琴；在全国少儿小发明比赛中，孩子设计的勺勺、洗车槽、踢足球的机器人、无人机等，都让大人惊呼："噢！这真是一群天才！"是啊，孩子的创造性思维和动手能力及对自己作品不断追求完美的过程，不正是人类进化过程的缩影吗？

相信，无论是家长还是教师，在陪伴孩子成长中，都会积极地鼓励孩子动手动脑，让孩子在实际的操作中，在对事物的观察和体验中，发现美，欣赏美，表现美，不断地完善美扩展孩子的眼界，提高他们的综合能力和素质。

而这些综合能力和素质，不仅影响孩子未来职业的方向，使他们成为职场赢家，也将奠定他们幸福的人生。

第11章
让孩子获得幸福感的教育

　　幸福感不是与生俱来的，幸福感也需要成人的提醒、指导和练习，这构成了对孩子幸福感的教育，才会使孩子真正拥有幸福感。

　　有一首民间流传许久的歌曲：世上只有妈妈好，有妈的孩子像块宝，走进妈妈的怀抱，幸福享不了。这歌唱的再明白不过了，幸福是什么？幸福就是爱。爱是幸福的第一要素，是孩子幸福一生的关键。

　　小婴儿懂爱吗？似乎不懂什么是爱。但他会在母亲的拥抱、亲吻中开心的笑。当他饿了会发出哭的信号，母亲温暖的怀抱、甜甜的乳汁会让小婴儿急切地去寻找母亲的乳头。撞着乳房使乳汁喷射出来的那一刻，小婴儿用力地吮吸着乳汁，吃饱了，甜甜地睡着了。这是小婴儿最初的对生存本能需要所获得的满足体验，仅限于小婴儿生理需要的层面，对爱的感知还处于朦胧状态。

　　孩子有幸福感吗？应该说孩子大一些就会有幸福感，那是一瞬间的感知。是用爱融化的无形力量，是心灵中涌动的喜悦快感，它洋溢在孩子的欢笑中、歌声里。

　　孩子渐渐长大，他们对物质的需要获得满足，逐渐上升到精神层面，在成人的暗示或提醒中逐渐获得点点滴滴爱的体验中，积累为"幸福感"。这时，他们会用语言这个工具，表达快感和谢意，也会用行动回报给予爱的人。

父母全身心地陪伴是最好的幸福感教育。孩子从小就是"开心果"，长大了就是幽默有趣的人。而幽默有趣的人又会感染周边的人，形成快乐幸福的氛围，这是人生成功的重要基础，有趣又快乐的人，感知幸福的程度也高，他们会在生命中分享人生的苦乐，又能化苦为乐，化不幸为幸福，他们为自己迈进的每一步自信和快乐，直到奔向幸福的彼岸。而这一切需从小对孩子启蒙幸福感教育，使孩子心灵在幸福的感应中，在幸福感的教育中，逐步接受滋养。

如何使孩子获得幸福感呢？那不是说教，那是一种润物无声的爱，是启迪孩子感恩之心的思索，是弥漫在孩子心灵中的愉悦和安宁。

1. 始终有亲人陪伴

在孩子很小的时候，这种陪伴多是保护孩子的安全健康。当孩子大一些，陪伴就变成幸福的启迪和引导。陪伴不是代替，陪伴是在潜移默化中教孩子懂道理、守规矩，有自制能力，有料理生活的技能和技巧，这样才会有幸福的生活。

2. 没有恐惧

孩子处于恐惧中不可能有幸福感。有些孩子怕黑，有些孩子怕惊吓，有些孩子怕听恐怖故事，有些孩子怕周围不安全。还有些孩子怕父母吵架，这些恐惧会使孩子变得焦虑、消极、冲动甚至会生病。只有消除恐惧，给孩子细腻而温柔的壮胆鼓励，使孩子生活在安全的亲子依恋的环境中，为孩子内心撑起保护伞，孩子就会获得被保护的满足，随之，幸福感也油然而生。

◎ 父母全身心地陪伴，是最好的幸福感教育

3. 满足食欲

孩子就像一只馋嘴的小猫，对品尝到美味的那一刻，满口生津、满脸都是幸福。但一味地满足孩子的食欲，幸福就要变味、变酸、变苦、适可而止，引导孩子在美味的快感中学会节制，幸福才会长久。

4. 希望被拥抱

所有的孩子都希望父母给予爱抚，在亲人的拥吻中享受幸福。即使长大的孩子，有独立意识了，但在独立和依赖的内心冲突中，也依然渴望父亲的臂弯、母亲的怀抱。一个没有爱抚的孩子，他的一生会很灰暗、很孤独、很自卑、会形成心理畸形。

5. 获得赞赏

当孩子完成一件在他看来十分有益的事情，或做了一件很有创意的发明，或举着优秀的成绩单，他们会用期待的眼神等待赞赏，当父母给予肯定时，他们会感到很幸福。如果孩子等待赞赏的眼神被忽略，孩子就会很失望。

6. 身体健康

孩子身体好，动作灵活自如，他们会随心所欲地在运动中、玩耍中、或在有些浪漫的冒险中获得成功时，那幸福感很迷人。体弱多病的孩子，也有许多运动的欲望，但无法实现时会陷入自卑中，如果父母陪伴这种孩子玩一些运动量不大又有趣的游戏或户外活动，他们也一样有幸福感。

7. 朋友多

孩子在成长中需要朋友，特别是同龄朋友。尽管父母也能与孩子做朋友，但是那不一样，他们总会觉得不那么有趣。他们更愿意寻找合得来的小伙伴为朋友。特别是那些有趣的、乐群的、有正义感的孩子更受欢迎。孩子在同龄人的朋友间有共同语言的交流，有经历的互叙、有开怀大笑，会获得幸福感。

8. 着迷的游戏

游戏是孩子成长的酵素。不会玩、玩的不开心、玩的不合群，孩子会孤僻。如果在父母引导下玩些开心的游戏，或由孩子自己选择的创造性游戏，在玩耍中发现一种神奇、一种秘密，他们会着迷地大笑，奔跑着传递这一快感时特幸福。大人千万别以为这是儿戏而置之不理甚至轻率地弄坏他们的"发现"，这样会使孩子的幸福感一下子荡然无存，就好像孩子失望地松手摔碎一只美丽的瓶子，甚至大哭，这时，挽回的办法就是父母放下手里的活儿，与孩子一起"疯"，一起修复"发现"，在"疯"中一起感受游戏带来的快感。

9. 称心玩具

玩具世界迷惑着孩子，让孩子眼花缭乱，但要使孩子找到一件称心如意的、爱不释手的玩具也不容易。大一点的孩子会在玩具间徘徊，拿不定主意时，会请家长支招。更多的时候是孩子反复去玩具店，等待渴望已久的称心玩具，当玩具一上柜台，孩子的兴奋即刻化为幸福感。

10. 亲近大自然

孩子在大自然中追逐着小鸟，小心地捕捉蝴蝶，开心地采摘花朵，兴奋地趟过小河，或种一棵果树，或播种一畦菜地，或喂养一窝小兔子，特别是有亲人的陪伴，爬到杏树上采摘大黄杏的兴奋，那种幸福感会延续到一生幸福的回忆中。

◎ 玩具能给孩子带来幸福感

11. 有规律的生活

与人体生物钟同步，晨起迎着太阳高高兴兴上学去，晚上星月伴随着入梦乡。列出一日生活时刻表，有计划、有规律地学习、生活、玩耍、运动也会幸福满满。

12. 有好习惯

好习惯一辈子受益，坏习惯一辈子受害。好的生活习惯、学习习惯、卫生习惯、守信习惯、勤俭习惯的养成是孩子成功的阶梯，是收获理想性格和希望的命运，是一生的幸福之基。

13. 分享故事

孩子爱听故事，爱编故事，爱讲故事。故事中美好的东西、美丽的世界、善良的人群，都会使孩子着迷，让孩子不知不觉中分享到美感，识别真善美和假恶丑。父母无论怎么忙都别忘了给孩子讲故事、编故事、读绘本，与孩子猜猜故事的结尾，这是一种暖暖的幸福。不会讲故事或忽视孩子渴望听故事欲望的父母，会让孩子失望。

14. 小书虫

小书虫是对爱读书孩子的爱称。孩子在阅读中真像在啃书，你看在书店、图书馆，那些席地而坐的孩子，就知道这些小书虫真的在啃书呢。孩子有阅读的好习惯，会给孩子知识、智慧和力量，会让孩子有探索神秘宇宙的冲动，有奇思妙想的创新精神。爱阅读的孩子有出息，每读到书中激动的情景时会感染孩子，使孩子心中涌起幸福感。爱读书是一生幸福之源。

15. 有自由空间

孩子需要独立的时候。父母应放开爱的束缚，不过分约束孩子，让孩子拥有属于自己的自由空间。孩子做感兴趣的事。完成自己想完成的"工作"，获得成功的那一刻是渗入心田的幸福感。父母能及时给予祝福，会让孩子幸福感更浓。

16. 学会生活技能

从小学习生活技能，不仅为自己服务，还可以帮助别人。长大了掌握许多生活技能，会洗衣服、做饭、刷碗、打扫卫生，这样的孩子不仅享受自己的劳动成果，是自己得意的"吃货"，还会营造一个幸福之家。

17. 失败后的成功

孩子渴望成功，当他们学习成绩获得好评，那种满足的幸福感固然重要，而当孩子面对失败继续努力，最终成功了，那种意外之喜会让孩子欢呼跳跃，那种幸福感会弥漫，使孩子沉浸于许久的愉悦中。

18. 有公德心

喜欢帮助别人，同情处于困境的人，从拾起一块果皮投入垃圾箱，从让座给老人，从扶残障人过马路，从给乞讨者一枚硬币……这一件件小事中形成了公德心。每当帮助别人时，会产生被需要、我有用等欣慰的幸福冲动。

19. 乐群

喜欢团队合作，在与同学的合作中获取快感、形成的友谊、坚守后的成功、获得的荣誉，那种幸福感不单单是个人的，而是一种群体的幸福感，更加感动人，也更能将这种幸福感变成激励个人的力量，将团结就是力量升华成一种稳定的情感。

20. 心中有梦

孩子爱做梦，无论是睡着时的梦，还是心中追求的梦，都是正能量的梦，是孩子心中追逐的目标。有时这梦变幻着，有时又固定在一个愿景中。随着年龄的增长、知识面的拓展、智慧的积累，追逐梦想、奔向幸福的心灵力量更清晰，更明确，更坚定。

对孩子幸福感的教育，是为孩子一生拥有幸福能力的铺垫，无论孩子从事什么职业，或是成功者或是平凡人，但都应该

◎ 我爱这个世界

拥有幸福，都值得享有美好的生活，这是天下父母对孩子爱的企盼。

后　记

　　我特别爱观察小孩子的行为，无论是乘车、散步、聚会、饭堂，见了小孩子我总会对他微笑、搭话、逗乐，所有的小孩子都会回应，他们的微笑让你心生喜乐。个别怕羞的孩子会转过头偷看你，如果你再给他一个微笑，讲一段有趣的小故事，让他信任你，他一定会给你一个拥抱。

　　一个人最可爱、最纯洁的年龄是孩童时期。孩子都是美的、天真可爱的，即使有的孩子看似很调皮、很淘气，那也是一种无邪的表现。

　　我喜欢逗孩子玩，从中获得乐趣无穷，在引导孩子从顽皮中走出来，也是一种成功感，让我开心极了。

　　一次，在本溪市举行的儿童教育研讨会上，有千余名家长和教师出席。当讲坛上主讲者正讲的热烈时，突然一位4岁左右的小男孩跑到舞台前又跳又喊，他的妈妈涨红了脸去抱他，他打挺地大叫"不！不！"，录像师走来拉孩子，那孩子挣扎得更"疯"了，主持人阿姨悄悄地劝说孩子，他也不理睬，只顾自己开心地闹，完全不顾会场有上千人的注目。这时会场有些乱，演讲者只好停下来。我想，我要改变这个僵局。

　　我弯着腰走近那个小男孩，做出要与他说悄悄话神秘的样子，孩子好奇地贴近我，我说："宝宝，你想玩个更有趣的游戏吗？"他点点头，我说："咱俩要弯下腰悄悄地走出会场，不能惊动别人，好吗？"他乖乖地和我弯下腰，顺着席间过道神神秘秘地走出会场大门。他妈妈早被孩子如此影响大会羞愧不安。她连连道歉并问我："您用什么办法把孩子引出来的？"我说："现在请你领孩子到对面的游戏场去玩，我对你的小孩承诺要到更好玩的地方去玩儿。"她点点头抱起宝宝走出会场。会场恢复了秩序，主讲者说："谢谢您，用妙招引走这个孩子。"

在我住的大院里，一位妈妈无可奈何地对着躺在地上打滚的5岁男孩吼道："站起来！"又恐吓着："再不站起来我走了，不领你去玩，也不给你买玩具！"这个男孩竟然不听，仍然躺在地上。

我走过去对他说："我知道你跑累了，想休息，一会儿休息好了，一定比兔子都跑得快！"那男孩嗖地站起来飞奔到妈妈身边。妈妈乐得跷起大拇指称赞。有人问："你使的什么招？"我说："这叫'优势转移'，将孩子的兴奋点转移到有新奇感的另一个兴奋点上。"

我从事了二十多年的教师工作。教过的孩子也有几千位了。从幼儿园教的小朋友，从小学教过的小学生，从师范院校教过的小青年。如今他们都是40岁、50岁、60岁的人了。见到他们我仍能认出他们，想起他们小时候的模样，他们那些一个比一个精彩的故事。

现在他们有的是风华正茂的行业骨干，有的退休了仍活跃在公益事业中。每逢见到我就拥抱、那喋喋不休的诉说，都让我开怀大笑。

一次辽宁省图书馆为我举行《歌梦》一书书友会暨我从事儿童工作50周年的纪念会上，一群40多年前我教过的小学生让我意外惊喜。他们穿着小时候的衣裙扮成小鹅，走着矮步做嬉水动作，那扎着小棒子辫的牧鹅小姑娘，挥动着柳条划着小船走来，她拉我的手说："老师，我们一起放鹅吧！"我也忘情地与他们"疯"了一把，口中不停地喊着噜噜噜！那是20世纪70年代，我创作的儿童歌舞《我为公社放鹅忙》曾作为迎宾节目。那群扮演《红灯记》角色的学生们也唱起激动人心的戏曲片段。一位男生说："老师，我小时候很内向，扮演不好英雄，而扮演了押送李玉和走上刑场的狱警，那我也很开心，能登台演出了。"

一位从事艺术学院教育的大学讲师回忆说："我小时候太胖，演节目您让我站在后排，我还真有点委屈呢！"一位经济学硕士说："我小时候有点儿笨，不活跃，您教我跳朝鲜舞，还登台演出，那照片我还留着呢！"一位粗声憨气的男生说："小时候我演黑孩子，唱我的家在黑非洲，举着您用黑纸条扎的铁锁链，一拉就断了，高呼砸碎铁锁链求解放，嘿嘿，真有趣。"

童年的记忆，一生难忘。如果我们能在孩子童年时期给他们的教育是自然的、自由的、民主的、尊敬的，那么所有的孩子，无论是丑的、俊的、灵的、笨的，都会拥有针对他们不同的个性随意表达自己愿望的机会，那么，这种教育才是真正滋养孩子情感、趣味、气质、胸襟的心灵教育。

如今，他们都长大了，成熟了，有了家庭和孩子，都特别注重对孩子的教育。

不久前，我去看望40多年前我教过的孩子，男孩叫大闯，女孩叫景瑞，都是博士，从事航空航天高科技工作。10年前他们在清华大学举行的婚礼上，我是证婚人。现在，他俩育有一对双胞胎女儿。一天我去看他们3岁的孩子，送给孩子芭比娃娃。尽管是双胞胎，从长相和行为上还是有不同的，一位注意力特别集中，只见她为芭比娃娃穿小小的高跟鞋，一次又一次穿上又掉下来，这孩子没有一点烦躁，极有耐心的终于为芭比娃娃穿上了高跟鞋时，露出自我满足的微笑。另一位的注意力不在芭比娃娃身上，而是注意我的说话和与她爸妈的交流，真是太可爱了。

看看他们不大的房间里，地面铺着有弹性的地毯，上面是各种色彩鲜艳的图形、图画、数字、英文字母，再抬头看看满墙挂着开智的图片，桌上窗台上是各种玩具，就知道他们夫妻是非常注意孩子早期智力和能力培育的。这位爸爸，就是我在《陪伴孩子成长的智慧》中提到小时候摆积木，突破常规，把三角形的尖儿朝下搭成能移动的房子的那位小男孩，如今，他真的成为创新型的人才。

我有两个女儿，大女儿学哲学、心理学、伦理学，她教育孩子很有一套。

她的大女儿已上大学。善演讲，会弹钢琴与教练同台演出，吹长笛也很好，还是学校高尔夫球队成员，儿子 13 岁，特别乐群，在同学中很有人缘。他是男童合唱团成员，经常参加演出，他会拉小提琴，练跆拳道。特别是绘画时，他的观察能力极强，会瞬间抓住场景和人物的特征表现出来。

我的二女儿小时候幼儿园举办观摩教学，老师请孩子说出长大了要做什么工作。她竟与众不同地说："我长大了要当校长！"引得观摩老师一片笑声。如今，她真的成为某高校分院的院长。孩子小时候的理想对他们一生的成长很有引领作用。

她的儿子被学校评为自主学习的榜样，教育部门颁发给他优秀学生证书，参加国内和国际的艺术及绘画比赛获得过金奖。他还会弹钢琴、跳芭蕾舞，参加在香港举办的亚洲青少年芭蕾舞比赛获得铜奖。在话剧"茶馆"中扮演过一位少年，他英文也学习的很好，还会下象棋，也爱画画，是典型的小书虫。他最爱看科学类的书，每月都盼望《知识就是力量》杂志的到来，他喜欢宇宙航天科学，还说，长大了他要清除宇宙中的垃圾呢。

要问我一生最开心的事，那就是与孩子在一起，与和孩子有关的事业在一起。研究这些小生命是我一生的追求。

儿童的发展这门科学太深奥，要不断地学习，不断地探索，不断地更新观念，不断地创新，才会使研究充满活力，才会对国家的发展，人类的进步做出贡献。

《陪伴孩子成长的智慧》是我陪伴孩子成长的直接经验，也吸纳了许多有家长的智慧和老师的教育妙策，这本书包含了我对孩子的爱，对孩子事业发展执着的求索。

20 多年前我曾写过《儿童发展探索》一书，引起社会各界和教师家长的欢迎。这是一部凝聚我几十年心血的著作。但时代进步太迅猛，有些观点需要更新，我也用新的视角把书中一些章节改写后编入《陪伴孩子成长的智慧》中。

尽管我很用心，书稿做了多次的修改和补充，总觉得还有许多不如意之处，诚恳地希望专家、读者朋友指正。

　　我真诚地感谢科学普及出版社给我鼓励出版此书。我也感谢为本书提供孩子成长照片的亲人和朋友。感谢给予我多年帮助的我的导师和各位领导的亲切关怀。如果本书能对大家教育孩子健康成长有所帮助，将是我最大的心愿。

范崇嬿

2019.9.9